高速公路设计与施工技术研究

付元坤　田世军　边志强　主编

中国石化出版社

图书在版编目(CIP)数据

高速公路设计与施工技术研究 / 付元坤，田世军，边志强主编．—北京：中国石化出版社，2022.10
ISBN 978-7-5114-6871-0

Ⅰ．①高… Ⅱ．①付… ②田… ③边… Ⅲ．①高速公路-设计-研究②高速公路-道路施工-研究 Ⅳ．①U412.36②U415.6

中国版本图书馆 CIP 数据核字(2022)第 168966 号

中国石化出版社出版发行

地址：北京市东城区安定门外大街 58 号
邮编：100011 电话：(010)57512500
发行部电话：(010)57512575
http://www.sinopec-press.com
E-mail：press@sinopec.com
北京力信诚印刷有限公司印刷
全国各地新华书店经销

*

787×1092 毫米 16 开本 15.75 印张 395 千字
2022 年 10 月第 1 版 2022 年 10 月第 1 次印刷
定价：128.00 元

《高速公路设计与施工技术研究》
编　委　会

PREFACE
前 言

我国从 20 世纪 80 年代第一条高速公路开工以来，截至 2021 年年底，高速公路总里程约 16.1 万公里，建成了全球最大的高速公路网络，覆盖 99%城区超过 20 万人的城市和地级行政中心。目前，我国高速公路已实现“一张网”运行，大大缩短了时空距离，大幅提升了运输服务效率，高速公路充分发挥了主动脉功能，以总里程 3.1%的比例承担了 58.2%的公路货运量。展望 2035 年，国家高速公路将连接所有地级行政中心和城区超过 10 万人的市县，直接服务全国 90%的县级行政区。届时，我国将拥有与现代化强国相匹配、与信息网络相融合、与生态文明相协调的世界一流高速公路网络，有力支撑交通强国目标的实现。这对于交通建设行业来说是一个很好的发展机遇。

本书主要介绍了高速公路几何设计、立体交叉设计、施工组织设计、路基工程施工、路面工程施工、桥涵工程施工、隧道工程施工、沿线设施施工、养护管理、安全与文明施工等内容。结合我国高速公路建设的特点，着重阐述传统施工方法。基于高速公路工程施工技术理论与实践并重的特点，本书在编写时遵循理论联系实际的原则，以交通运输部最新颁布的有关工程技术标准、规范为依据，在总结多年专业工程实践的基础上，紧密结合工程实践。

本书实践性强、内容翔实、涉及面广，融知识性、实践性于一体是相关从业人员的参考用书。

本书在编写过程中，检索和查阅了许多信息、资料，在此向有关人员一并致谢。

由于作者水平有限，疏漏之处在所难免，恳请广大读者批评指正。

CONTENTS

目 录

第一章 绪论

公路是国民经济发展的重要基础设施，高速公路的建设是社会经济发展的必然产物。高速公路的建设情况反映着一个国家和地区的交通发达程度乃至经济发展的整体水平。

第一节 高速公路的概念与特点

一、高速公路定义

公路分为高速公路、一级公路、二级公路、三级公路及四级公路等五个技术等级。

(1) 高速公路为专供汽车分方向、分车道行驶，全部控制出入的多车道公路。高速公路的年平均日设计交通量宜在15000辆小客车以上。

(2) 一级公路为供汽车分方向、分车道行驶，可根据需要控制出入的多车道公路。一级公路的年平均日设计交通量宜在15000辆小客车以上。

(3) 二级公路为供汽车行驶的双车道公路。二级公路的年平均日设计交通量宜为5000~15000辆小客车。

(4) 三级公路为供汽车、非汽车交通混合行驶的双车道公路。三级公路的年平均日设计交通量宜为2000~6000辆小客车。

(5) 四级公路为供汽车、非汽车交通混合行驶的双车道或单车道公路。双车道四级公路年平均日设计交通量宜在2000辆小客车以下；单车道四级公路年平均日设计交通量宜在400辆小客车以下。

二、高速公路背景

20世纪30年代西方一些国家开始修建高速公路，20世纪60年代以来世界各国高速公路发展迅速。高速公路是经济发展的必然产物。

第一，高速公路适应工业化和城市化的发展。城市是产业与人口的集聚地，其汽车的增长远比乡村快得多，成为汽车的集聚中心，因此高速公路的建设多从城市的环路、辐射路和交通繁忙路段开始，逐步发展、延伸，构成网络，成为城市间交通运输道路骨干。

第二，汽车技术的发展对高速公路建设提出客观要求。目前，汽车已成为整个社会必不可少的交通工具，因此需要高速公路等基础设施的配合，汽车的轻型化和载重化是两大发展趋势，前者要求速度保障，后者要求承载力，而高速公路恰能使二者有机结合。

三、高速公路分类

高速公路按其功能可分为城市内部高速公路和城市间高速公路两类；按其距离长短可分为近程高速公路(500km以内)、中程高速公路(500~1000km)和远程高速公路(1000km以上)三类；按其布局形式分为平面立体交叉高速公路、路堤式高速公路、路堑式高速公路、高架高速公路和隧道高速公路。

四、高速公路的特点

高速公路设计行车速度，在野外大多按地形的不同，分为80km/h、100km/h、120km/h和140km/h四个等级；通过城市大多采用60km/h和80km/h两个等级。高速公路平面线形以圆曲线加缓和曲线为主，并重视平、纵、横三维空间立体线形设计。

高速公路在郊外大多为4或6车道，在城市和市郊大多为6或8车道，甚至更多。路面现多采用磨光值高的坚质材料(如改良沥青)，以减少路表液面飘滑和射水现象。路缘带有时用与路面不同颜色的材料铺设。硬路肩为临时停车用，也需用较高级材料铺设。在陡而长的上坡路段，当重型汽车较多时，还要在车行道外侧另设爬坡车道。必要时，每隔2~5km在车行道外侧加设宽3m、长10~20m的专用临时停车带。

高速公路与铁路或其他次要公路相交，可修筑分离式立体交叉；当与其他重要公路相交而转弯车流较多时，应修筑互通式立体交叉。在高速公路两旁适当地点应修筑集散道路以及加速和减速车道，以控制汽车进出高速公路。

高速公路通过城市时，大多沿城市周围的环道绕过，如有必要穿过城市交通繁忙地区，为减少车辆拥挤、废气和噪声污染，多修成高架式、路堑式或隧道式，有时还要修筑多层式立体交叉或天桥，形成立体交通网。

高速公路的中央分隔带较窄，则须于其上设置防眩板或防护栅。高速公路上应设置夜间能发光或反光的交通标志牌。中央分隔带和渠化岛的边缘以及路面标线上均宜镶设反光器，桥梁、隧道、立体交叉以及城市地区设置大型照明设备。高速公路沿线每隔一定距离要设置收费站、加油站、公用电话、停车场、饭店和旅馆等服务设施。在高速公路交通繁忙地区，可设置交通监视中心，整个地区车辆运行情况，由摄像机传到荧光屏，据以指挥交通，还可利用无线电将信息传送给汽车驾驶员。当路上发生交通事故时，监视中心可派巡视车或直升机到现场进行处理。

高速公路是专供汽车分向、分道高速行驶并全程控制出入的干线公路，是为直达、快速运输服务的汽车专用公路，与普通公路相比，有以下特征和特点。

(1) 采取全封闭管理。道路两侧用铁丝网和隔离栏等设施将公路封闭起来，并在出入口进行控制，严禁人、畜、非机动车和设计速度较低的机动车进入。

(2) 采用全立交，提高通行能力，减少运行事故，保证直达运输畅通无阻。

(3) 设有中央隔离带，每侧至少有两个车道，汽车分向、分道行驶，互不干扰。

(4) 沿途设有综合服务设施、安全监控及通信设施等，以保证汽车行驶安全、快速。

(5) 不直接通过城镇，在通往城镇处设立分流道，通过支线进入城镇。

(6) 行车速度快。由于高速公路上无平面交叉路口，来往车辆各行其道，互不干扰，汽车可以快速行驶。另外，高速公路的设计速度一般为100~120km/h，甚至更高，在线形设计上也保证了汽车可以安全快速的运行，使汽车的高速性能得以充分发挥。

(7) 交通流量大。高速公路的交通流量比普通公路大得多，一般有隔离带的4车道路面，车辆的日通行量为3.4万~5万辆。如：我国广州至深圳的高速公路为6车道，其日通行量高达8万辆。

(8) 设计合理，行车舒适安全，交通事故少。由于路面及线形设计科学、合理，平、纵面曲线协调完美，采用交叉形式，视觉效果良好，安全管理、服务设施完善，汽车运行条件十分优越。

因此，在高速公路上行车比在一般公路上舒适、安全，交通事故也较少，事故发生率和死亡率为普通公路的1/3和1/2。

各国高速公路里程一般只占公路总里程的1%~2%，但其所担负的运输量占公路总运输量的20%~25%。高速公路造价高、用地多；但行车速度高、通行能力大、交通事故率小，故其投资费用一般只需要7~10年即可收回。由于其所节约的行车费用(包括燃料消耗、轮胎磨耗、汽车修理和养路费支出等)和运行时间，以及所减少的行车事故，而得到良好的社会效益。

因此，许多国家当交通量发展到一定程度时，只要财力许可就修建高速公路。高速公路通常采取分段分期办法修建，以避免积压资金。资金来源除国家投资或资助外，还采取由私人集资的办法筹集资金，定期若干年内收取过路费，期满后收归国家管理。

第二节 我国高速公路的发展概况

一、中国高速公路的历史

中国最早兴建高速公路的是中国台湾地区。1970年，北起基隆、南至高雄的南北高速公路开始兴建，于1978年10月竣工，历时9年，全长373km。大陆兴建高速公路起步较晚，但起点高、发展快。1984年底上海沪嘉高速公路动工，1988年10月31日通车，成为内地高速公路先导。

沈大高速是内地第一条建设的高速公路，也是内地第一条8车道高速公路，全长348km，1990年完工时为全部4车道，全立交，全互通。2002年开始拓宽改造，于2004年改造完毕，为8车道高速公路，设计时速120km/h。沈大高速公路是我国自行设计、自己施工、动用国产材料修建成的第一条大规模、长距离的高速公路，资金80%是辽宁省自筹的。它结束了我国能不能修高速公路的争论，使高速公路这一新生事物得到了国人的认可。

对于拥有14亿人口和960万平方公里国土面积的国家而言，交通对国民经济的发展具有基础性、先导性的作用。我国政府始终把发展交通运输作为国家经济建设的重点。政府已形成的理念是“经济发展，交通先行”，老百姓已形成的理念是“要想富，先修路”。截止2020年底，我国公路通车总里程达519.81万千米，其中高速公路通车里程16.10万千米，稳居世界第一；高速公路对20万以上人口城市覆盖率超过98%。

二、中国高速公路的发展阶段

我国的高速公路发展比西方发达国家晚近半个世纪的时间，从20世纪80年代末开始起步，经历了80年代末至1997年的起步建设阶段和1998年至今的快速发展阶段。

（一）设想阶段

1958年公路计划体制改革后，经济干线公路建设基本处于停滞状态。到20世纪70年代，部分干线公路交通堵塞、通行不畅的问题日益突出。在1970年交通运输部编制的公路科技发展规划中就提出了要在北京、天津、塘沽之间修建高速公路，由于当时技术资料的不足，高速公路一直处于设想阶段。1975年，交通运输部为借鉴国外经验，尽快改变我国公路的落后面貌，组成公路考察团赴日本进行考察，技术准备工作从此开始。不久由公路局和公路设计院组织翻译整理的高速公路技术资料，便以《国外公路》专刊的形式出版。这为中国以后的公路建设奠定了技术基础。

党的十一届三中全会后，国内形势发生了重大转折，工作重点开始转移到经济建设方面。1978年春，交通运输部率团赴北欧访问，目睹了欧洲高速公路在集装箱运输和港口物资集散方面的重要作用，回国后即进行京津塘高速公路建设的准备工作，并设想在2~3年内建成。公路局组织设计、科研单位在京、津、冀三省市的配合下，开始了京津塘高速公路的勘测设计工作。但由于认识不统一、资金落实不到位，我国第一棵高速公路幼芽又半途夭折。

1982年党的十二大以后，交通运输部和国内的一些进步人士建议修建高速公路的呼声日益高涨。交通部门立即采取了有效措施，制订了大力进行宣传、加紧进行技术准备、积极开辟资金渠道三项政策措施，并于1984年12月经国务院常务会议讨论批准，自1985年起实施。从而为日后我国高速公路的发展创造了有利的条件。

（二）初期建设阶段

1984年6月，沈大高速公路(沈阳—大连)以一级公路的名义正式开工，但辽宁省一直没有放弃修建高速公路的目标，从技术上做好了随时改为高速公路的准备。沪嘉高速公路长18.5km，符合20km以内省、部级可以审批的规定，经研究由上海市立项；交通运输部给予资金补助和技术指导，于1984年年底动工兴建。这期间京津塘高速公路也获准利用世界银行贷款修建，但还要按规定程序进行财务分析，重报设计任务书，经有关部门论证、评估、审批，短期内不能开工(实际开工日期是1987年12月23日)。于是广佛、西临高速公路，也用沪嘉高速公路的办法，于1986年开始建设。而北京—石家庄、合肥—南京、武汉—黄石、贵阳—黄果树、济南—青岛、成都—重庆、海口—三亚、南昌—九江、哈尔滨—阿城等高速公路，都是先以汽车专用公路的名义开工，后来陆续改为高速公路的。

1988年10月31日，沪嘉高速公路建成通车，从而结束了内地没有高速公路的历史。同时，中途获准修建的沈大高速公路，也于同年10月建成。沈阳至鞍山和大连至三十里堡两段，共计131km，11月初正式通车。直到1990年，沈大高速公路终于全线建成通车，后被誉为“神州第一路”。上述高速公路的通车，使许多人对高速公路有了感性认识，且社会反映良好。从此中国人民对建设高速公路的信心倍增，为我国高速公路的建设打下了群众基础。

(三) 高速发展阶段

20 世纪 90 年代开始至今，我国的高速公路建设进入了高速发展阶段，建设投资数量之大，开工项目之多，举世瞩目。“八五”期间建成通车的高速公路年平均为 324km，“九五”前三年达到年均 1372km。我国相继建成了沈大、京津塘、济青、成渝、广深、京石、沪宁、太旧、柳桂、吐乌大、沪杭、广佛等一大批重点的高速公路工程，初步缓解了中心城市之间交通拥堵的“瓶颈”问题，取得了辉煌成就。1999 年，全国高速公路总里程突破 1 万公里。2000 年，国道主干线京沈、京沪高速公路建成通车，在我国华北、东北、华东之间形成了一条快速、安全、畅通的公路运输大通道。2000 年年底，全国高速公路总里程达 1.6 万公里，居世界第三位。2001 年，近代史上就有“西南动脉”之称的西南公路出海通道经过 10 多年的艰苦建设实现了全线贯通，西部地区从此与大海不再遥远。到 2002 年年底，我国高速公路通车里程一举达到 2.5 万公里，位居世界第二位。自 2008 年以来我国高速公路的发展更是突飞猛进，截至 2021 年年底，全国高速公路总里程达 16.1 万公里。

第三节　高速公路建设在经济发展中的作用

一、高速公路的重要性和特征

高速公路的特性是交通量较大、运输性能极高，和一般公路相比其对促进社会交通事业的发展有着极其重要的政治意义和经济意义。对于这一重要特性，高速公路对行驶的车辆也有很高要求，主要表现在限速行驶、汽车专用、快慢车道分离行驶、分隔行驶、封闭管理、人车分流等方面。为了保障高速公路车辆的交通安全行驶，其设计标准水平起点也比一般公路高许多，除了交通规划完善、分隔明确、路标指引明确、交通控制管理设施和美化、绿化设施、道路划分标准以外还装备很多人性化服务设施，给行车人在旅途上创造舒适、愉悦的环境和人性化的保障。高速公路的人性化服务给运营优势提供了充分的条件。主要体现为高速的行驶状态能提高高速公路的运输能力，让汽车运输时间缩短、降低油耗和车损，将运输成本控制在可接受范围之内。

较高的通行能力让高速公路的运输效率有显著提高。如高速公路双车道的最大通行能力约为每昼夜 8000 辆车次，若是 4 车道通行量上升到每昼夜 3 万辆以上，则是普通公路运输能力的将近 15 倍。此数据可充分表明建设高速公路建设的完善对促进每项交通运输事业的发展有很大帮助，尤其给拖挂运输、大型重载汽车运输、冷冻运输、集装箱运输等特殊服务提供了极大的便利，推动了每项运输事业的良性经济循环。此外，高速公路使用自动化电子监控体系完成了高度严密分流、分隔控制和对车型交通的限制，这样可以有效使高速公路行驶的安全性提高，减少事故发生率，给人们的生命财产安全起到了很好的保护作用。

与海运和空运相比，高速公路运输拥有运输环节方便、转装便利、商品流通速度高等特点，不会发生挤压货品的现象。在一定程度上使商品流通速度加快，促进社会工业的进一步开发，让工业局格更加合理、优化，使城乡合作加快深化、全面带动了沿线区域经济向着更高、更快、更强的趋势发展，并且也让城市交通压力得到进一步缓解，拥挤的路况得到改善。

二、高速公路对经济发展的作用和影响

公路建设与经济发展之间存在着密切的关系，两者相互影响、相互制约。具体说来，公路建设对国民经济的拉动作用包含以下两个层次的内容：第一，高速公路建设投资对国民经济的直接拉动作用。第二，公路建成后对公路运输业和经济社会发展的拉动作用。

（一）高速公路建设投资对国民经济的直接拉动作用

众所周知，投资在经济社会发展活动中一直扮演非常重要的角色，它对经济稳定增长，对社会总需求与总供给平衡，对产业结构优化升级，对地区经济协调发展，对经济增长方式的根本转变，对抑制通货膨胀和防止通货紧缩，对实现充分就业等，都起着不可替代、举足轻重的作用。投资具有创造需求和创造供给的双重功能，从这个角度考察，公路建设作为一项大型基础设施建设投资对国民经济的拉动作用巨大，主要表现在以下两个方面：

其一，公路建设本身就是一个新的经济增长点。回顾我国经济建设和发展历程，像工业、商业、建筑业等国民经济支柱产业，在不同历史时期均受到了党和国家领导人的高度重视，取得了快速发展。而作为基础产业的交通运输业，尤其是公路交通，在我国长期的建设实践中，一直是我国国民经济的瓶颈产业，发展相对滞后。20 世纪 90 年代以后，国家调整了产业政策，加大了对公路建设投资的力度，使公路建设取得了惊人的建设成就，呈现出良好的发展态势，有力地促进了经济发展，突显出一个新的经济增长点。

其二，公路建设是一项关联性很强的基础设施建设投资。首先，公路建设投资，形成了巨大的生产需求，给我国传统的机械工业、建材工业、石化工业等产业开辟了广阔的市场空间，为这些产业的发展注入了新的生机，拉动了这些产业的快速发展。其次，公路建设也给我国汽车工业带来了良好的发展机遇，我国汽车工业的产值连年递增，就是一个很好的例证。再次，公路建设也带动了我国第三产业的发展。我们看到，一些宾馆、饭店、小卖部以及各种娱乐场所依路而建，为广大的沿途居民创造了无限商机，带动了地方经济的发展。总之，公路建设必将对相关产业的发展注入新的活力。

（二）公路建成后对公路运输业和经济社会发展的拉动作用

高速公路建设提高了我国商品和货物流通的速度和效率。公路运输在我国的运输体系中具有不可替代的作用，相对于其他运输方式，公路运输具有灵活、快捷、方便、可直接到达目的地等若干方面的优势，在我国运输体系中扮演着极其重要的角色。高速公路建设的加强，可以使商品和货物流通的速度大大提高，节省运输成本和时间。从微观来讲，提高了企业的经济效益，从宏观来讲，提高了国民经济的运行质量。据调查，目前我国物流成本在 GDP 中的比重为发达国家的 2~3 倍，甚至比一些发展中国家还要高。众所周知，物流行业的发展已经成为现代经济发展的一个关键因素，如果成本过高，必将成为经济发展的瓶颈。高速公路的建设则能显著地降低当地企业的物流成本并有效促进沿线工业的发展。高速公路网为城市间的往来带来了方便，加强了地区之间的联系，使区域优势得到加强，在招商引资上更具有吸引力，改善了投资环境。利用高速公路的交通优势，可以加强各类

工业园区建设，调整生产力布局，促进产业结构的调整和产业内部的升级。高速公路的建设同时也能对农业的发展起到推动作用。高速公路缩短了农产品的运输时间，保证了农用物资和救灾物资的及时调入，加快了农业信息的交流，有助于农业生产结构的调整和优化，有助于农业的规模经营和集约化生产，有力地推动了农产品的商品化和农业的现代化经营。据统计，京津塘高速公路建成后，沿线地区每年向京津两市提供鲜菜 2 亿公斤、肉类 2.3 亿 kg、水产品 1 亿 kg、鲜果 250 万 kg，这不但增加了农民的收入，也丰富了两市人民的菜篮子，提高了人们的生活水平。

我国高速公路的持续快速发展，使公路基础设施总体水平实现了历史性跨越。主要公路运输通道交通紧张状况得到明显缓解，长期存在的运输能力紧张状况得到明显改善。高速公路的发展，大大缩短了省际之间、重要城市之间的时空距离，加速了区域间人员、商品、技术、信息的交流，有效降低了生产运输成本，在更大空间上实现了资源有效配置，拓展了市场，对提高企业竞争力、促进国民经济发展和社会进步都起到了重要的作用。今天，高速公路已经走进了平常百姓的生活，正在改变着人们的时空观念和生活方式。

第二章 高速公路几何设计

第一节　设 计 依 据

一、设计车速

在驾车行驶中，驾驶员采用的速度，除了他本身的驾驶技术和汽车的性能以外，还取决于以下四个基本条件：即公路及其路侧的外部特征、气候、其他车辆的存在以及不论是法定的还是通过管制设施采取的速度限制。上述任何一种条件都能控制速度。实际上当交通量与气候条件良好时，公路的外廓特征基本上决定着驾驶人员采用的速度。

设计车速(又称计算行车速度)是确定公路几何线形并能使其相互协调的基本要素，是在充分发挥各项道路设计要素功能的基础上，具有中等驾驶水平的驾驶人员能够保持顺适行车的速度。我国对设计速度作了如下定义：设计车速是指在天气良好、交通密度小的情况下，在公路受限制部分一般驾驶员能够保持安全而舒适行驶时所能保持的最高速度。美国各州公路与运输工作者协会(简称 AASHTO)将设计车速定义为：当道路条件良好，行车只受公路的设计特征控制时，公路的特定路段上能保持的最高安全速度。由此可见，设计速度对确定公路的曲线半径、超高、视距等技术指标起着决定性的作用，同时也影响着车道的尺寸、数目以及路肩宽度等指标的确定。

设计车速是为作出影响行车的公路外部特性并建立其各部分相互关系而确立的速度，同时它又与公路的重要性和经济性有关。我们知道，汽车的行驶要求是表现为汽车的最高时速，即汽车的机械性能所能达到的最高速度，而不同车辆的最高时速是不同的，公路的设计车速不可能也没有必要达到这一速度，只是应尽量满足汽车机械性能的发挥。

汽车行驶的经济要求表现为汽车的经济时速，即汽车的机械损耗和燃油消耗为最小的车速。汽车越接近经济时速运营费用越低，但通常经济时速较低，从时间效益考虑，通常驾驶人员不会追求以经济时速行驶。因此，设计车速应该是最高时速与经济时速之间的一个速度。除此之外，设计车速还应适合公路的类型和所在地区的特征，设计车速的选择，主要受道路性质、地形、地貌以及工程难易、经济性等影响，在满足行车安全与舒顺的要求下，应尽量采用较高的设计车速。在同样交通量情况下，道路的设计车速要满足：平原微丘区公路工程实施较容易，设计车速可定得较高；而在山岭重丘区，地形起伏，工程施工困难，设计车速要定得低一些；远离城市的公路设计车速要定得高些，而市郊公路的设计车速则相对较低。

二、设计车型

汽车的物理特性以及行驶于公路上各种车辆的组成是公路几何设计中有重要意义的控制因素。

研究制定公路路幅组成、弯道加宽、交叉口的设计、纵坡、视距等都与设计车型的外廓尺寸有着密切的关系。因此，设计车型是高速公路设计的重要依据之一。设计车型就是设计所采用的有代表性的车型，它应根据本国行驶车辆的具体情况、汽车发展的远景和国家的经济水平等因素而定。《汽车、挂车及汽车列车外廓尺寸、轴荷及质量限值》(GB 1589—2016)对汽车外廓尺寸、轴荷及质量限值做出了详细的规定。

三、公路用地与建筑限界

(一) 公路用地

我国《公路工程技术标准》(JTG B01—2014)中规定：新建公路路堤两侧排水沟外边缘(无排水沟时为路堤或护坡道坡脚)以外，路堑坡顶截水沟外边缘(无截水沟为坡顶)以外不小于1m的土地为公路用地范围；在有条件的地段，高速公路、一级公路不小于3m；二级公路不小于2m的土地为公路用地范围。高填深挖路段，为保证路基的稳定，应根据计算确定用地范围。种植多林带等特殊情况的路段，应根据实际情况确定用地范围。

公路用地还应包括立体交叉、服务设施、安全设施、交通管理设施、停车设施、公路养护管理及绿化和苗圃等工程的用地范围。

(二) 公路建筑限界

高速公路的建筑限界，是在保证路上汽车交通的正常运行与安全情况下所规定的一定宽度和一定高度范围内不得有任何障碍物的空间限界。净空范围内不得设置桥墩、标志、防护栅，特别是位于中央分隔带或路肩上的桥墩和标志的支柱，都应设防护栅进行防护，因而桥墩和标志不能紧靠净空限界，而应留有设置防护栅的余宽。净空界限的顶线与路面平行，两侧边线：当路面横坡大于2%时与路面垂直，小于2%时为铅垂线。

四、交通量与通行能力

(一) 交通量

交通量是指道路上某一断面在单位时间内通过的车辆数量。如小时交通量、日交通量等。根据观测法和观测时间的不同，最常用的交通量有：年平均日交通量(AADT)、高峰小时交通量(PHV)、平均日交通量(ADT)、日平均小时交通量(DAHV)和第30位高峰小时交通量(HAHV)。交通量反映了某条公路上的交通负荷，也反映了汽车运输时对公路设施的要求。

(二) 高速公路的通行能力

道路通行能力是指车流和道路在理想情况下每车道每小时通过的最高车辆数，通行能力反映了道路所承受的交通负荷能力。

1. 基本通行能力

基本通行能力是指在理想的道路条件和交通条件下一条车道每小时能通过的车辆(小客车)数，高速公路允许通过车辆数的极限值是计算通行能力的基础。

2. 可能通行能力

可能通行能力是指在通常的道路条件和交通条件下的通行能力，是基本通行能力考虑客观条件影响，诸如车道宽度、侧向净宽、大型车混入率等因素修正后的实际通行能力。可能通过能力与基本通行能力的根本不同在于道路、交通和环境条件，所以计算可能通行能力时，要从道路和交通条件方面去确定合适的修正系数，将基本通行能力乘以这些修正系数后即得出可能通行能力。

3. 设计通行能力

设计通行能力是指在实际环境或预计的道路、交通条件和良好的气候条件下，考虑服务水平，标准车辆在单位时间内通过一条车道上某一断面的最大车辆数。设计通行能力是实际可以接受的通过能力，是考虑因素主观人为对道路要求，并按照公路运行质量要求及经济、安全因素加以确定的，是设计的依据。

设计通行能力是实际可以接受的通行能力(或服务流量)，它是基于考虑服务水平要求，并按照经济、安全等因素加以确定的，用以作为道路规划和设计的标准。不同的公路规划等级有相对应的服务系数，常用 V/C 表示(V 为服务流量，C 为通行能力)。

第二节　平面设计

一、直线

直线是平面线形中最基本的线形要素之一，具有明确的方向性，能以最短的距离连接两控制点，现场最容易布设。一般情况下，只要地形开阔无障碍物，以直线设计最为经济。但是，由于直线缺乏变化，在地形、地物复杂或起伏较大地区，直线难以与地形、地物相协调，强定直线，往往造成工程量大、破坏自然环境的后果。在高速行车的情况下，直线过长时由于单调往往引起司机疲劳、打瞌睡，并且急于驶出该路段，容易超速，加上反应迟钝，目测车距出现误差，同时增加夜间眩光危险，故长直线段反而成为事故路段。所以，在设置直线线形及确定直线长度时应结合当地具体情况慎重选定。

关于直线的极限(最大与最小长度)，从理论上求解是非常困难的，主要应根据驾驶员的视觉反应及心理上的承受能力来确定。据国外资料介绍，对于计算行车速度大于或等于60km/h 的公路，最大直线长度为以汽车按计算行车速度行驶 70s 左右的距离控制；另外，从经济上考虑，同向曲线之间直线的最小长度(以 m 计)以不小于计算行车速度(以 km/h 计)的 6 倍为宜，反向曲线之间的最小直线长度(以 m 计)以不小计算行车速度(以 10km/h 计)的 2 倍为宜。一些国家对直线的最大长度作了规定，德国规定不超过 $20v$(v 是设计速度，用 km/h 表示，$20v$ 相当于 72s 的行程)，原苏联规定为 8km，美国为 3mile(4.83km)。

我国地域辽阔，地形变化万千，直线长度很难做出统一规定。总的原则是：公路线形应该与地形相适应，与景观相协调，不强定长直线，也不硬性设置不必要的曲线。

直线虽然有诸多缺点，但将其从平面线中一概排除也是不妥当的。下述地区或地段采用直线还是适宜的。

（1）地形、地物完全不受限制的平坦地区或山间的宽阔河谷地带。这种地段通常为连续的填方和直线形，为弥补公路行车环境单调的缺陷，定线时应注意把能引起兴趣的自然风景或建筑物纳入驾驶员的视线范围之内。

（2）公路通过市区或近郊按直线形规划的地区，为节约用地和与周围人工景观协调，也宜采用直线。

（3）在长大桥梁或长的高架构造物、隧道等地段，从施工的方便与经济性考虑也宜用直线。

曲线之间一短直线，破坏连续而圆滑的线形，所以不宜采用。特别是同向曲线间插入短直线的情况，应尽量避免，最好采用卵型曲线设计。不得已必须插入直线时，最好是按设计车速，采用大于500~700m的直线。

二、圆曲线

圆曲线线形要素主要包括平曲线最小半径(极限最小、一般最小)、曲线最小长度、不设超高的平曲线半径以及视觉舒顺所要求的平曲线半径。

（一）圆曲线最小半径

最小平曲线半径的实质是汽车行驶在公路曲线部分时，所产生的离心力的横向分力不超过轮胎与路面的摩阻力所允许的界限，并使乘车人感觉良好的曲线半径值。

（二）平曲线最小长度

高速公路平曲线一般情况下包括圆曲线和两端的回旋线(或超高、加宽缓和段)。汽车在道路曲线上行驶时，如果曲线很短，则司机操作方向盘频繁，在高速驾驶的情况下是危险的。同时，如不设置足够长度的曲线使离心加速变化率小于一定数值，从乘客心理状况来说，情况也是不好的。

在一般情况下(当高速公路路线转角大于7°时)，为使司机在曲线上行驶不感到方向盘操作的困难，平曲线最小长度应不小于2倍缓和曲线长，以计算车速3s行程(即公路缓和曲线长)的2倍计，即按超过6s时间设置曲线长度是适宜的。

另外，曲线偏角小于7°时，易将平曲线长度看成比真实的要小，因而产生急剧转弯错觉，造成事故或降低车速。

（三）不设超高的曲线最小半径

当圆曲线半径较大时，因离心力较小，路面摩阻力在不设超高时足以保证汽车行驶的稳定性，这时的半径，即为不设超高的曲线半径。这时路面就可以不设超高。此时对于行驶在曲线外侧车道上的车辆就是反超高，其i值为负，大小等于路拱横坡。对高速公路取$f=0.035$及$i=-1.5\%$，则得出不设超高的曲线最小半径。

（四）视觉舒顺所要求的曲线半径

从道路路线线形视觉舒顺与美感考虑，前苏联研究得出：设计车速、曲线半径与纵坡的关系为：

$$R_{最小} = \frac{0.2v^2}{i} + 20 \tag{2-1}$$

式中，$R_{最小}$为曲线半径或回旋线终点半径，m；v 为设计车速，km/h；i 为纵坡度，%，不计小于 0.25%的坡度。

三、缓和曲线

当汽车从直线段进入圆曲线或从大圆驶入小圆，是通过司机操纵方向盘逐渐改变前轮转向角实现的。从前轮开始转向到完全进入圆曲线，汽车行驶轨迹的曲率是不断变化的，这一变化路段即为缓和曲线段。

缓和曲线的作用为：(1)曲率的逐渐变化，便于驾驶与路线顺畅，以构成最佳的线形；(2)离心加速度的逐渐变化，使汽车进入圆曲线不致产生侧向冲击；(3)作为行车道横坡变化的过渡段，以减少行车震荡。

缓和曲线的性质。缓和曲线方程式应与汽车行驶轨迹线相一致。其特点为：曲率半径的减小与从它起点算起的曲线长度成反比。

为适应曲率渐变要求，可以选用多种数学曲线。我国高速公路测设中的缓和曲线按传统选用回旋线。其他可以考虑选用的缓和曲线有三次抛物线、双纽线、正弦曲线等，但实际应用极少。回旋线的特点是曲率半径随曲线长度的增长而减小，即曲线半径 R(m)与长度 L(m)成反比，即

$$\frac{1}{R} = C_0 \times L \tag{2-2}$$

式中，C_0为常数，设 $\frac{1}{R} = A^2$(A 为回旋线参数)，则回曲线方程为：

$$R \times L = A^2(\text{ 回旋线方程}) \tag{2-3}$$

四、平曲线的超高与加宽

（一）平曲线的超高

为迅速排出路面积水，高速公路直线段横坡设置单向横坡，最小横坡值一般为 1.5%~2.5%。路缘带的横坡与行车道相同。

曲线段设置的超高(单向横坡)，在于防止车轮在路面上的横向滑移，并使路面利于排水前提下，把行车引起的横向力影响，减少到最低可能的程度。超高横坡值依设计车速 v 及曲线半径 R 而定。计算式为：$i_{超} = \frac{v^2}{127R} - f$。高速公路的最大超高值，对一般地区为 10%，对积雪寒冷地区为 6%。当高速公路因接近市镇或互通式立交的匝道上，对车速有所限制时，可减小最大超高值：当 $v=80$km/h 时，最大超高值为 6%；$v=60$km/h 时，最大超高值为 4%；$v=40$、30km/h 时，最大超高值为 2%。

超高的过渡就是在选定的超高缓和段内，沿公路的进行方向如何扭转行车道的问题。行车道面的扭转根据旋转轴在公路横断面上的位置不同而有所变化。选择高速公路旋转轴的方法有三种：一是以中间带的中心线为旋转轴；二是以中央分隔带边缘为旋转轴；三是绕各自行车道中心线旋转。

（二）平曲线的加宽

在曲线行驶时，所有车轮沿不同半径轨迹行驶，后轴内侧车轮所行驶的曲线半径最小，前轴外侧车轮所经曲线半径最大。因此，在曲线上行驶汽车占有较大的宽度，必须将车道宽度加宽才能满足行车的要求。在三角形 COD 中，有 $l^2+(R-e)^2=R^2$，则

$$e=R-\sqrt{R^2-l^2} \tag{2-4}$$

式中，l 为汽车后轮轴到前沿缓冲器的距离，m；R 为曲线半径，m。

$$l^2=2Re-e^2\approx 2R\times e(\text{因}e^2\text{与}2Re\text{相比甚小，可略去}) \tag{2-5}$$

得出车道加宽值为：

$$e\approx\frac{l^2}{2R} \tag{2-6}$$

若为两个车道，则：

$$e=\frac{l^2}{R} \tag{2-7}$$

五、停车视距

为保证行车安全，驾驶员应能随时看到前面相当距离的道路，以便遇到汽车或障碍物时能及时刹车或绕过，这一必需的最短距离称为行车视距。无论在道路的平面上或纵面上，都应保证必要的视距。

行车视距按行车状态不同分为停车视距、会车视距和超车视距等，因为高速公路分向分道行驶，只需满足停车视距。

汽车在同一车道遇到障碍（如路面损坏、障碍在地面以上 0.1m）必须及时停车时，司机（视线在地面以上 1.2m）可能看到的足够距离，即为停车视距。

停车视距主要由两部分组成：（1）司机反应时间行驶的距离；（2）开始制动到刹车停止所行驶的距离——制动距离。必要时可另计入 5~10m 的安全距离。通常按下式计算。

$$S_{\text{停}}=\frac{v}{3.6}\times t+\frac{(v/3.6)^2}{2gf_1}=0.278vt+0.00394\frac{v^2}{f_1} \tag{2-8}$$

式中，f_1 为纵向摩擦系数，依车速及路面状况而定；t 为司机反应时间，可取 2.5s（判断时间 1.5s，动作时间 1s）。

第三节　纵断面设计

一、最大纵坡度

各种汽车的爬坡性能和车速性能均有所不同，小客车的爬坡性能和行驶速度很少受纵

坡过大的影响，而载重汽车则随坡度的加大，行驶速度则会显著下降，这样就会妨碍公路上其他高速车辆的正常运行，造成交通阻车混乱，直接影响公路通行能力。因此，确定最大纵坡度还不能只从汽车的爬坡性能看，还要看在纵坡上行驶时能否快速安全。在高速公路上行驶的车型较多，车速和动力性能各不相同。因此，最大纵坡度的制定，必须考虑统一的车型和设计车速，着眼行车的经济性，通常均采用比设计车速还要低的车速作为计算车速。

二、最小纵坡

为了保证高速公路上行车快速、安全、通畅，纵坡设计以尽可能小一些为好。但是，在长路堑地段、设置边沟的低填方地段以及其他横向排水不畅地段，为利道路排水，防止积水渗入路基而影响其稳定性，最好在纵面上设以最小纵坡。最小纵坡不宜小于0.3%，当必须设计平坡或小于0.3%的纵坡时，要做好纵、横面的排水设计。在干旱少雨地区，最小纵坡可不受上述限制。当在弯道超高横坡渐变段上，为使行车道边缘不致出现反坡，路线最小纵坡 $i_{\min}$ 不宜小于超高允许变化率 Δi，即 $i_{\min} \geqslant \Delta i$。

三、合成坡度

合成坡度是指在设有超高的平曲线上，由路线纵坡与弯道超高横坡所组成的斜向坡度，其方向即流水线方向。合成坡度可按下列公式计算：

$$i_{合} = \sqrt{i_{横}^2 + i_{纵}^2} \tag{2-9}$$

式中，$i_{合}$ 为合成坡度,%；$i_{横}$ 为超高横坡度或路拱横坡度,%；$i_{纵}$ 为路线设计纵坡坡度,%。

汽车行驶在小半径平曲线的陡坡上，由于坡度和离心力造成汽车荷载偏重，会增加行车的危险性。所以，当弯道与陡坡组合时，为了防止汽车沿合成坡度方向倾斜滑移的可能，应将超高横坡与纵坡的组合控制在适当的范围以内，以利于行车安全。由上式可见，合成坡度要比路线纵坡大。

四、竖曲线

纵断面上两个坡度的转折处，为了缓冲汽车行驶在纵坡变坡点时产生的冲击和保证行车视距，必须插入一段曲线，称为竖曲线，这样做不仅能改善线型、增加行车安全感和舒适感，且便于道路排水。

竖曲线的形式有圆弧形和抛物线两种，在使用范围内两者几乎没有差别，但在设计和计算上，抛物线比圆曲线更为方便。

在纵断面设计中，竖曲线的设计要受很多因素的限制，其中有三个限制因素决定着竖曲线的最小半径或最小长度。

(一) 缓和冲击

汽车行驶在竖曲线上时，产生径向离心力，这个力在凹形竖曲线上是增重，在凸形竖曲线上是减重。增重与减重达到一定程度时，旅客就有不舒适的感觉，同时对汽车的悬挂系统也有不利影响。因此，对离心力和车重的比值必须加以控制。

（二）行经时间不过短

汽车从直坡道行驶到竖曲线上，如果竖曲线长度过短，汽车倏忽而过，乘客会感到不舒适，因此应限制汽车在竖曲线上的行驶时间不可过短，一般应满足3s行程，通过3s的行驶时间，可计算出需要的最小竖曲线长度。

（三）满足视距的要求

汽车行驶在凸形竖曲线上，如果半径太小，会阻碍司机的视线，为了行车安全，对凸形竖曲线的最小长度应加以限制，汽车行驶在凹形竖曲线上，也同样存在视距问题。如高速公路上有许多跨线桥，如果这些跨线桥正好处在凹形竖曲线上，会妨碍司机的视线，影响行车安全。因此，竖曲线按线型凹凸不同，控制要求也有所侧重，对于凸形竖曲线则以改善纵坡顺适性，保证行车视距为设计依据，而凹形竖曲线则主要是为缓和行车颠簸和振动，同时保证夜间行车照明视距、跨线桥视距等作为依据。

五、爬坡车道

设置爬坡车道的条件爬坡车道的设置应根据路线纵坡的大小、坡道的长短、载重汽车车速下降的大小以及路上的车型构成(高速车与低速车的混入率)、设计交通量的大小等因素综合考虑决定。

日本高速公路设计要领规定设立爬坡车道的基本条件是：

(1) 纵坡大于5%的公路(高速公路和设计车速超过100km/h的公路为3%)应根据需要设置爬坡车道。

(2) 陡坡路段当载重汽车的行驶速度降低到容许最低车速以下，且该区段的小时设计交通量超过设计通过能力时，应设置爬坡车道(这里指的设计通过能力，对于双车道公路为双向1000辆/h；对于四车道公路为双向1700辆/h，或根据路上载重汽车混入率、纵坡大小及坡长实际情况，参照“日本高速公路设计要领”有关爬坡车道设计通过能力的计算方法来确定)。

(3) 当载重汽车的车速低于容许最低车速，即使小时设计交通量未超过设计通过能力，如陡坡坡长大于1000m时，仍需考虑设置爬坡车道。

(4) 六车道公路可不设爬坡车道，因正线外侧车道可作为爬坡车道使用。

(5) 在隧道、长大桥、高架构造物及深挖方等路段，若因设置爬坡车道会使工程费用很大时，一般可不设爬坡车道。

我国《公路工程技术标准》(JTG B01—2014)规定：高速公路和一级公路，当纵坡大于4%时，可设爬坡车道，其宽度一般为3.5m。

第四节　横断面设计

一、行车道与车道

行车道是高速公路横断面的主体，它至少由双向4个车道组成，可以是6个车道或8

个车道。最靠近中间带(即最左边)的车道车速最高，又可称为超车车道，主要由高速的轿车行驶；最右边的车道为慢车道，其车速也在60km/h以上，载重车和大客车较多。

行车道路宽度的大小取决于设计车速、远景设计交通量以及大型车的混入率。而单一车道的宽度则主要依设计车速和大型车混入率而定。各国由于设计车速的差异及大型车所占比例不同，其车道宽度一般为3.50~3.75m。

二、中间带

中间带是由中央分隔带及两侧路缘带组成的地带，其宽度等于设施带与侧向余宽之和。高速公路中间带，主要是为了分隔对向行车、排除纵向干扰、防止对向车辆碰撞；减轻夜间车灯眩光；清晰显示内侧边缘，引导司机视线；防止行车任意转弯调头。

并可作为设置防护栅、标志及绿化等用。分隔带两侧的路缘带起着诱导视线及增加侧向余宽的作用，以提高行车速度和行车的安全舒适感。

三、路肩

高速公路的路肩是位于行车道外缘至路基边缘的地带。它是由外侧路缘带、硬路肩和保护性土路肩组成。

路肩的主要功能有：(1)保护路面；(2)停置临时发生故障、事故的车辆；(3)提供侧向余宽、显示行车道外侧边缘、引导视线、增加行车的安全舒适性；(4)增加挖方弯道地段的视距；(5)为设置路上设施(标志、防护栅等)或埋设地下管线及养护作业提供场地。

四、路拱坡度

高速公路均使用高级路面，其横坡度为2%(沥青混凝土)~1.5%(水泥混凝土)。应急停车道和港湾式应急停车带采用与行车道路面相同的横坡度。六车道、八车道的高速公路宜采用较大的路面横坡。位于严重降雨地区时，路面横坡可适当增大。

路拱横坡一般采用双向坡面，由路中央向两侧倾斜。如为分离式路基，每侧行车道可设置双向路拱，也可采用单向横坡，并向路基外侧倾斜。在积雪冻融地区，不论是整体路基或是分离式路基，对每向行车道都应设置双向排水。

五、路缘石

高速公路多采用可越式(斜式)路缘石，即低矮圆滑的阶梯构造，起排水和连接作用。斜式路缘石高度宜小于12cm(美国规定为6in)，并利于排水，中央带内设置防护栅。

六、边坡与边沟

边坡应保证路基稳定、行车安全及景观的舒顺。美国规定：公路路堤高1.5~3.0m边坡为1∶4~1∶3，高4m时边坡为1∶2，路旁无障碍安全地带，应在防护栅以外至少6~12m。

七、植树带

为保持良好的公路交通环境和确保沿途良好的生活环境，植树带成为公路横断面的组成要素。

植树带宽度一般为 1.5m，当通过城市、风景区时，应结合住宅、交通状况综合考虑设置较宽的植树带。

由植树带与路肩、人行道、辅道所组成的环境设施带应依交通量、道路构造及环境保护上的要求，根据环境影响评价书(EIS)所提出的建议及防治措施加以确定。

第五节 线形组合设计

一、平纵线形的组合原则

立体线形的组合应遵从下述原则：

(1) 应保持线形在视觉上的连续性。这样就能自然地引导驾驶员的视线，取得舒顺的驾驶节奏；

(2) 注意保持平纵线形几何指标大小均衡，因为它关系到线形的顺适和工程运营的经济成本；

(3) 应根据路面排水和汽车行驶力学安全的要求，选择组合得当的合成坡度；

(4) 注意与公路周围环境的配合。优美的线形景观对驾驶可以起到观赏悦目的作用，以减轻高速驾驶的疲劳感；同时合宜的景观设计还起着诱导视线的作用。

二、平纵线形组合方法要点

(1) 要使平曲线与竖曲线重合，最好是把平曲线和竖曲线一一对应，而且平曲线要比竖曲线长，即所谓“平”包“竖”。

(2) 平曲线和竖曲线大小要保持均衡。平竖曲线重叠，要以平曲线为主导，其中一个大而缓另一个也要大，不可形成在一个平曲线内多次变坡，或一个竖曲线内多次转弯。

(3) 选择合宜的合成坡度。合成坡度选得过大，会使低速行驶车辆驾驶失误，在冬季结冰季节易招致事故。若合成坡度过小，在缓和曲线路段不利路面排水，高速行车时的车头溅水影响行车安全。对高速公路一般希望合成坡度在 8%以下，最小为 0.5%左右为宜。

三、平纵线形组合应注意的问题

(1) 应避免在凸形竖曲线顶部和凹形竖曲线底部都插入小半径的平曲线。前者失去诱导视线的作用，驾驶员须接近坡顶才发现平曲线，因而会形成减速或因高速行驶突然变换方向盘而招致车祸。后者易使驾驶员对纵坡的判断失误，把下坡看成上坡而导致超速行驶，成为造成交通事故的原因。

(2) 要避免在凸形竖曲线顶部或凹形竖曲线底部设置反向曲线的变曲点。前者线形失去诱导作用，若没有挖方边坡或植树辅助诱导行驶的车辆，则会不知前方转弯方向，直至接近顶点才发现反向转弯，易导致驾驶的失误，后者线形虽无视线诱导问题，但却是纵横向排水不良的组合，也应予以避免。

（3）在平面直线路段要尽量设计成直坡，避免设置凸凹而看不见的纵面线形，这样易于使视线产生折断感。在长直线段设置凹形竖曲线要尽量使竖曲线半径大些，以获得顺适的线形。

（4）事故调查分析表明，当回旋线与竖曲线组合时事故率最高，特别是凸形竖曲线更为不利，设计时应避免这种线形的组合。

（5）英国的高速公路组合设计要求，当平曲线半径小于 1000m，竖曲线半径小于 15000m 时应避免两者重叠，应使两者错开或相接。

第三章

高速公路立体交叉设计

立体交叉是高速公路必不可少的部分，在这里完成高速公路与沿线城镇的客流转换。立体交叉设计线形也是高速公路线形的一部分。因此，立体交叉的主线线形和匝道线形的设计原理和方法与高速公路主线类似，只是匝道线形的设计标准有点区别。虽然高速公路与其他道路的交叉都采用立体交叉，避免了不同流线交通的冲突，但还是存在一定程度的交织、汇入和驶出等干扰。因此，为了保证高速公路的快速、安全、舒适，需要科学合理规划立交，如立交类型、立交间距等。另外针对立交处的交通特点，除了道路线形设计外，还需要对汇入驶出交通提供加减速车道、主线和匝道连接处的端部设计等。

第一节　立体交叉的概念及基本组成

一、概述

交叉口是公路网的重要组成部分，公路网中各条公路不可避免要相遇形成交叉口。同时，交叉口又成为各条公路之间的联系，车辆的汇集、分叉、转向都是通过交叉口来实现的，也正因为如此，交叉口的交通状况也远比路段来得复杂，车辆在交叉口交汇造成车辆间的冲突，使行驶车速、行车安全受到极大影响。

交叉口车辆间的冲突源于车辆间在时间和空间上的重合。早期的公路交叉口均采用平面交叉的形式，车辆间的冲突只能靠时间的错位加以解决，与城市道路不同，公路交叉口基本上为无信号灯交叉口，交叉口的车辆基本上靠自然的组织行驶。如果说这种方式对车速不高、交通量不大的普通公路尚能适应的话，而对于交通量大、车速很高的高速公路或一级公路，平面交叉口就会给整个公路的安全、通畅、车辆的快速行驶带来极大的影响。如在高速公路上采用信号灯交叉口，暂且不说公路上设置信号灯在供电、控制、维护上的困难，即使是实现了信号灯控制，停车等候也会极大地影响高速公路行车的连续、快速和安全的要求。道路立体交叉便应运而生了。

道路立体交叉简称为立交，是利用两条或两条以上道路的交叉空间，在交叉点中心，多条道路具有相同的平面位置和不同的空间位置，是高等级公路不可缺少的重要组成部分。立交在道路交通中起着非常重要的作用。它取代了平面交叉路口上的信号管理，基本上消除了所有冲突点，使车辆能连续不断地通过交叉路口，大大提高了道路的通行能力。同时，也节省了驾驶者的时间、燃料等，提高经济效益，为高等级公路快速、安全、经济、舒适提供了保证。

道路立体交叉已成为一个地区、一个城市交通发达的象征，也成为高速公路交通事业不可缺少的一部分。对于一般道路，最基本的是直行和左右转弯可能的平面交叉口构成网状。交叉口立体交叉的规划设置、交通控制方式、交通量与交通容量相关。交叉口做成立体交叉时，考虑对其他交叉点的影响，判断立体交叉化是否能够对道路整体产生良好效果的同时，也要考虑对于立体交叉区域对沿线地域通道上制约的利害关系。构造形式即上跨式、下穿式，采用哪一个不仅仅要从经济的角度出发，也要从沿线道路的土地利用情况和保护环境等角度进行考虑。

二、立体交叉的基本组成

一个完整的互通式立体交叉，通常由主线、跨线桥(或地道)、引道、匝道、出入口、变速车道、集散道、辅助车道等部分组成。

1. 主线

主线是指两条相交道路的直行车道，有上线和下线之分。

2. 跨线桥(或地道)

跨线桥(或地道)是分隔主线和相交道路的直行车流的主体结构物，主线相交道路可选择以桥梁上跨或以地道下穿的方式实现两者分离。

3. 引道

引道是跨线桥(或地道)主体结构至正常道路之间的路段。

4. 匝道

匝道是连接上下交叉的道路或两条不同高度的道路而设置的车行道。在立交中，车辆转向通常是用专用或合用的匝道来解决。

5. 出入口

出入口是匝道与主线的连接部。相对主线而言，驶离匝道与主线的连接部为出口，驶入匝道与主线的连接部为入口。

6. 变速车道

变速车道是在匝道与主线之间的附加车道，供驶离或驶入主线的车辆变速，以调节主线与匝道上的车速差。出口处应为减速车道，入口处应为加速车道。

7. 集散车道

集散车道是为了减少主线上进出口车辆对直行车辆的干扰而设置的平行于主线的附加车道。

8. 辅助车道

辅助车道是在进出口附近为了保持主线和匝道的车道数平衡要求和基本车道数要求所增设的附加车道。

第二节　立体交叉的规划与布局

一、高速公路立体交叉的布置规划

高速公路立体交叉的布置规划，应以现有道路网或已批准的规划为依据，综合考虑交通因素、社会因素和自然因素等，为交通流发生源提供便捷出入口。立交位置一般应选择在地势平坦开阔、地质良好、拆迁较少及两相交道路均具有较高的平、纵线形指标处。

（一）立交位置选择

公路立交位置的确定是立交规划与设计中的一个重要内容，在对立体交叉进行规划时，除考虑立交在整个道路网中的作用外，要考虑以下因素：

（1）现状公路网；

（2）规划公路网；

（3）地形与地物条件；

（4）立交前后的其他立交、桥梁、隧道等构造物；

（5）立交附近的城镇规划；

（6）立交周围其他运输设施等。

高速公路立交造价高，占地广，立交又是高速公路与其他集散道路联系的最重要的手段。因此，高速公路立交位置的确定首先要考虑公路网的规划要求。在现状公路网与规划公路网不一致时，通常立交的位置应根据规划确定，再用修建连接线的方法与现状路网沟通。此外，在丘陵和山岭区，立交的位置和形式应考虑充分利用地形，减少使用桥梁等结构物，从而降低造价。

在平原区或靠近村镇的地方，应考虑少占农田和避让村庄，减少高速公路立交对居民生产、生活及环境的影响。

（二）立交的间距

为了既保证高速公路主线的行车质量，又满足服务周边地区的要求，高速公路上立交的间距应选择适当。立交的间距过大，对周边地区的服务作用就小，同时高速公路本身的使用效益也会降低；立交的间距过小，车辆进出高速公路过于频繁，会影响主线上的行车质量和安全。具体可从以下几个方面考虑：

1. 立交服务区域的大小

立交间距首先要考虑的当然是交通需求，立交所服务的城镇或其他节点的规模很大程度上决定了交通需求。通常，大城市和重要工业区周围的互通式立交间距应为5~10km，一般地区互通式立交的间距为15~25km。

2. 相邻立交之间的交织段最小长度要求

在立交入口匝道的合流点到下一个立交出口匝道的分流点之间，车辆有交织行驶的情况，这段道路的长度必须不小于车辆交织所需的交织段最小长度。日本设计规范要求最小交织段长度应为150~200m，德国设计规范则规定这段长度应不小于2700m。

3. 司机判别交通标志的时间

为了使司机能在一定距离内预先看到前方的交通标志，德国设计规范规定司机能够反应所需的路线长度为600m。

4. 我国规范规定

我国《公路路线设计规范》（JTG D20—2017）规定互通式立交最小间距应不小于4km，最大间距应不大于30km。

（三）立交与其他设施的间距

互通式立体交叉与相邻的其他有出入口的设施和隧道之间的距离规定如下：

（1）互通式立体交叉与服务区、停车区和长途汽车停靠站之间的距离应能满足设置一系列出口预告标志的需要。当条件受限时，间距可适当减小，而人口渐变段终点至下一个出口渐变段起点的距离不得小于1000m；

（2）隧道出口与前方互通式立体交叉间的距离应满足设置一系列出口预告标志的需要。当条件受限时，隧道出口至前方互通立交出口渐变段起点的距离不得小于1000m；

（3）互通立交与前方隧道进口间的距离应满足标志设置和标志以后对洞口判断的需要。

互通式立交与相邻的其他设施间的最小间距见表3-1。

表3-1　互通立交与其他相邻设施间的最小间距

<table>
<tr><th rowspan="2">设施名称</th><th colspan="2">最小间距/km</th></tr>
<tr><th>一般值</th><th>低限值</th></tr>
<tr><td>互通式立交与服务区</td><td rowspan="2">5</td><td rowspan="2">3</td></tr>
<tr><td>互通式立交与停车场</td></tr>
<tr><td>互通式立交与公交停靠站</td><td rowspan="2">4</td><td rowspan="2">1.5</td></tr>
<tr><td>互通式立交与隧道</td></tr>
</table>

二、立体交叉设置的条件

立交的设置使交叉口范围的车辆在空间上分隔开来，车辆经过交叉口时可以不停车连续行驶。同时，立交叉是一个大型的构造物，与平面交叉相比，立交的占地、造价和对环境的影响都要大得多，而且立交一旦建成，改造的难度也远比平面交叉口大。因此，在公路规划设计中对立交的设置及其形式的选择都应慎重。通常，立交设置应考虑的因素有：相交道路的类别和等级、设计车速、交通流量和流向、周边土地利用现状与规划、工程技术与经济、交通安全、环境与生态等。

依据相交道路的性质，公路上的立交可分为：公路与公路立交、公路与铁路立交、公路与城市道路立交、公路与乡村道路立交等。在没有特别的说明时，以下所指的立交为公路与公路立交，且包括分离式和互通式两类。

（一）高速公路上设置立交的条件

（1）高速公路与其他各级公路交叉，必须采用立体交叉。交叉类型除在控制出入的地点设互通式立交之外，均采用分离式立交；

（2）高速公路与各级城市道路交叉时，必须采用立体交叉；

（3）一级公路与其他公路相交，应尽量采用立体交叉，交叉类型可根据具体情况采用互通式立交或分离式立交。

（二）公路上设置互通式立体交叉的条件

（1）高速公路、一级公路间相互交叉，以及高速公路、一级公路同交通繁忙的其他等级公路相交处，应设置互通式立交；

（2）高速公路、一级公路同通往大城市、重要政治与经济中心、重点工矿区的公路相交处，应设置互通式立交；

（3）高速公路、一级公路同通往重要港口、机场、车站和游览胜地的公路相交处，应设置互通式立交；

（4）高速公路、一级公路同通往重要交通源的支线起点相交处，应设置互通式立交。尽管有了以上的一些设置条件，在一个具体的场合要完全明确地确定立交的设置及形式是十分困难的，即使在以上的设置条件中也有许多不确定的因素。因此，要具体确定一个立交的设置依据还应从前面提到过的多方面进行分析、论证。

第三节　立体交叉的类型、特点与选择

一、立交的分类

立交的形式很多，立交的分类方法也是多种多样的，通常可以按跨越形式、交通功能、相交道路条数或立交层次数等方式来分类。

（一）按主线与相交道路的跨越方式分类

按照主线与相交道路的跨越方式来分类，立交可分为上跨式和下穿式。上跨与下穿通常是以原地面为参照，以主线(或相交道路)跨线桥的方式上跨相交道路(或主线)，称为上跨式。上跨式立交结构均高出原地面，其优点是：线形视距条件好，施工方便，工期较短，对地下管线影响小，排水容易处理。缺点是：对环境影响较大，污染相对严重。

主线(或相交道路)以下挖的地道方式穿越相交道路(或主线)，称为下穿式。下穿式立交的主体结构在地面以下，其最大的优点是对环境的影响较小，但排水困难，需增加水泵等排水设施，且需日常维护，地道的施工周期也较长，对地下管线的影响也较大。

上跨与下穿方式的选用通常根据用地状况、施工要求、环境要求和具体地形来决定。对高速公路而言，除非在与铁路立交，与另一条高速公路立交或穿越城镇时改变线形，一般主线应保持原线形不变，而由相交道路上跨或下穿。

（二）按交通功能分类

立交按交通功能分类可分为分离式和互通式两大类。分离式立交仅将主线与相交道路分离，两者之间无匝道联系，因此，分离式立交不能组织转向交通。分离式立交的作用是保证直行车的通畅，可用于高速公路与铁路的立交，与等级相对较低的公路立交以及与低速机动车和人行通道立交。互通式立交又可分为全互通式立交、部分互通式立交和环形立交 3 种。

1. 全互通式立交

全互通式立交是能够满足全部转向交通要求，各方面车流间无任何冲突点的立交，如三路交叉中的喇叭形立交、四路交叉中的苜蓿叶形立交和双喇叭立交以及所有的定向式立交。

（1）喇叭形立交

喇叭形立交用于三路交叉，见图 3-1，是目前我国高速公路最常使用的立交形式之一。

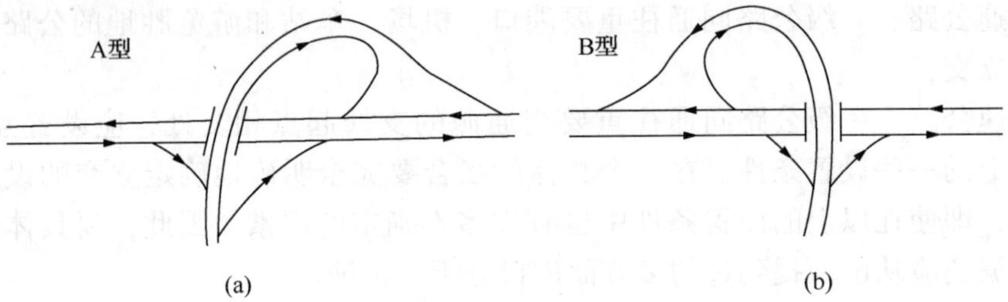

图 3-1　喇叭形立交

喇叭形立交用于三路交叉，见图 3-1，是目前我国高速公路最常使用的立交形式之一。A、B 型分别适用于左转交通的不同情况，对其中较大左转交通量的方向，采用半定向匝道，另一个左转采用苜蓿叶式匝道，整个立交只需一座桥梁结构物，没有交织。在相交道路上设置一个收费口即可解决全部方向的收费，适用于全封闭收费方式。喇叭形立交的缺点是匝道绕行距离相对较长，当相交道路下穿时视距常受限制。

（2）苜蓿叶形立交

一个完全苜蓿叶形立交常用于四路交叉，见图 3-2，其特点是功能齐全、通行能力较大、安全、车速较高，另外，最少可用一座桥梁(或地道)结构，层次低(仅 2 层)。各方向对称，常用于高速公路与高速公路或与其他等级较高的道路的立交。其缺点是占地大、左转绕行距离稍长，当为节约用地而减小苜蓿叶匝道的半径后左转的车速会受限制，另一个缺点是在相邻的苜蓿叶匝道之间有交织，须设置集散车道，同时，不利于集中设置收费口。苜蓿叶形立交适用于两条高等级公路相交及开放式收费方式。

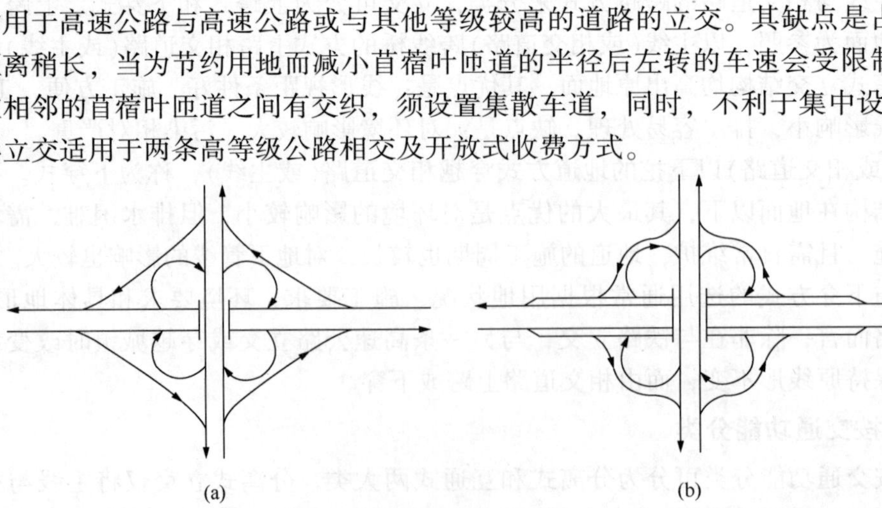

图 3-2　苜蓿叶形立交

（3）双喇叭立交

双喇叭形立交是从单喇叭形演变过来的，用于四路交叉，见图 3–3，其最大的特点是便于集中设置收费口，因此，也是目前收费高速公路常用的形式。

（4）定向式立交

定向立体交叉每个方向的车辆均行驶在直顺的专用单向行驶的车道上，与其他方向的车行道相交时，均采用立体交叉，无交织和交叉。因此，定向式立交是立交中行驶条件最好的一种，转向匝道行车方向直接明确、线形顺畅，车速高、通行能力大，占地小。其缺点是立交层次多、结构物多、造价高，另外，也不便于集中设置收费口。定向式立交通常用于行车要求较高的高速公路与高速公路或与其他等级较高的道路的立交。

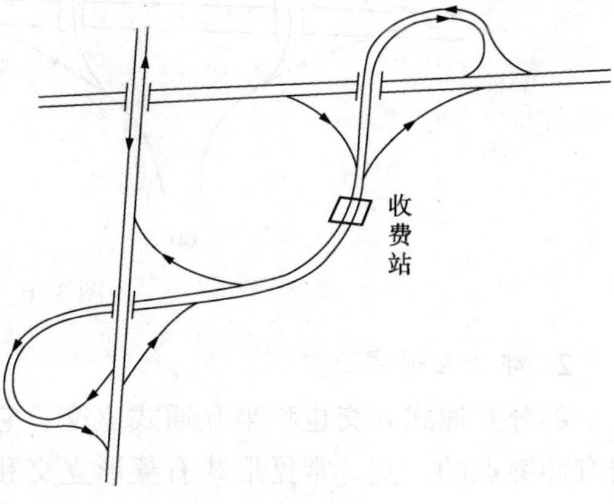

图 3–3　双喇叭立交

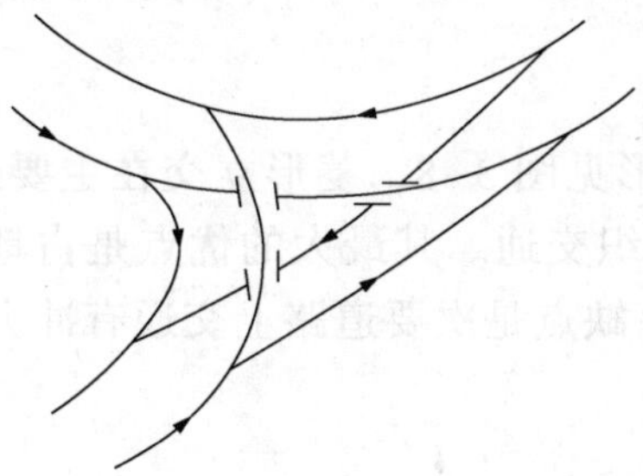

图 3–4　三路全定向式立交

① 三路全定向式立交，见图 3–4。

② 四路全定向式立交，见图 3–5。

③ 半定向式式立交，见图 3–6。

半定向式立交是定向式立交中的一种，它将直接式的定向匝道作适当的绕行，以避免多条匝道（或主线）集中相交，从而降低立交层次，减少结构造价。其缺点是立交的纵断面线形起伏较大，半直接式匝道的行车条件稍差。半定向式立交主要用于某些方向交通量较小、行车要求稍低的立交。

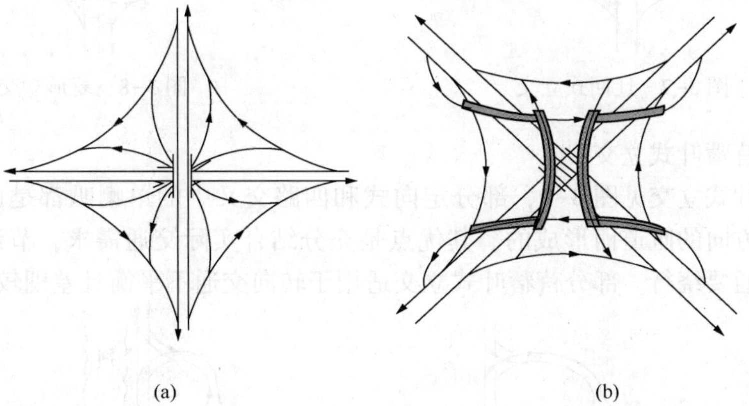

(a)　(b)

图 3–5　四路全定向式立交

④ 迂回式立交，见图 3–7。

迂回式立交是半定向式与环形立交结合的一种形式，最大的优点是全互通但占地少，且匝道位置可离开交叉口一定的距离，便于灵活布置，结构物也比定向式少，收费口设置也较容易。缺点是左转绕行特别长，有交织且转弯半径较小，行车质量不高。迂回式立交主要用于高速公路与等级较低的公路的交叉。

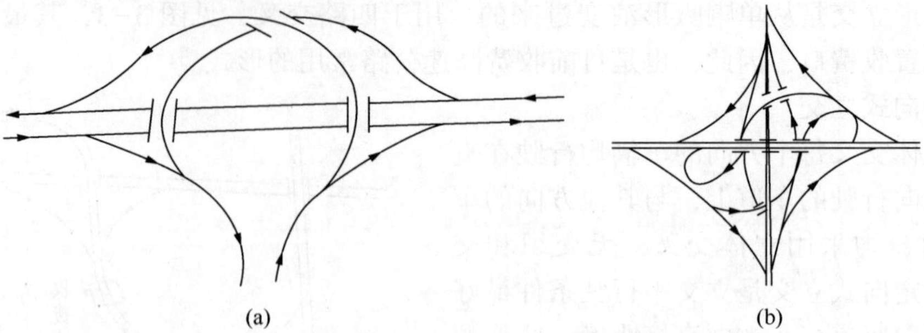

(a)　　　　(b)

图 3-6　半定向式立交

2. 部分互通式立交

部分互通式立交也称半互通式立交，它是仅能满足部分转向交通或者某些转向交通之间有冲突点的立交。常见形式有菱形立交和各种全互通式立交取消部分匝道后的立交(部分苜蓿叶形、部分定向式等)。

(1) 菱形立交

菱形立交通常用于高速公路与其他次要道路交叉的情形见图 3-8，菱形立交在主要道路上直行畅通，左转交通通过次要道路上的平面交叉口组织交通。其最大的优点是占地、层次和结构物均很少，造价低，是立交中最为经济的一种；缺点是次要道路上交通有冲突，不利于集中收费。

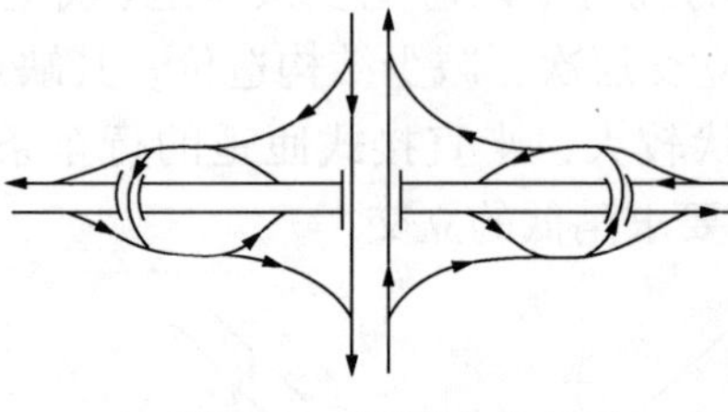

图 3-7　迂回式立交

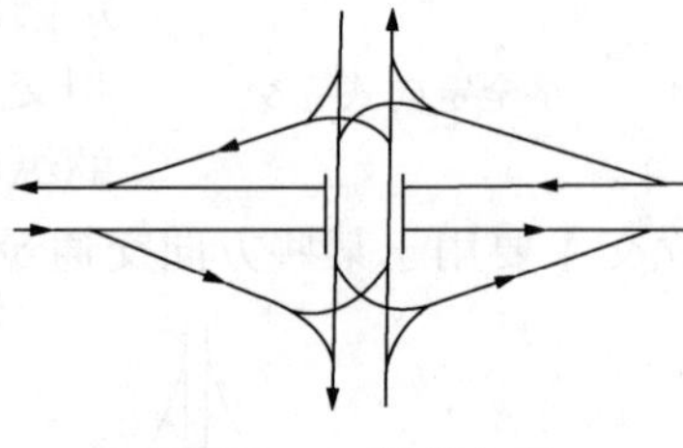

图 3-8　菱形立交

(2) 部分苜蓿叶式立交

部分苜蓿叶式立交见图 3-9，部分定向式和四路交叉中的单喇叭都是由对应的全互通立交取消某些方向的匝道而形成的。其优点是充分结合实际交通需求，节约造价；缺点是次要方向的交通要绕行。部分苜蓿叶式立交适用于转向交通不平衡且差别较大的交叉口。

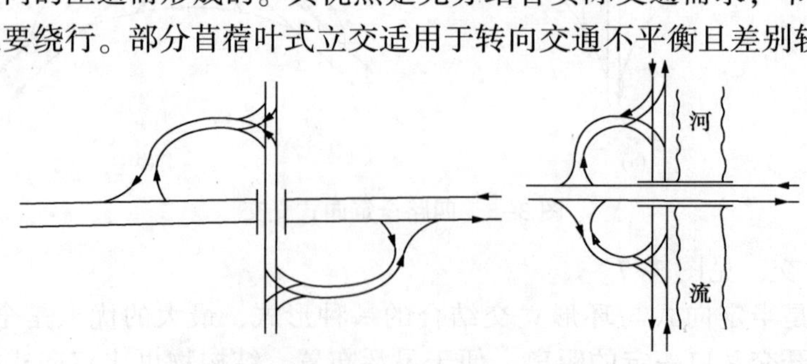

(a)　　　　(b)

图 3-9　部分苜蓿叶式立交

(3) 部分定向式立交，见图 3-10。

(4) 四路交叉中的单喇叭形立交，见图 3-11。

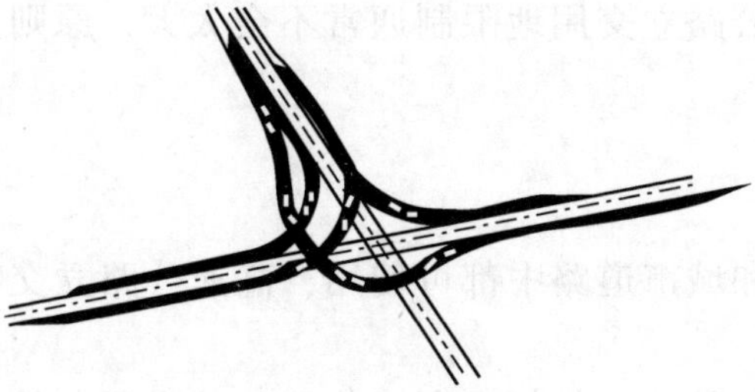

图 3-10　部分定向式

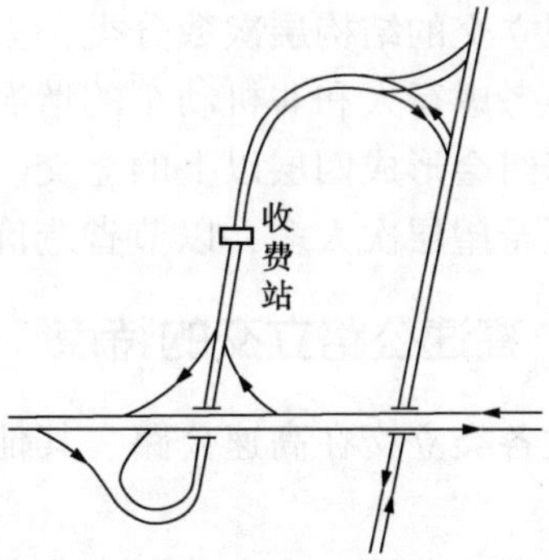

图 3-11　单喇叭形立交

3. 环形立交

环形立交，见图 3-12，是从平面环形交叉口发展而来的，它将主线和相交道路中的一条或全部的直行用跨线桥(或地道)方式与转向交通分离，全部的转向交通(或加上某些方向的直行交通)放在单独一层，以环岛形式组织交通。

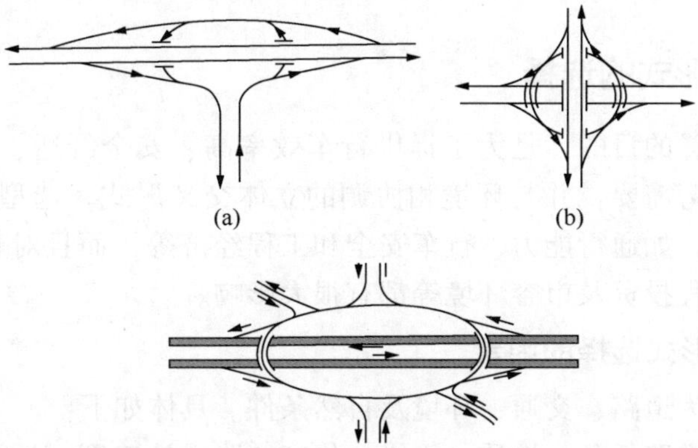

图 3-12　环形立交

环形立交的优点是占地少、层次相对少、结构简单。而其最大的缺点是环岛上行驶车速慢、通行能力不大。环形立交适用于高速公路与一条或多条次要道路相交的情况。

在实际使用中，各种立交方式可以组合，形成组合式立交，如上海金桥立交，上海罗山路立交。同时，当多条道路在较少的范围内形成多个交叉点，则可形成立交枢纽，如上海莘庄立交。

(三) 按相交道路条数分类

按照交叉口相交道路的条数分类，立交可分为三路交叉、四路交叉和多路交叉。

三路交叉可以是“T”形或“Y”形，四路交叉通常是“十”形或“X”形，三路和四路交叉一般可采用某种标准的立交形式，如喇叭形、苜蓿叶形等。而五路交叉或五路以上交叉，除了采用环形立交外，一般没有标准的形式可套用。

（四）按立交层次数分类

按照立交的结构层次数分类，立交有二层式、三层式、四层式和多层式。

在不考虑行人和非机动车的情况下，大多数公路立交为二层至四层，只有多路立交或立，交枢纽会形成四层以上的立交。由于公路立交用地限制通常不会太大，原则上高速公路立交不希望层次太多，以节省造价。

二、高速公路立交的特点

上述各类立交在高速公路、其他公路和城市道路中都可使用，高速公路立交特有的性质如下：

（1）高速公路立交在我国大多数附设收费口，如何有利于收费口的设置与管理，是高速公路立交选型中的一个重要问题；

（2）高速公路所经地区一般建筑物较稀，用地限制不大，土地价格也相对较低，因此，立交占地面积大与立交结构物多这两者往往取前者；

（3）高速公路设计车速高，立交匝道的设计车速也较高，选型中要充分考虑行车安全；

（4）高速公路各项设计要求均很高，通常要求在立交范围内，高速公路主线、平纵线形尽可能不变或少变。

三、立体交叉形式的选择

立体交叉形式选择的目的，是为了提供行车效率高、安全舒适、适应规划交通量和设计速度、满足车辆转弯需要，并与环境相协调的立体交叉形式。选型是否合理，不仅影响立体交叉本身的功能，如通行能力、行车安全和工程经济等，而且对整个地区道路网规划、地方交通的发挥、工程投资及市容环境等都有很大影响。

（一）影响立交形式选择的因素

影响因素可概括为道路、交通、环境及自然条件。具体如下：

道路条件：相交道路任务、性质、等级；相交道路设计速度；近远期结合方面的要求；确定实行的收费制度体系；投资额及可提供的用地范围；主要部门和涉及部门的意见等。

交通条件：交通量及交通组成；交通发展预估；交通网现状及规划；设计通行能力等。

环境条件：用地规划；土地利用现状；周围建筑设施现状；文物古迹保护等。

自然条件：地形状况；地质资料；水文资料；气候资料等。

（二）立交形式选择的基本原则

互通式立体交叉形式的选择，应根据道路条件、交通条件，结合自然、环境条件等综合考虑而定，并遵循下列基本原则：

（1）立体交叉选形应考虑相交道路的等级、性质、任务和交通量等，确保行车安全通畅和车流的连续。相交道路等级高时应采用互通式立体交叉；交通量大、设计速度高的行车方向，要求线形指标高、路线短捷、纵坡平缓；车辆组成复杂时要考虑个别交通特性的需要；

（2）立体交叉选形应与立体交叉所在地的自然条件和环境条件相适应，充分考虑区域规划、地形地质条件、可能提供的用地范围、周围建筑物及设施分布等。在满足交通要求的前提下综合分析研究，力求合理利用地形、地质条件，减少征地、拆迁，与周围环境相协调，造型美观，结构新颖而合理；

（3）立体交叉选形应全面考虑近远期结合，既要满足近期交通的要求，减少投资，又要考虑远期交通发展的需要和改建提高的可能，前期工程能为后期工程所利用；

（4）立体交叉选形应考虑是否收费和实行的收费体制；

（5）立体交叉选形要考虑工程的实施，使立体交叉造型和工程投资两者兼顾。从有利施工、养护和排水角度出发，尽量采用新技术、新工艺、新结构，以提高工程质量、缩短工期和降低成本；

（6）立体交叉选形要和匝道布置全面考虑，分清主次。立体交叉形式在考虑相交道路平、纵断面线形的同时，应考虑匝道平面线形的布设和竖向标高的要求。选形要与立体交叉线形、构造物、总体布局及环境相配合。高速道路与其他道路相交，原则上高速道路不变或少变，其他道路抬高或降低；城市道路立体交叉以非机动车道不变或少变，以利于行人和自行车通行；

（7）选形应与定位相结合。立体交叉形式随所在位置的地形、地物及环境条件而异，通常是先定位后选形，并使选形与定位相结合。

（三）立交形式选择的方法步骤

1. 初定立体交叉的基本形式

首先应选择立体交叉的总体布局。如采用分离式还是互通式立体交叉，分离式立体交叉采用上跨式还是下穿式，互通式立体交叉采用完全互通式、部分互通式还是交织形。立体交叉采用二层式、三层式还是四层式，主线是上跨还是下穿。城市立体交叉机动车与非机动车是分离行驶还是混合行驶，是否考虑行人交通，是否收费等。在此基础上进一步选择立体交叉的基本形式，如三路相交的喇叭式、四路相交的苜蓿叶形、部分苜蓿叶形、定向式、或其他组合形式等。

对公路互通式立体交叉在确定基本形式时，应根据各方向的交通量，结合地形、地物、当地交通条件综合考虑而定，并遵循以下几点：

（1）直行和转弯交通量均大，相交公路的设计速度较高，并要求用较高的速度集散时，可采用定向式或半定向式立体交叉；

（2）不设收费站的高速公路、一级公路相交时，宜采用组合式立体交叉；

（3）高速公路及一级公路与一般公路相交，不设收费站时，应优先采用菱形；若设收费站而主线转弯交通量较小时，可采用喇叭形和部分苜蓿叶式等；

（4）一级公路之间相交时，三路交叉可采用喇叭形，四路相交可采用苜蓿叶形、环形或部分苜蓿叶形立体交叉；

（5）一级公路与较低等级公路相交且需设互通式立体交叉时，宜采用菱形、部分苜蓿叶形立体交叉等。

2. 立体交叉几何形状及结构的选择

立体交叉的几何形状及结构对整个立体交叉的车辆运行速度、运行距离、行车的安全和舒顺、行车视距、视野范围、交通功能、服务水平和通行能力等影响很大。在立体交叉基本形式的基础上，通过仔细研究，对立体交叉的总体结构布局和匝道布设进行安排，如跨线构造物的布置；出入口的位置；匝道布设的象限；内外匝道采用整体式或分离式断面；匝道的平、纵、横几何形状及尺寸；变速车道的布置等。

3. 立体交叉方案比选

经过立体交叉基本形式和几何线形及结构选择，会产生多个有比较价值的立体交叉方案，必须对多方案的技术、经济、效益进行比较，选择合理的立体交叉形式和适当的规模，以做出满足交通功能要求、适合现场条件、工程量小、造型美观而投资少的立体交叉方案。方案比选的方法较多，下面简要介绍综合评价法和技术经济比较法。

(1) 综合评价法：是借助运筹学的层次分析法或模糊数学的方法或二者结合使用、通过各影响因素权重的计算和综合分析比较、以寻求整体最优或较优的立体交叉方案、作为决策依据的综合评价指标体系。

建立一个合理、实用和科学的综合评价指标体系，对评价结构的全面性、公正性及可靠性至关重要。

权重是各因素之间相对重要程度的反映。为使权重取值科学，不过分偏差，常采用系统工程中的特尔斐法，即发放专家调查表。该表应有选择地向专家发放，收回后还应作正态分布的假设检验，以保证调查质量。

为能统一比较，需要把有量纲或无量纲的各指标换算成 0~1 的实数，称为评价指标的量化处理。对定量的指标(如匝道长度、通行能力等)通过计算直接或间接得到；对定性的指标(如社会反映、分期修建适应性等)很难计算获得，可用模糊数学的方法得到。

(2) 技术经济比较法：直接计算各立体交叉方案的技术、使用及经济指标值，逐项进行对比分析，选出最佳方案。各指标的具体内容为：

技术指标包括：占地面积 F，以单车道计的匝道总长度 L_1，以单车道计的立体交叉范围内正线全部车道长度 L，匝道路面面积 S_1，正线路面面积 S，以单车道计的跨线桥总长度 L_0，路基土石方体积 W。

使用指标包括：汽车在相邻道路上两固定点间以设计速度左转运行时间 $T_{左}$ 和右转运行时间 $T_{右}$，以最佳车速计算的左转运行时间 $t_{左}$ 和右转运行时间 $t_{右}$。

经济指标包括：立体交叉范围的路基、路面及跨线构造物等的总造价 C，立体交叉一年的养护费用 A，一年运输费用 B。

第四节　互通式立体交叉设计

一、设计速度

在立交范围内，由于主线、相交道路、匝道和环形立交中的环道等各部分的行车条件各不相等，其设计要求也不一样，因此，各部分设计速度可以根据以下原则确定：

（一）直行的设计速度

立交的设置首先应保证直行车（包括主线与相交道路）的行车条件。因此，通常互通式立交中的设计速度取与主线或相交道路相等，即 $v_{直行}=v_{路段}$。

在菱形等部分互通式立交中，受左转影响的直行（往往是相交道路）的设计速度可适当折减，可取 $v_{直行}=(0.5\sim0.7)v_{路段}$。

（二）左、右转匝道设计速度

公路立交匝道的设计速度可根据主线的设计速度与立交等级来确定，具体规定见表3-2。

表 3-2　匝道设计速度

匝道类型		直连式	半直连式	环形匝道
匝道的设计速度/(km/h)	枢纽互通立交	80~50	80~40	40
	一般互通立交	60~40	60~40	40、35、30

另外，在选用匝道的设计速度时，应遵循以下原则：

（1）右转弯匝道宜采用上限或中间值；

（2）内环匝道宜采用下限值；

（3）定向连接匝道宜采用上限或接近上限值；

（4）接近收费站或一般公路的匝道末段，设计速度可酌情降低；

（5）驶出匝道分流端的设计速度不得小于主线设计速度的50%~60%；驶入匝道与加速车道连接处的设计速度应保证车辆驶至加速车道末端的速度能达到主线行车计算速度的70%。

（三）环形立交中环道的设计速度

环形立交中环道的设计速度与平面环形交叉口类似，考虑到占地和交织中的行车安全，车速不宜太高，通常取20~40km/h。

二、公路立交的线形指标

（一）主线和相交道路的线形指标

立交主线和相交道路的设计速度一般与路段相同，但立交范围的匝道进出口、集散车道甚至桥梁结构等毕竟对主线行车有影响，为了保证立交范围内主线的行车质量不降低，其主线的线形指标通常要高于路段。

（二）匝道的主要线形指标

1. 平面线形指标

为了保证车辆连续、安全行驶，匝道的平面线形应适应车辆行驶速度从主线（匝道）进入匝道（主线）的变化规律，并结合地形、地物，力求达到工程及运营的经济性要求。

匝道平面设计应遵循以下原则：

（1）匝道平面线形应与交通量相适应，即交通量大的方向的匝道应有较好的平面线形；

（2）匝道平曲线的曲率应与行车速度相适应；

（3）同一匝道中，接近主线(或相交道路)部分通常车速较高，应有较好的平面线形；

（4）驶离主线的匝道上的行驶车速一般比驶入主线匝道的车速高，应有较好的平面线形；

（5）合流、分流处的行驶状况比较复杂，为安全起见，应具有较好的线形和通视条件。

2. 纵断面线形指标

纵断面主要线形指标包括：纵坡、竖曲线半径及长度。

立交匝道的纵断面指标对立交的规模、占地、结构物规模等都有很大影响，特别是在用地紧张的地区修建立交，匝道纵断面线形指标往往还会影响到匝道的平面线形。匝道纵断面设计一般应遵循以下原则：

（1）匝道及其同主线相连接的部位，其纵断面线形应尽可能地连续，避免线形的突变；

（2）匝道应尽可能采用较缓的纵坡以保证行驶的舒适与安全。特别是加速上坡匝道和减速下坡匝道应采用较缓的纵坡，严禁采用等于或接近于最大纵坡值的纵坡；

（3）匝道及其端部纵坡变化处应采用较大半径的竖曲线以保证足够的停车视距。合流、分流及其附近的竖曲线，除应满足停车视距的要求外，还应能看见前方公路的状况。

3. 匝道横断面

（1）横断面宽度

匝道横断面由车道、路缘带、硬路肩和土路肩组成，对向分离双车道匝道还包括中央分隔带。

匝道的各组成部分宽度规定如下：

① 车道宽度为 3. 50m；

② 路缘带宽度为 0. 50m；

③ 左侧硬路肩(含路缘带)宽度为 1. 00m；

④ 右侧硬路肩(含路缘带)宽度：设供紧急停车用硬路肩时为 2. 50m。条件受限制时可采用 1. 00m；

⑤ 土路肩的宽度为 0. 75m；条件受限制时，不设路侧护栏者可采用 0. 5m；

⑥ 中央分隔带宽度应不小于 1. 00m；

⑦ 匝道曲线部分加宽值，应根据圆曲线半径数值确定。

（2）横断面坡度

匝道的横断面可以是单向坡，也可以是双向坡。单向匝道宜做成单向坡，双向匝道宜做成双向坡。正常横坡仍为 1. 5%或 2%。

匝道超高的设计还应充分考虑车辆在匝道上行驶速度经常变化的实际情况，收费站附近的超高值应小于匝道设计速度所对应的值；相反，接近分流、合流处就应大一些。

（3）超高缓和段

超高缓和段的长度应根据设计速度、横断面类型、旋转轴位置及渐变率等因素确定，方法与路段上类同。有缓和曲线时，超高过渡在回旋线的全长或部分范围内进行；没有缓和曲线时，可将所需过渡段长度的 1/3～1/2 插入圆曲线，其余设置在直线上；两圆曲线径相连接时，可将过渡段的各一半分别布置于两圆曲线上。

当缓和曲线较长，以缓和曲线全长为超高缓和段会使超高过渡的渐变率变得过小，使横坡接近水平的路段过长，造成排水困难。为了避免这种情况的发生，超高渐变率应保证不小于规定值。为了做到这一点，常将超高缓和段设在缓和曲线起(终)点附近的部分范围内。

(4) 视距

匝道范围内平面转向角度往往都很大，纵坡起伏也较大，加上进出口端部处车辆汇合、分叉，情况较复杂，因而视距的保证很重要。分流点之前主线上的视距应大于 1.25 倍主线停车视距。

三、匝道端部及变速车道设计

(一) 匝道端部设计

匝道端部通常是匝道与主线或匝道与匝道之间的分叉或汇合点。匝道与主线之间的进出口，设在主线右侧较好，进出口位置应明显易于识别。一般情况下，将出口设置在跨线桥等构造物前。当设置在其后时，则跨线桥的距离宜大于 150m。出口接下坡匝道时，应保证驾驶者能够看清平曲线的起点和方向。

入口最好设在主线的下坡路段，以利于重型车辆加速，并在匝道汇入主线之前保持一段互相通视的路段。

主线与匝道的分流处为了给误行车辆提供返回余地，行车道边缘应加宽一定偏置值，并用圆弧连接主线和匝道路面的边缘。

(二) 变速车道设计

通常主线和匝道之间有较大的车速差异，车辆从主线至匝道，或从匝道进入主线都要变速，为了使车辆能安全地变速，同时又不至于影响主线上正常行驶的车辆，在主线和匝道之间就应设置一附加车道，用于车辆的加减速，即为变速车道。变速车道有加速车道和减速车道两种，分别用于进入主线和驶离主线的场合。变速车道的横断面由左侧路缘带(与主线车道共用)、车道、右路肩(含右侧路缘带)组成。

变速车道设置的形式有两种：平行式和直接式。平行式变速车道较易识别，但车辆驶入或驶出有一个“S”形曲线，因而对行车不利。直接式变速车道线形顺畅，比较符合实际行车轨迹，但变速车道起点不易识别。因此，原则上变速车道为单车道时，减速车道宜采用直接式，加速车道宜采用平行式。变速车道为双车道时，加减速车道均采用直接式。在靠近城市的立交上为了美观，有时也在同一立交上加减速车道统一采用平行式或直接式，这时一般直行交通量大的立交采用平行式，反之采用直接式。

变速车道长度的选用除应符合以上规定的最小长度要求外，还应结合主线和匝道的设计速度、交通量、大型车所占比例等对变速车道长度进行验算，按实际情况确定其合理的长度。

(三) 车道数平衡与辅助车道

在立交的分合流处，分、合流前后的车道数必须保持平衡。相邻两段在同一个方向上的基本车道数每次增减不得多于一条，变化点应距互通式立体交叉 0.5~1.0km，并设渐变率不大于1/50的过渡段。

同时，高速公路主线的全长或在较长的路段内必须保持一定的基本车道数，为了既保证车道数平衡又保持基本车道数，必要时应设辅助车道。

为使车辆行驶通畅，辅助车道长度在分流端为1000m，最小为600m；在合流端为600m。

当前一个互通式立体交叉的加速车道的末端至下一个互通式立体交叉的加速车道的起点之间的距离小于500m时，必须设辅助车道将两者连接起来。当交通量较大，交织运行比例较高，即使此间距达2 000m，也应考虑设置连续的辅助车道。

(四) 集散车道

集散车道是高速公路立交中心线上的一段辅助道路，与主线的直行车道在横向分开，但两段可与主线相连，其设置目的是：

(1) 消除主线上的交织，把交织转移到集散道上，以保证主线直行车的行车质量；

(2) 减少主线上的进出口数目。

第五节　互通式立体交叉设计的其他问题

一、收费站和收费广场

(一) 收费道路上立交的布置

收费道路上的立体交叉或需单独收费的立体交叉应按收费立体交叉设计。收费立体交叉除三路立体交叉外，若要收费则需2~4个收费站，而每个收费站都是昼夜工作，需要的收费人员、管理费用、收费设备和住所等费用很高。一般应尽量减少收费站的个数，力求管理方便，设备集中，不干扰正线交通。一座立体交叉以设一个收费站为宜，这样收费与不收费立体交叉的形式区别较大。

1. 收费立体交叉设置收费站的方法

设置方法是在距相交道路交叉点适当距离处另设一条连接线，在连接线两端与相交道路交叉处各设一个三路立体交叉或平面交叉，使所有转弯车辆都集中经过连接线，这样，只需在连接线上设置一个收费站即可。

2. 连接线的设置原则

(1) 连接线设置在哪一象限，主要取决于地形和地物的限制，同时考虑交通量的大小，以设在右转交通量较大的象限为宜；

(2) 连接线的位置和长度应满足两端三路立体交叉的加、减速长度需要。

3. 连接线两端的交叉形式

(1) 平面交叉口：适用于该端与次要道路连接，可采用平面交叉的任何一种形式；

(2) 子叶式立体交叉：适用于该端与交通量较小的一般道路连接；

(3) 喇叭形立体交叉：适用于该端与主要道路或一般道路连接，以采用A式为宜；

(4) Y形立体交叉：适用于该端与交通量大的高速道路或一侧距离受到河流、铁路、建筑物等限制的其他道路连接。

4. 常用收费立体交叉的形式

(1) 三路收费立体交叉：多采用喇叭形、Y形及子叶式立体交叉，只需一个设在支线上的收费站。

(2) 四路收费立体交叉：四路收费立体交叉需设1或2个收费站。

(二) 收费站

1. 设置位置

收费站是用来对通过的车辆收取通行费用的设施。收费道路或收费立体交叉必须设置收费站。收费站的设置位置一般有两种：一种是直接设在主线上，也称为路障式，多用于主线收费路段的出、入口处；另一种是设在立体交叉匝道或连接线上，一般用于主线收费路段之间的互通式立体交叉，以控制相交道路上的车辆进、出主线的收费。

2. 收费站车道数

收费站所需的车道数应根据交通量、服务时间和服务水平3个因素来确定。

(1) 交通量：按设计小时交通量(DHV)计，一般采用第30位高峰小时交通量较合适；

(2) 服务时间：指车辆进出收费站所用时间，以秒(s)计。时间越短，服务效果越好，通行能力就越大。一般来讲，区间收费的服务时间，入口为6s，出口为14s；统一收费为8s；其他情况另取；

(3) 服务水平：用各车道平均等待的车辆数表示。平均等待车辆越少，其服务水平越高，但所需要的收费车道数就越多。一般等待的车辆数以1辆为宜，当受其他原因限制时，可适当增大，但应不大于3辆。

(三) 收费广场设计要点

1. 线形标准

收费广场最好设在直线上的平坦路段。当收费广场设在正线上时，平曲线与竖曲线应与互通式立体交叉的正线线形标准一致；设在匝道或连接线上时，其平曲线半径不得小于200m，竖曲线半径应大于800m。收费广场处的纵坡应小于2%，当受地形及其他条件限制时不得大于3%，横坡为1.5%~2.0%。

2. 平面布置

收费广场平面布置如图3-13所示。

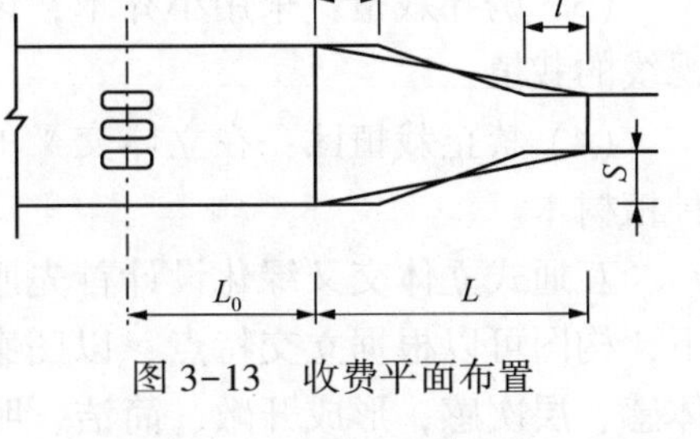

图3-13　收费平面布置

图中 $L/S=3$；$l=5\sim20$m，一般采用10m。收费站前后应铺筑水泥混凝土路面，以提供较大的摩阻系数和抗剪切变形能力，适应出、入车辆频繁的制动、停车、启动之用。收费站前后水泥混凝土路面长度 L，对单向付款式匝道和正线收费所分别为30m、50m；对双向付款式分别为25m、40m。从收费广场中心线至匝道分岔点的距离不得小于75m；至被交叉道路平面交叉点的距离应不小于150m，不能满足时，应在被交道路上增设停留车道。

3. 收费岛

由于车辆在收费车道上是减速停车然后启动慢行的，故收费岛间车道宽度采用3.2m即可。但行驶方向右侧的边车道应是无棚敞开的，其宽度为4.0m，并附路缘带，以供大型车通过之用。收费岛宽度为2.2m，主线收费广场收费岛长度为28~36m；匝道收费广场为18~36m。设计时应根据收费系统所安装的收费设备情况具体确定。收费岛应具有一定高度并将端部收敛成楔形，端部应有醒目的标记。收费岛上设置的收费室每侧应较收费岛缩进0.25m，以作为车辆通过的安全净空宽度。收费室上面应设天棚以遮阳防雨，天棚净高应大于或等于5.5m。对交通特别繁忙、收费车道多(大于或等于8条)的收费站，应设置供收费人员上、下岗位的专用地下通道或梯级步道。

二、景点设计要点

互通式立交景观设计的目的是使立交造型美观、视认性好，起到引导驾驶员视线、保证行车安全以及可观赏性作用。景观设计主要包括坡面修饰和绿化栽植两部分。公路立交多侧重于坡面修饰，而城市立交则重视绿化栽植。

(一) 坡面修饰

坡面修饰是将匝道包围区域的边坡修饰成规则、圆滑和接近于自然地形的形状。坡面原则上只修饰匝道包围的区域，其外侧应以满足通视条件、保持坡面规整为原则适当修整。坡面修饰应保持坡顶圆滑、坡面规则和坡脚顺适。边坡坡顶适当范围内应修整棱角成圆滑形状；边坡坡度在接近坡脚的一定高度内应逐渐变缓，使其整齐、美观。在挖方地段应特别注意保证视距的要求，必要时应设视距台。在匝道所围区域内的小山一般应挖除，曲线内侧若有障碍物阻挡视线时应予以清除。

(二) 绿化栽植

互通式立体交叉的绿化栽植除了美化环境、点缀城市外，还有诱导交通、提高交通安全的作用。绿化内容包括：

(1) 指示栽植：采用高、大独乔木，设在环道和三角地带内，用来为驾驶员指标位置的栽植；

(2) 缓冲栽植：采用灌木，设在桥台和分流地方，用来缩小视野，间接引导驾驶员降低车速或在车辆因分流不及而失控时，缓和冲击、减轻事故损失的栽植；

(3) 诱导栽植：采用小乔木，设在曲线外侧，用来预告道路线形的变化，引导驾驶员视线的栽植；

(4) 禁止栽植区：在立体交叉的合流处，为保证驾驶员的视线通畅，安全合流，不能种植树木。

互通式立体交叉绿化设计首先服从交通功能，在保证交通安全、增加导向标志的前提下，构图可以根据立交特点，以图案简洁，空间开阔为主，适当点缀树丛、树群，注重整体感、层次感，形成开敞、简洁、明快的格调。或者选择一些常绿灌木进行大片栽植，构成宏伟图案，同时适当点缀一些季相有变的色叶木和花果植物，形成乔、灌、草相结合的复层搭配植物景观，赋予其一定的历史文化、民族风情等内涵。

三、立交辅助设施设计要点

（一）立交范围的排水设计

互通式立交范围内的排水，应与相交道路的排水统一设计，以构成完整的排水系统。立交设计(尤其是公路立交)应尽可能采用雨水管自流排水，雨水管出口的管底标高应高于排水沟或河道常水位。

当采用下穿式立交时，地道一般在地面以下较深处，地面水和地下水的排除常需设泵站提升，为节省投资和管理费，地道以外的地面水不应注入其内，尽量减小集水面积。为此，应在地道两侧设置挡水墙和截水设施。在纵坡设计时应在引道两端适当位置设凸形分水点，引道最低点应设在洞口外适当位置，并在该处设置进水口和雨水管连接。为保证排水需要，引道最小纵坡不小于0.3%。立交桥上应设有暗管将路面雨水引至两端的排水系统排出桥面。

（二）交通标志和交通标线

立交设计应能为车辆行驶提供明确的线路诱导和必要的交通信息。否则，会使驾驶员无所适从，感到茫然，极易引起迷路现象和错路运行，甚至导致交通事故。特别是大型复杂的立交，更应合理设置交通标志和标线，以保证车辆安全、快速通过。

(1) 交通标志：是立交不可缺少的安全导向设施，主要包括指路标志、指示标志、禁令标志和警告标志。标志的设置地点应在驾驶员容易看到，能准确判读的醒目地点，且应不妨碍交通、不影响视线及便于维修。标志的设置距离应能起到预告、提示和指引的作用，并设置在立交之前适当位置。如立交的出口标志，公路立交须在2km、城市立交在1km之前就要设置预告标志，然后在500m、100m处设提示标志，到达出口时应设指示标志，引导车辆驶离主线。再如警告标志设置距离应能保证车辆在标志前及时减速直至停车；

(2) 交通标线：是立交交通安全设施的组成部分，其作用是管制和引导交通，它包括路面标线、突起路标和立面标记等。

路面标线形式有行车道中心线、行车道边缘线、车道分界线、停止线、人行横道线、减速让行线、导流标线、行车道宽度渐变段标线、出入口标线、导向箭头以及路面文字或图形标记等。突起路标是固定于路面上突起的标记块，应做成定向反射型。立面标记可设在跨线桥的墩柱或侧墙端面上，或地道洞口和安全岛等壁面上。

交通标志和交通标线的具体做法应符合《道路交通标志和标线》(GB 5768—2009)规定。

第六节　分离式立体交叉

一、分离式立交的类型

分离式立体交叉是指无特设匝道的立体交叉。

分离式立体交叉可分为完全分离式立体交叉和分离式两层立体交叉、分离式三层立体交叉。

（一）完全分离式立体交叉

在交叉点处只修建跨线桥或地道桥，使两相交路线上、下之间不能相互连通，以保证直行交通不受干扰。这种立体交叉主要为道路与铁路的立体交叉，高速公路与其他低等级公路(不包括一级公路)的立体交叉，城市高架道路与各支路的交叉。

（二）分离式两层立体交叉

相交的两条道路中只有一条道路交通量较大，在交叉口处修理一跨或数跨跨线桥或地道桥，以保证主线直行交通畅通，即为分离式两层立体交叉。这种立交形式多用于快速路或主干路与次干路或支路相交的路口，以减少快速路或主干路的出入口。由于右转弯交通不受信号灯限制，可保留原有道路路口的右转弯车道。对于左转弯交通有两种交通组织方式：一种是允许左转弯车辆在交叉口处平面交叉，形成八个冲突点。为减少冲突点，必要时可设置信号灯；另一种是路口不准左转弯，让车辆绕邻近平行道路行驶或过桥后绕街坊行驶。

这种立交适用于城区棋盘式道路系统中。由于工程拆迁量小，占用土地少，还常用于地形地物受限制的交叉口。

上跨式分离式立体交叉主要是在主路上设跨线桥通过相交道路(一般为次干路或支路)。在进入交叉口范围内要保留左、右转弯交通，故路口要进行拓宽，在路段上则保留 1 或 2 条地面交通的车道及非机动车道。

（三）分离式三层立体交叉

城市十字路口，如果两条干线的交通量均较大，一个方向采用地道桥，另一个垂直方向采用跨线桥，中间原地平面供左右转弯机动车和非机动车(交通量不太大)行驶。这种形式称为分离式三层立体交叉。国外把这种形式用于分离式两层立体交叉的远期建设上，交叉口路面应适当拓宽，桥旁至少设 1 或 2 条转弯车道。

从分离式立交的分类可以看到，此类立交形式多用于城市道路中，只有完全分离式立交用于高速公路与其他低等级公路(不包括一级公路)的立体交叉。

二、分离式立交跨越方式及选择

（一）分离式立交跨越方式

分离式立交按跨越方式分为上跨式立交与下穿式立交，跨越方式的选择根据周围环境、地形、管线与地质水文、施工条件等因素选择。

（二）分离式立交跨越方式的选择

分离式立体交叉上跨或下穿交叉方式的选择，应综合考虑以下因素，经技术、经济论证后确定。

（1）两相交公路的平面线形和纵坡设计的组合应使整个工程造价最低，占地、拆迁数量最少；

(2) 不良工程地质条件下，主要公路(尤其是高速公路)宜下穿；

(3) 交叉附近需与现有公路设置平面交叉或路旁用户提供出、入口的公路宜下穿；

(4) 交通量大的公路宜下穿；

(5) 同已街道化的公路相交时，新建公路宜上跨；

(6) 结合地形、已建工程现状或发展计划，使之同周围景观相协调。

三、分离式立体交叉的间距

分离式立交用于铁路与公路相交处，公路下穿、铁路上跨比较有利，可使跨线桥下净空较小，也有利于桥下美化；铁路在上的分离式立交间距取决于城市规划或地区规划布局，即铁路线跨越的横向道路间距。

分离式立交用于城市高架道路时，由于高架道路通常建于城市改造阶段，而非城市初建阶段，在一条主要道路上建数千米长(或在城市内环路、外环路上建数十千米长)的由系列桥梁组成的城市空间道路，呈连续立交形式。高架道路纵断面线型平缓(仅满足桥面排水要求)，上层的车辆不必像过数个互通式立交那样数次上坡下坡。高架道路与横向支路相交处呈分离式立交，其间的间距取决于各级城市原先规划的支路与支路、支路与次干路的间距，通常为300~800m。

非高架道路相邻分离式立体交叉之间的距离取决于路线纵坡和桥下净高以及计算行车速度。计算行车速度越大，立交之间间距越大：相同计算行车速度的立交，桥上下高差越大间距越大。

四、分离式立交的设置影响因素

分离式立体交叉的设置应综合考虑公路网现状和规划、相交公路的功能、公路等级、交通量、地形、地质和环境等因素。当：(1)高速公路与其他公路交叉除已设置互通式立体交叉外，其余均必须设置分离式立体交叉；(2)一级公路与直行交通量相对较大的公路相交叉，且可不考虑交通转换或地形条件适宜时，宜采用分离式立体交叉；(3)设计速度较高，且直行交通量较大的公路相交，宜采用分离式立体交叉。

主线采用上跨或下穿的方式应根据相交公路的功能、公路等级、地形、地质、对主线线形及相关工程的影响和工程造价等因素确定。

主线下穿时，被交叉公路的跨线桥及其引道工程应采用被交叉公路相应公路等级的技术指标；当被交叉公路的规划已获批准时，应采用规划的相应公路等级的技术指标。

分离式立体交叉跨线桥桥下净空及布孔除应符合本标准中建筑限界规定外，还应满足桥下公路的视距和对前方信息识别的要求，其结构形式应与周围环境相协调。

五、分离式立交设计

(一) 分离式立交的设计要点

(1) 主要公路的平、纵面线形应保持便捷、顺适。两相交公路不得因增设分离式立体交叉而使平、纵面线形过于弯曲、起伏。

（2）两相交道路以正交或接近正交为宜，且交叉附近平面线形宜为直线或不设超高的大半径曲线。

（3）高速公路、一级公路同二、三、四级公路相交而采用分离式立交时：

① 被交公路的线形、线位应充分利用。当交叉角过小或原线形设计指标过低时，应采用改线方案；

② 高速公路的等级、路基宽度、桥梁净宽、净高及车辆荷载等级等技术指标，应按被交公路现状或已批准的规划公路等级设计。

（4）分离式立交跨线桥的桥面雨水，应通过管道引至桥下公路的排水沟，不得散排于桥下公路路面。跨线桥桥下公路的排水宜采用自流排水。

（5）跨线桥的桥形设计应注重美学要求。桥型应简洁、明快、轻巧，跨径配置应和谐、悦目，并同周围环境相协调。

（6）分离式立体交叉远期计划改为互通式立体交叉时，应按分期修建原则设计并预留布设匝道的工程条件。

（二）主要公路（或高速公路）上跨时设计要点

（1）跨线桥布孔或跨径必须满足被交公路建筑界限、视距和对前方公路识别、通视的要求；

（2）跨前桥下为双车道公路时，不得在对向行车道间设置中墩；

（3）跨线桥下为多车道公路，在中间带设置中墩时，其中墩两侧必须设防撞护栏，并留有护栏缓冲变形的余地；跨线桥下为无中间带多车道公路，若须在行车道中间设置中墩时，其中墩前后必须增设长度足够的中间带，且中墩两侧必须设防撞护栏，并留有护栏缓冲变形的余地；

（4）主要公路（或高速公路）纵面设计根据路堤平均填土高度、纵坡起伏程度、交叉处被交公路排水设计等因素综合分析后确定；

（5）跨线桥不得压缩桥下公路横断面任何组成部分，以及原有的渠道、电讯管道等设施、并留有余地；

（6）分离式立体交叉或被交叉公路采用分期修建时，跨线桥应按规划规模一次建成。

（三）主要公路（或高速公路）下穿时设计要点

（1）被交公路的线形、线位应充分利用。当交叉角小或原线位技术指标过低时，宜采用改线方案；

（2）被交公路的等级、路基宽度、车辆荷载等级应按现状或已批准的规划设计；

（3）跨线桥的桥长或布孔必须满足主要公路（或高速公路）的建筑界限、视距和对前方公路识别、通视的要求。主孔宜一孔跨越主要公路全断面，除主孔外应有适当长度的边孔；

（4）跨线桥下主要公路（或高速公路）中间带较宽或为四车道以上的高速公路，在中间带设置中墩时中墩两侧必须设置防撞护栏并留有护栏缓冲变形余地。不得在局部范围内改变中间带宽度而使行车道扭曲；

(5) 跨线桥下主要公路(或高速公路)附有以边分隔带分离的慢车道、集散车道、附加车道、非机动车道时，可在边分隔带上设置桥墩。当边分隔带较窄时，应在桥墩前后一定范围内加宽，并宜在右方做变宽过渡；

(6) 跨线桥前方主要公路(或高速公路)有出、入口或平面交叉时，跨线桥应增设供通视用辅助桥孔；主要公路(或高速公路)为曲线时，应满足载重汽车停车视距要求；

(7) 跨线桥下为路堑时，若路堑不深，宜将桥台置于坡顶之外：若路堑较深或边坡缓而长而需在边坡上设置桥台时，则应将桥台置于坡顶附近，不得布置于坡脚处；

(8) 主要公路为高速公路、一级公路时：(1)跨线桥必须设置防撞护栏和防护网；(2)跨线桥上严禁设置商业广告和同交通安全无关的宣传栏目；(3)跨线桥上悬挂交通标志时，不宜采用通栏式的，且上、下边缘不得超出护栏顶部和边梁外缘底线。

第四章 高速公路施工组织设计

施工组织设计可以是对整个基本建设项目起控制作用的总体战略部署，也可以是对某一单位工程的具体施工作业起指导作用的战术安排。做好施工组织设计的关键是根据客观的施工条件，充分考虑施工过程中可能出现的各种情况，选择切实可行的施工方案和效果最好的施工组织方法。由于公路施工受到各种因素的制约，因此不存在固定模式的、标准化的施工组织设计。

第一节　施工组织设计的任务与原则

一、施工组织设计的任务与作用

工程施工需要时间(工期)、占用空间(场地)、消耗资源(人工、材料、机具等)、投入资金(造价)、确定施工方案、选择施工方法等。公路施工需要具备哪些基本条件，如何按照施工的客观规律来考虑工期的安排、场地的布置资源的消耗等要素，就成为公路施工组织设计必须认真解决的问题。

施工组织设计的主要任务是：确定开工前必须完成的准备工作；做好施工部署，制定经济、合理的施工方案，选择合适的施工方法和施工机具；统筹安排施工顺序，确定合理可行的施工进度计划；确定施工需用的人工、材料、机具等资源的数量；布置施工现场，做到少占农田、节约开支、有利生产、方便生活；拟定切实有效的施工技术、质量、安全措施，确保工程顺利进行。

施工组织设计的作用有：使复杂的施工过程明细化、程序化，实现有组织、有计划、有秩序的施工；合理的施工进度计划确保待建项目费用省、效率高、质量好，按合同工期完成；在施工前使工程技术人员和管理人员对工程所需的各种施工资源数量和先后顺序做到心中有数，对施工现场平面进行合理布置，实现安全生产、文明施工；针对预计可能出现的各种情况进行相应的准备，能防患于未然；可以把工程的设计与施工、技术与经济、前方与后方、整个企业的施工安排和具体工程的施工组织紧密地联系起来。

编制施工组织设计，本身就是施工准备工作的一项重要内容。公路施工从准备工作开始，也就是说，施工组织设计起着指导施工准备工作、全面布置施工活动、控制施工进度、进行劳动力和机械调配的作用，同时对施工活动内部各环节的相互关系和与外部的联系、确保正常的施工秩序起着有效的协调作用。总之，对于能否优质、高效、按时、低耗地完成公路工程施工任务起着决定性的作用。

二、施工组织设计的一般原则

根据公路建设的现实，以及实施施工组织设计中的经验和教训，施工组织设计一般应遵循以下基本原则。

（一）认真贯彻我国公路建设和经济发展的方针政策

公路工程建设的投资巨大，耗用的人力、物力等各种资源多，必须纳入国家或地方政府的计划安排，公路建设才有可靠的保障。组织施工应严格按基本建设程序办事，认真做好施工组织设计，充分发动群众，建立和健全各项施工的技术保障措施和相应的施工管理制度，确保正常的施工秩序。

随着国家经济的发展，公路建设突飞猛进，建设资金从单一的国家投资来源，增加到地方投资、银行贷款、国外投资、发行股票及债券等多种渠道。

公路施工，特别是高速公路的施工，更应该以现行政策为依据，利用施工组织设计调动各方面的积极性，努力提高劳动生产率，加快工程进度，提高工程质量，降低成本，全面完成公路建设计划。

（二）根据建设期限的要求，统筹安排施工进度

公路施工的目的，在于保质保量地把拟建项目迅速建成，尽早交付使用，早日发挥工程的社会效益和经济效益。因此，保证工期是施工组织设计中考虑的首要问题。根据规定的建设期限，按轻重缓急进行工程排队，全面考虑、统筹安排施工进度，做到保证重点，让控制工期的关键项目早日完工。在施工部署方面，既要集中力量保证重点工程的施工，又要兼顾全面，避免过分集中而导致人力、物力的浪费，同时还需要注意协调各专业之间的相互关系，按期完成施工任务。

（三）采用先进技术，实现快速施工

先进的科学技术是提高劳动生产率、加快施工速度、提高工程质量、降低工程成本的重要源泉。同时，积极运用和推广新技术、新工艺、新材料新设备，减轻施工人员的劳动强度，是现代化文明施工的标志。

施工机械化是公路工程实现优质、快速的根本途径，扩大预制装配化程度和采用标准构件是公路施工的发展方向。只有这样，才能从根本上尽可能减少公路施工的手工操作，实施快速施工。在组织施工时，应结合当时的机具实际配备情况、工程特点和工期要求，作出切实可行的布置和安排。注意机械的配套使用，提高综合机械化水平，充分发挥机具设备的效能。对于基础工程、路基土石方、起重运输等用工多和劳动强度大的工程，以及特殊路基、高级路面等工序复杂的工程，尤其应优先考虑机械化施工。

（四）实现连续、均衡而紧凑的施工

公路施工系野外流动作业，受外界的干扰很大，要实现连续、均衡而紧凑的施工就必须科学、合理地安排施工计划。计划的科学性，就是对施工项目作出总体的综合判断，采用现代数学的方法，使施工活动在时间上、空间上得到最优的统筹安排，也就是施工优化。

计划的合理性，是指对各个项目相互关系的合理安排，如施工程序和工序的合理确定等。要做到这些，就必须采用系统分析、流水作业、统筹方法、电子计算机辅助管理和先进的施工工艺等现代化科学技术成果。

施工的连续性和均衡性，对于施工物资的供应、减少临时设施、生产和生活的安排等都是十分有利的。安排计划时，在保证重点工程施工的同时，可以将一些辅助的或附属的工程项目适当穿插。还应考虑季节特点，将一些后备项目作为施工中的转移调节项目。采取这些措施，才能使各专业机构、各工种工人和施工机械，能够不间断地、有次序地进行施工，尽快地由一个项目转移到另一个项目上去，从而实现在全年中能够连续、均衡而又紧凑地组织施工。

(五) 保证工程质量和安全施工

公路是永久性的构筑物，工程质量的好坏不但影响施工效果，而且直接影响到沿线国民经济的发展和人民的生活。本着对国家建设高度负责的精神，严肃认真地按设计要求组织施工，确保工程质量，这是每个施工管理者成有的态度。安全施工，既是施工顺利进行的保障，也是党和国家对劳动者关怀的体现。如果施工中发生质量事故或安全事故，不但会耽误工期、造成浪费，有时甚至会引起施工工人思想情绪波动、造成难以弥补的损失。

为此，在进行施工组织设计时。要有保证工程质量和安全施工的措施，在组织施工时，要经常进行质量、安全教育，遵守有关规范、规程和制度。

实行预防为主的方针，质量和安全保障措施具体可靠，认真贯彻执行，把质量事故和安全事故消灭在萌芽状态之中。

(六) 增产节约，降低工程成本

公路工程建设耗费的巨额资金和大量的物资，是按工程概、预算的规定计算的，即有一个“限额”(承包人则以合同价格为限额)。如果施工时突破这一限额，不仅施工企业没有经济收益，而且从基本建设管理角度也是不允许的。因此，施工企业必须实行经济核算，贯彻增产节约的方针，才能不断降低工程成本，增强企业自身的经济实力和社会竞争力。

社会经济实力的增长，一方面是以现有生产条件为基础，挖掘潜力、增加生产，另一方面则是依靠资金的积累，进行投资，增加生产设备，实现扩大再生产。公路施工涉及面广，需要资源的品种及数量繁杂，在施工组织设计和施工管理中，只有认真实行经济核算，增加生产，厉行节约，上面所述的科学合理的施工计划安排，就会收到更大的经济效益。此外，还应做到一切施工项目都要有降低成本的技术组织措施，尽可能减少临时工程，充分利用当地资源，以及降低一切非生产性开支和管理费用。

第二节　施工组织设计的阶段与内容

在公路基本建设项目的设计阶段和施工阶段，都必须编制相应的施工组织设计文件。在初步设计阶段编制施工方案(也称为施工组织规划设计)，在技术设计阶段编制修正施工方案(也称为施工组织总设计)，在施工图设计阶段编制施工组织计划，在施工阶段编制实施性施工组织设计。

一、施工方案

施工方案由以下内容的文件组成。

1. 施工方案说明

(1) 施工组织、施工力量的设想和施工期限的安排，关键工程项目的施工方案比较、论证、决策情况。

(2) 主要工程、控制工期的工程和特殊工程采用的施工方案。

(3) 主要材料的供应，施工机具、设备的配置及临时工程的安排。

(4) 下一设计阶段应解决的问题及注意事项。

2. 人工、主要材料及机具、设备安排表

列出主要材料、机具、设备的名称、单位、总数量和人工数量，并分上半年、下半年编列。主要材料一般指施工中价格高的钢材、木材、水泥、沥青等，以及施工中用量大的如石料、砂等，和施工中有特殊重要用途的如处理软土地基的土工织物、高强度水泥混凝土供用的外加剂等。

3. 工程概略进度图

根据劳动力、施工期限、施工条件以及施工方案按年和季度进行施工进度概略安排。图中应列出工程项目名称、单位、数量，按年度和季度列示出各项工程施工的起止时间、机动时间、衔接时间等。

4. 临时工程一览表

列出临时工程名称，如便桥、便道、预制场、电力设施、通信设施等。列出各项临时工程的地点或桩号、工程项目及数量等。

5. 公路临时用地表

列出临时用地的位置或桩号、工程名称、隶属(县、镇、村、个人)关系、长度、宽度、土地类别及数量等。

上述施工方案说明列入初步设计文件的第一篇即总说明书中。

二、修正施工方案

采用三阶段设计的公路工程，在技术设计阶段编制的施工组织设计文件称为修正施工方案。修正施工方案根据初步设计的审查意见和施工方案说明中提出应进一步解决的问题及注意事项进行编制，修正施工方案的编制深度和提交的文件内容，介于施工方案和施工组织计划之间。

三、施工组织计划

公路工程不论采用几个阶段设计，都要在施工图设计阶段编制施工组织计划。施工组织计划由以下内容的文件组成。

1. 说明

(1) 初步设计(或技术设计)批复意见的执行情况。

(2) 施工组织、施工期限、主要工程的施工方法、工期、进度及采取的措施。

(3) 劳动力计划及主要施工机具的使用安排。

(4) 主要材料供应、运输方案及临时工程的安排。

(5) 对缺水、风沙、高原、严寒等地区以及冬季、雨季施工所采取的措施。

(6) 对高速公路和一级公路的交通工程及沿线设施施工协调和分期实施有关问题的说明。

(7) 施工准备工作的意见，如拆迁、用地、修建便道、便桥、临时房屋，架设临时电信设施等。

2. 工程进度图

图中应列出工程项目名称、单位、数量、劳动力等，按年、月分别绘出各工程项目施工延续工期并标出其月计划工日数，绘出劳动力安排示意图等。

3. 主要材料计划表

表中列出主要材料的名称、规格、单位、数量、来源、运输方式，按年、季的计划用量等。

4. 主要施工机具、设备计划表

表中列出机具、设备的名称、规格、数量(台班数、台数)、使用期限(开始和结束时间)，按年、季的计划用量等。

5. 临时工程数量表

包括便道、便桥、预制场地、施工场地、电力及通信线等。列出各项临时工程的地点或桩号、工程名称、工程说明、工程数量等。

6. 公路临时用地表

列出临时用地的位置或桩号、工程名称，土地的隶属(县、镇、村、个人)关系、长度、宽度，土地的类别及数量。

四、实施性施工组织设计

在公路工程的招标、投标阶段和施工阶段，由施工单位编制的施工组织设计统称为实施性施工组织设计，招标、投标阶段由施工企业的经营管理层编制的施工组织设计文件称为标前施工组织设计，中标后由施工项目管理层编制的施工组织设计文件称为标后施工组织设计。标前施工组织设计是规划性的，目的是力争中标、签订工程承包合同，施工条件是一种预计，内容较概略。标后施工组织设计是操作性的，目的是组织项目施工、提高效益，施工条件确定，内容全面而具体。根据公路工程招标文件的规定。如果中标，标后施工组织设计应与标前施工组织设计基本上保持一致。

投标时编制的施工组织设计文件通常又称为施工组织设计大纲，内容必须符合招标文件的要求，一般由以下七张表或图组成：施工组织设计的文字说明；分项工程进度计划；工程管理曲线；施工总平面布置图；主要分项工程施工工艺框图；分项工程生产率和施工周期表；施工总体计划表。

其中文字说明部分应包括：设备、人员动员周期以及设备、人员、材料运到施工现场的方法；主要工程项目的施工方案、施工方法；各分项工程的施工顺序，确保工程质量和工期的措施；重点(关键)和难点工程的施工方案、施工方法及其措施，冬季和雨季的施工安排，质量、安全保证体系，其他应说明的事项。

工程中标后，正式开工前编制的实施性施工组织设计文件，根据工程对象的不同又分为施工组织总设计、单位工程施工组织设计和分部分项工程施工组织设计。施工组织总设计的编制对象是整个施工项目，在公路施工项目的准备阶段编制；单位工程施工组织设计针对某一单位工程，在其开工前编制；分部分项工程施工组织设计针对现场作业按施工工序编制。施工组织总设计、单位工程施工组织设计和分部分项工程施工组织设计，是同一工程项目的不同广度、深度和作用的三个层次的施工组织设计，它们是一个相互关联的整体，层层细化，实现对工程施工活动的有效管理与控制。

编制实施性施工组织设计时，施工原则、施工方案和施工方法已确定，施工条件明确。为确保这一阶段的施工组织设计能在工程施工中顺利实施，就必须根据不同的工程对象分别对各单位工程、各分部分项工程、各工序和施工队进行施工进度的日程安排和具体的操作设计。实施性施工组织设计文件的内容与施工图设计阶段的施工组织计划相似，但更具体、更详细。工程进度图应按月、旬、周安排，以分部工程施工为编制对象时，应列出各工序的施工持续时间，并编制相应的人工、材料、机具、设备计划。

综上所述，从施工方案到实施性施工组织设计，后一阶段比前一阶段的要求更高，内容也更详细，但是各个阶段既是独立的又是相互联系的。前一阶段是后一阶段施工组织设计的基础，后一阶段是对前一阶段施工组织设计的深化和落实。

上述施工组织设计文件的内容，是就通常情况而言，对于某一具体工程的施工组织设计，应结合该工程的实际情况，以满足公路工程的设计、施工要求为原则进行适当的调整和补充。

第三节　原始资料的调查与分析

一、调查的目的和方法

开展任何工作都应首先深入了解有关情况，才能避免盲目性，作出正确的决策。要编制出切实可行的施工组织设计，事先必须掌握准确可靠的原始资料，以此为依据，才能做好施工方案、安排施工进度，才能正确作出各项资源供应和施工现场部署。

公路施工涉及面广、专业多、材料及机具类型繁多、投资大，需要协调的问题各种各样。如果原始资料出现差错，对施工组织设计的编制和施工作业的正常进行都会造成不利影响，常常导致延误工期、质量低劣、事故频繁等严重后果。因此，施工前应有计划、有步骤地认真做好原始资料的调查、收集和分析工作。

为编制设计阶段的施工组织设计文件而进行的原始资料调查，是由设计单位在公路的勘察设计阶段进行的。为编制施工阶段的施工组织设计文件而进行的原始资料调查，则由施工单位在公路施工准备阶段进行。勘察阶段的调查由公路设计时外业勘测中的调查组，随着公路设计资料的调查同时完成。

施工阶段的调查是对设计阶段调查结果的复核和补充，由开工前组成的调查组来完成。设计阶段和施工阶段的调查方法及内容基本相同，都要深入现场，通过实地勘察、座谈访问、查阅历史资料，并采取必要的测试手段获得所需数据及资料。

调查的主要内容有：工程所在地点的地形、地质、水文、气候条件，自采加工材料场储量、地方生产材料情况、施工期间可供利用的房屋数量；当地劳动力资源、工业生产加工能力、运输条件和运输工具；施工场地的水源水质、电源，以及生活物资供应情况；当地民俗风情、生活习惯等。

二、自然条件调查

1. 地形、地貌

重点调查公路沿线大桥、隧道、附属加工场、工程困难地段。调查资料用于选择施工用地、布置施工平面图、规划临时设施、掌握障碍物及其数量等。

2. 地质

用以选择路基土石方施工方法、确定特殊路基处理措施、复核地基基础设计及其施工方案、选定自采加工材料料场、制定障碍物的拆除计划等。

3. 水文地质

（1）地下水。判定水质及其侵蚀性质和施工注意事项、研究降低地下水位的措施、选择基础施工方案、复核地下排水设计。

（2）地面水。制定水下工程施工方案、复核地面排水设计、确定临时供水的措施。

4. 气象

（1）气温。确定冬季施工及夏季防暑降温措施，估计混凝土、水泥砂浆的强度增长情况，选择水泥混凝土工程、路面工程及砌筑工程的施工季节。

（2）降雨。确定雨季施工措施、工地排水及防洪方案，确定今年施工作业的有效工作天数及桥涵下部构造的施工季节。

（3）风力及风向。布置临时设施，确定高空作业及吊装的方案与安全措施。

5. 其他自然条件

如地震、泥石流、滑坡等，应及时对其引发因素进行调查，并注意它们对基础和路基的影响，以便采取专门的施工保障措施。

三、施工资源调查

1. 筑路材料

（1）外购材料的供应及发货地点，规格、单价、可供应数量，运输方式及运输费用。

（2）地方材料的产地、质量、单价，运输方式、运输距离及运输费用。

（3）自采加工材料的料场、加工场位置、可开采数量、运距等情况。

2. 交通运输条件

工地沿线及邻近地区的铁路、公路、河流的位置，车站、码头到工地的距离和卸货与存储能力。装卸运输费用标准。公路桥梁的最大承载力，航道的封冻、洪水及枯水期。当地汽车修理厂的情况及能力，民间运输能力。

3. 供水、供电、通信

施工由当地水厂供水的可能性，当地供水的水量、水压、水质，输水管道的长度。工地自选水源的可能性，其水质、引水方式、投资费用及设施。

当地电源供电的容量、电压、电费、每月停电次数，如需自行发电，应了解发电设备、燃料、投资费用等。对于通信，应了解当地邮电机构的设置情况。

如当地能为施工提供水、电力及通信服务，应签订相应的协议书或意向书。以利于施工现场的相关部门提前做好准备。

4. 劳动力及生活设施

(1) 当地可动用的劳动力数量、技术水平，如系少数民族地区，还应了解当地风俗习惯。

(2) 可供作临时施工用房的栋数、面积、地点，以及房屋的结构、设备情况。

(3) 工地所在地区的文化教育、生活、医疗、消防、治安情况及其支援能力。

(4) 环境条件，如附近有无有害气体、污水及地方性疾病等。

5. 地方施工能力

如当地钢筋混凝土预制构件厂、木材加工厂、采石场、混凝土搅拌站等建筑施工附属企业的生产能力，这些地方企业满足公路施工需求的可能性和数量。

四、施工单位能力调查

在公路设计阶段，如可行性研究报告没有明确对施工单位的要求，应向建设单位调查了解，确定是由专业队伍施工还是由地方力量施工。对施工单位，主要调查其施工能力，如施工工人数量及水平、技术人员数量及类别、施工机械设备的装备水平、施工学位的资质等级及近年的施工业绩等。

对实行招标、投标的工程，在设计阶段不可能明确施工单位，编制施工组织设计时，应从工程设计的角度出发，提出优化的、最合理的意见作为依据。在施工阶段，施工单位已确定，施工单位能够调动的施工力量，包括本单位自身的施工能力和按合同规定允许分包的其他施工能力，都是编制施工组织设计的依据。

第四节　施工组织的基本方法

公路施工组织的主要方法是流水作业法和网络计划法，个别情况下也可采用顺序作业法和平行作业法。由于不同地区、不同等级公路的建设规模、技术复杂程度、施丁要求等差异较大，采用的施工组织方法也有所不同。这几种方法不适用于公路工程施工，也可以在其他建筑工程施工或工业产品加工的生产过程中应用。

一、顺序作业法

将拟建工程项目划分成若干段落，每段又分解成若干施工过程，按照一定的施工顺序，前一个施工过程完成后，后一个施工过程才开始进行，或前一段施工结束后，后一段才开始施工，造就是顺序作业的组织方法，如路面一段一段地铺筑、涵洞一座一座地修建等。这是最基本的、原始的施工组织方法。

二、平行作业法

将拟建工程项目分段或划分施工项目，分别组织施工队，在同一时间的不同空间上同时进行作业，这样的施工组织方法叫平行作业法。工程被划分成多少段(或施工项目)，就相应地组织多少个施工队。

三、流水作业法

公路工程的流水作业法，是将拟建工程划分为若干个施工段，按工序或按相同的施工过程分别组建专业施工队，各专业施工队按照一定的施工顺序依次在各施工段上完成各自的施工作业任务，从而保证拟建项目的施工全过程在时间上和空间上实现连续、均衡而有节奏地进行。公路工程流水作业法的表现形式是产品(即工程)固定、生产者流动。而工厂化施工或工业生产的流水作业正好相反，即产品(或构件)在生产流水线上移动，加工机械或工人则在固定位置上作业。

四、网络计划法

每条公路所处的地理环境和地形条件互不相同，从总体上讲，公路工程是线性非均布工不但不同结构的构筑物有不同的工程量，而且常常会出现几个同一结构和尺寸的构筑物，由于土质、地质条件的差异，其工程数量也不尽相同的情形，山区公路尤其显著。若用前述的几种方法组织施工，除个别情况外，要实现连续而均衡的施工，难度都是相当大的，而且不容易得到最佳方案。随着我国高速公路建设的开展，对工程质量和进度的要求越来越严，施工规模和技术难度也越来越大，因此，将新的、更科学的施工组织方法引入公路工程的施工组织管理中是十分必要的。网络计划法就是这样一种能从头绪众多的施工环节中较快得到相对最优方案的施工组织方法。自然，前述三种施工组织方法也可以通过网络计划法来安排施工进度。

1. 基本原理

网络计划法是20世纪50年代后期在美国产生和发展起来的。它是根据网络分析技术的基本原理转化而来的，也称为计划评审技术(Program Evaluation and Review Technique)，又叫关键路线法，是利用网络理论来制定计划，并对计划进行评价、审定的方法。

网络计划法的基本原理：首先，应用网络图的形式来表达一项计划中各项工作的先后顺序和相互关系；其次，通过计算找到计划中的关键工序和关键路线，然后通过不断改善网络图的方法，选择最优方案，并在计划执行中进行有效的控制和监督，保证取得最佳的经济效益。

2. 基本步骤

(1) 确定实现计划目标所需要进行的每一项有意义的活动；

(2) 确定各项活动的先后顺序关系；

(3) 按照活动的先后顺序，绘制整个活动从起点到终点的流程图；

(4) 估算每项活动的完成时间；

(5) 寻找关键线路，关键线路的长度决定了完成整个计划目标所需要的时间。

3. 网络图

网络图是网络计划技术的基础。任何一项任务都可以分解成许多工作，根据这些工作在时间上的衔接关系，用箭线表示它们的先后顺序，画出一个由各项工作相互联系、并注明所需时间的箭线图，这个箭线图就称作网络图。

4. 该方法的评价

(1) 该方法能清晰地表明整个工程的各个项目的时间顺序和相互关系，并指出了完成任务的关键环节和路线。因此，管理者在制定计划时可以统筹安排，全面考虑，又不失重点。在实施过程中，管理者可以进行重点管理。

(2) 可对工程的时间进度与资源利用实施优化。在计划实施过程中，管理者调动非关键路线人力、物力和财力从事关键作业，进行综合平衡。既可以节省资源又能加快工程进度。

(3) 可事先评价达到目标的可能性。该方法指出了计划实施过程中可能发生的困难点以及这些困难点对整个任务产生的影响，有利于管理者准备好应急措施，从而减少完不成任务的风险。

(4) 便于组织与控制。管理者可以将工程，特别是复杂的大项目，分成许多支持系统来分别组织实施和控制，这种既化整为零又聚零为整的管理方法可以实现局部和整体的协调一致。

(5) 易于操作，并具有广泛的应用范围，适用于各行各业以及各种任务。尤其是那些有多个部门、多种资源、多个环节所组成的大型工程项目，运用这种方法制定行动方案，可以达到减少时间的目的。美国航天局的登月计划、我国某些尖端科学实验计划都是网络计划法成动运用的经典之作。

网络计划采用网络图的形式表达各项工作的先后顺序和相互关系，所以又称为网络计划法或网络分析法。它逻辑严密，主要矛盾突出，有利于计划的优化、调整和应用电子计算机进行计算。因此，在我国推广以来，已在工业、建筑、国防、农业和科学研究中得到了广泛的应用。

第五节　机械化施工组织

一、机械化施工组织的任务

现代工程建设离不开施工机械，公路工程体形庞大，又是露天作业、影响因素很多，只有实行机械化施工才能取得保证工期、提高工程质量、控制造价的综合最佳效果。由于机械化施工的速度快、需要一定的作业场地、专业性强、一次投入较大，因此，采用前述方法进行机械化施工组织时，除了满足施工任务的要求外，特别需要考虑的应是如何使机械化施工发挥最大的经济效益。

公路工程机械化施工组织的主要任务有以下几点：

1. 制定切实可行的机械化施工方案和进度计划

路基土石方、水泥混凝土、处治地质病害等工程的施工，当采用不同的施工机械时，施工方案截然不同，应考虑工程规模、工期长短、作业安全，并结合地形、地质条件等因素因地制宜地选择和制定施工方案，并合理安排施工进度。路面工程通常采用专用机械，施工方案相对较单一，这种情况下应着重抓好机械的组合与配套。

2. 认真进行施工机械的选型与配套

公路施工大都是多种机械的联合作业，即综合机械化作业，进行施工机械选型时，首先应根据施工现场的具体条件，充分考虑各种施工机械的性能和用途，经过技术经济比较后选定主要施工机械。然后确定在不同作业环境及施工方案下的作业配套机械，实现施工机械的最佳配套组合，提高机械化施工的经济效益。

3. 优化分部分项工程的机械平面运行设计

各种施工机械(特别是路基土石方施工机械)都有若干特定的运行模式，分部分项工程的机械化施工应针对作业场地条件(如地形、土质、施工干扰)、工程要求(如挖方用作慎方、弃方还是借方)等采用最适合的运行模式进行作业，最大限度地提高施工效率。对于关键工程的机械化施工，更应做好这方面的工作。

4. 做好施工机械数量的安排及调度计划

施工机械的数量必须满足施工任务的要求。但是，公路施工的环境随时都在变化，随着工程的进展，不同施工阶段所需要的施工机械的数量和型号也不尽相同，为保证机械化施工的连续性，应根据施工进度安排做好施工机械调度计划。通过施工机械的合理安排和及时调度，可以充分发挥机械的施工能力，最大限度地避免机械闲置现象的发生。

5. 机械的维修保养与施工进度协调

施工机械的技术状况直接关系到工程质量和施工进度，因此，及时进行机械的维修保养，提高机械完好率，是机械化施工必要的保障条件。由于公路施工常常受到天气、地质变化、交叉作业等外部因素的干扰，因而施工进度不可能是均匀的，有时会出现短期内集中使用较多机械的情况，这就要求机械设备的维修保养与施工进度协调，确保满足施工现场作业对机械的需求。

二、施工机械的选型与配套组合

(一) 选择施工机械的原则

工程量和施工进度是选择施工机械(特别是主要机械)的重要依据，但影响选择施工机械的因素是多方面的，选择施工机械时一般应遵循以下原则。

1. 施工机械必须与工程具体情况相适应

绝大多数公路都是线性非均布工程，施工条件千变万化，选用的机械类型一方面要适应工地的气候、地形、土质、施工场地大小、运输距离、工程断面形状尺寸、工程质量要求等；另一方面，机械的容量要与工程进度及施工任务相吻合，避免因机械工作能力不足造成延缓工期或因机械工作能力过剩使机械利用效率太低的现象。在条件允许的情况下，应尽量选择最能满足施工内容的机种和机型，保证施工顺利进行。

2. 选用的机型应有较好的经济性

施工机械经济性选择的基础是机械施工单价，主要和机械作为固定资产的消耗及运行费用有关。固定资产消耗与施工机械的投资成正比，包括折旧费、大修费和投资的利息等。而机械的运行费用则是与完成的工程量成正比，包括劳动工资、直接材料费、燃油费、润滑材料费、劳保设施费等。采用大型机械虽然一次性投资大，但它可以分摊到较大的工程量当中，对工程成本影响反而较小。因此在选择机械时，必须权衡工程量与机械费用的关系，同时要考虑机械的先进性和可靠性，这是影响经济效益的重要因素。采用先进的机械设备，由于其技术性能优良、构造简单、易于操作、故障少、维修费低，最终可取得较好的经济效益。

3. 应能保证工程质量要求和施工安全

合适的施工机械是保证工程质量的重要因素之一。对于技术要求较高的作业项目，应考虑采用性能优良的或专用的机械，以保证工程质量和较高的生产率。但应注意不可片面追求高性能专用机械，应在满足工程质量要求的前提下，与机械的通用性相结合。同时，机械应具有可靠的安全性能，如行驶稳定，有翻车或落体保护装置、防尘隔音、危险施工项目可遥控作业等。此外，在保证施工人员和设备安全的同时，还应注意保护自然环境。

4. 从全局出发统筹考虑选择施工机械

从全局出发就是不仅考虑本项工程需要，也要考虑所承担的同一施工现场的其他项工程施工的需要。也就是说，从局部考虑选择可能不合理，但从全局考虑是合理的。例如，几个工程需要的混凝土量大，而又相距不远，采用混凝土拌和楼比多台分散的拌和机要经济，而且可以更好地保证混凝土的质量。

（二）机械的合理配套组合

合理的机械组合是发挥机械设备整体效能的重要因素，也是机械化施工的一个基本要求，它包括技术性能和机械类型及数量 2 个方面的合理配置与优化组合。

1. 主要机械与配套机械的组合

与主要机械相配套的配套机械，其工作容量、数量及生产率应稍有储备。配套机械的工作能力应配合适宜，以充分发挥主要机械的生产率。

2. 牵引车与配套机具的组合

某些辅助性机具或拖式机械没有独立的动力行走装置，需要配以另外的牵引车才能工作，这时，两者组合要协调、平衡，应避免动力剩余过大造成浪费，或动力不足而不能完成要求的作业内容。

3. 配合作业机械组合数尽量少

综合机械化作业的组合数越多，其总的效率就越低。而且每一组合中，当其中一台发生故障停机时，组合中的其他机械便无法正常工作。因此，在能完成作业内容的前提下，应尽量减少机械组合的数量。为了避免这种不利情况的发生，应尽可能组织多个系列的组合，并列进行施工，从而减少组合中一台机械停机而造成全面停工的现象，以减少配合机械工作能力的损失。

4. 尽量选用系列产品

整个机械化施工中，应减少同一功能机械的品种类型，尽可能使用统一的、标准化的系列产品，以便全场调配使用和维修管理。尤其是主要机械，应选用系列产品，配套机械亦应力求做到这一点。

（三）选择施工机械的方法

选择公路工程的施工机械，需要综合考虑各种因素。通常根据机械的技术性能，针对各项作业的具体情况，从以下几个方面出发，进行机械的合理选择。

1. 根据作业内容选择

不同的机械适应不同的工程类别和作业内容，实践表明，中小型工程宜选择通用性好的机械，大型工程应当更注重根据作业内容进行选择，才能获得最佳的技术经济指标。具体选择时，首先选定作业的主要机械，再根据其生产能力、工作参数及施工条件选择配套机械，以保证工程施工连续均衡地开展。

2. 根据土质条件选择

土石是公路施工机械作业的主要对象，土石的性质和状态直接影响施工机械作业的质量、工效及成本，因此，土质条件是选择机械的一个重要依据。

首先要考虑机械的通行性，即施工机械在工地土质条件下正常行驶的可能性，然后根据土质的工程特性选择适宜的施工机械。土质条件不仅影响机械的通行性，而更重要的是直接关系到机械进行各种施工作业的可能性和难易程度。显然，工程特性不同的土质，施工时应选择不同的机械。

3. 根据运距选择

根据运距选择机械，根据土的状态、性质、工程规模以及现场条件选择铲土运输机械。

4. 根据气象条件选择

气象条件对机械作业的影响很大，尤其是雨季和冬季施工时，应特别予以重视。降雨或积雪融水会直接影响土的状态，从而导致机械通行性下降、工作环境恶化。在此期间，如需施工就不得不考虑使用效率较差的履带式机械代替干燥条件下机动灵活、效率较高的轮胎式机械进行作业。冬季施工应选择适合低温作业的机械，必要时还需选用破冻土等特殊作业的机械。

5. 根据作业效率选择

施工机械的生产率，一般都是按假定的标准工作条件进行计算。但实际工程施工的条件是变化的，机械的工作能力（即生产率）应在计入作业效率后确定。由于不同的机械在相同条件下的作业效率并不相同，因此，准确求出作业效率有一定困难。在选择机械时必须考虑如何发挥机械组合的作业效率。

6. 综合分析选择

以上是从工程本身的角度选择施工机械，有时还要考虑与工程间接有关的条件，比如大型企业可能同时承担几个不同的施工项目，这时应考虑机械设备的相互调用。此外，诸如电力、燃油、润滑材料的供应以及机械的完好率、保养条件、大中修、迁移等情况，都对机械的选择有一定的制约。利用现有机械、购置新机械或租赁机械因地制宜采用机械化、半机械化相结合等都是机械选择的方式。总之，要综合分析，抓住主要矛盾，认真选择施工机械，切实做到技术上合理、经济上有利，达到两方面的有机统一。

三、机械组织措施

（一）施工前的准备

施工机械的选择和优化组合确定后，就可以按施工进度计划的安排投入使用。为确保工程施工的正常进行，施工机械投入使用前要做好以下工作。

1. 检查施工机械

投入现场的施工机械应技术状况良好，不带故障进场。因此，使用前对机械进行认真检查、调试、检修是十分必要的。

2. 制订机械的使用计划

按施工进度安排制订机械进出现场的时间表、作业地点、使用的机械类型、台数、施工量的形象图和计划表，以便按计划使用机械。

3. 建立机械的现场保障设施

在现场设置机械车场、工地简易修理所、常用机械配件库、油料库等。

机械车场最好能照顾到各工点，避免机械行走到施工点的时间过长而影响实际的有效作业时间，并减少机械磨损。施工机械不可能在施工中不发生故障，工地简易修理所能及时排除和修理机械故障。一般在土方施工中，有 5 台以上土方机械作业时，就应建立工地简易修理所。

（二）施工进度安排注意事项

1. 要有足够的工作面

各种型号机械所要求的工作面不同，主要机械和配套机械的工作面有时还会发生交叉。当多台机械联合作业或组合机械同时作业时，工作面的大小应根据每台机械的运行路线，在不影响机械作业效率和保证施工安全的前提下确定。

2. 合理划分施工段和施工层

施工段和施工层的划分，除了能使施工机械正常作业外，还应使机械在每个施工段或施工层上的作业持续时间为整天数(个别特殊情况可为半天)，当机械需要转移时可利用下班时间，以提高机械的利用效率。

3. 安排一定的组织间歇时间

机械化施工的每一作业循环完成后，为保证工程质量和构筑物位置的准确性，机械常常需要进行检查、试验和测量，进度计划中必须安排这一组织间歇时间。

4. 注意与人工施工协调

在施工段的某些边角处，因工作面狭小无法使用机械作业时，需辅以人工或半机械化作业。由于人工施工速度缓慢，应注意与机械的快速施工协调，可采取增加人工或加班等措施加快人工施工速度，尽量保证机械作业正常进行。

5. 落实安全保障措施

大型项目的机械化施工通常实行三班制连续作业，为使施工进度能按计划实施，必须落实安全保障措施保障施工人员及机械设备的安全。

（三）施工中的组织管理工作

1. 施工中的机械调度

由于施工现场受到地形、地质条件和天气等因素的影响，虽然编制了较完善的施工计划，但现场的实际情况总是在不断变化的，这就使得施工机械的作业情况也常常随之发生变化，这就要求及时发现和解决这一问题。为使实际的施工进度与施工计划保持一致，在施工进行过程中对施工机械的调度工作是必不可少的，机械调度是针对施工计划和补充计划不足的一种补救措施。

2. 施工机械实际运转记录

施工机械实际运转记录能反映每班的工作内容、运转小时、台班产量、动力与燃油消耗、故障和维修保养情况等，通过分析可以发现完成工程量的好坏、找出未能完成任务的原因，以便能及时采取补救措施。它是非常重要的施工原始记录，也是基层单位经济核算的主要依据。

第五章

路基工程施工

高速公路路基是公路的基础，是高速公路的重要组成部分，其施工质量的好坏直接关系到整条高速公路的稳定性和舒适性问题，因此要高度重视路基施工质量问题。

第一节 路堤工程施工

一、路堤施工的施工特点

与路堑开挖相比，路堤工程有以下特点：

（一）路堤基底处理

路堤是在天然地基上人为构筑的土体，是破坏原有状态而以一定要求填堆的土体，并与原面接触而呈结合状态。它对路基质量有着重要的影响，特别是对路基的稳定性影响很大，需要根据地形和土质条件作适当的处理。正式施工前，除了必须进行伐树除根，清除杂草垃圾及不稳定的石块以外，横坡较大时，还需要做表土翻松，开挖台阶或凿毛（石质基底）。特殊土质，如软土，沙滩和有地下水上溢的地段，必须做进一步的稳定处理或换土。

（二）填土要求

路堤对填土要求很严格，使用不适当的土填筑会直接影响路堤的稳定性和强度。例如使用淤泥或腐殖质含量较高的土料填筑的路堤，会产生路堤整段或局部的变形，也可能因自重的原因产生滑坡，严重时将影响道路的使用。因此，一般最好采用强度高、水稳定性好的材料作为填料。另外，即使填土材料良好，但由于其所处状态不同，特别是含水率不同，所表现出的结果往往相差很大，解决填土的含水率问题是填筑路堤中一个很重要的环节，在一定程度上左右着工程的施工作业。

（三）填方压实

路堤的填筑都要通过压实以达到路基土体符合要求的密实度，所以填筑必须是分层作业。

土方式、层间结合及压实机械和压实工艺，都成为施工中必须认真对待的问题，这是路堤填筑的又一特点。

二、基底及填土材料的处理

（一）路堤基底的处理

路堤基底是指路堤填料与原地面的接触部分。为使两者结合紧密，避免路堤沿基底发生滑动，防止因草皮、树根腐烂而引起路堤沉陷，需根据基底的土质、水文、坡度和植被情况及填筑高度采取相应的处理措施。对于一般的基底处理，通常包括以下内容：

1. 伐树除根及表土处理

路堤填筑时，如果不清除结合面上的草木残株等有害于路堤稳定的杂物。路堤成形后，一旦杂物腐烂变质，地基将发生松软和不均匀沉降等现象。为了预防这种情况，就必须在填土之前做好伐树、除根和表层土壤处理工作，特别当路基填筑高度小于1.0m时，应注意将路基范围内的树根、草丛全部挖除。伐树、除根和清除草丛作业可采用人工方法或机械方法作业。

如基底的表层土系腐殖土，则须将其表层土清除换填，厚度视具体情况而定，一般应不小于30cm，并予以分层压实，压实度应符合规范要求。如发现草碳层、鼠洞、裂缝、溶洞等，都必须注意处理好，以防造成日后塌陷。有些清除物（如腐殖土），堆弃在易于取回的地方，路堤修筑后，可取回作为护坡保护层使用，也可作为中央分隔带及绿化带的回填土。

2. 耕地、水田的处理

路堤通过耕地时，筑填施工之前，必须预先填平压实，如其中有机质含量和其他杂质较多时，碾压时因弹性过大，不易压实，应换填干土。对于稻田，其表面往往存在一层松软薄层，如果直接填土，不但机械通行性很差，难于作业，而且填土也不能充分压实。若填土厚度大，第一层要填至0.5~1.0m厚，施工机械才能通行，以后可以按规定厚度铺填，能够充分压实时可不必进行其他处理。若填土层较薄时，第一层则不能填得太厚，否则填土无法得以碾压密实。这时，应当在基底挖沟排水，使填土底层保持干燥，再进行填方压实作业。如果水田水位过高，简单地设置排水沟也不能使水充分外排，不能保证机械通行，且由于地下水毛细管作用侵入填土，恶化填土性质，应在原表土和填土之间加砂垫层，以利于水的排出。

如果填土基底有小池塘或泉眼，就应敷设暗排水管等排水设施，或者用耐水性强的道砟或碎石充填压实到原水位高度以上，在填土后进行有效排水，防止水浸入填土。

3. 坡面基底的处理

填方路堤，如基底为坡面时，在荷载作用下，粒料极易失稳而沿坡面产生滑移。因此在施工前必须注意对基底坡面处理后方能填筑。通过以往的高速公路施工经验表明，当坡度较小，在1∶10~1∶5之间时，只需清除坡面上的树、草杂物后，将翻松的表层压实后即可保证坡面的稳定。但当坡度较大，在1∶5~1∶2.5之间时。应将坡面做成台阶形，一般宽度不宜小于2.0m，高度最小为1.0m，而且台阶顶面应做成向堤内倾斜4%~6%的坡度。如果基底坡面超过1∶2.5时，则应采用修挡土墙、护脚等措施对外坡脚进行特殊处理。

（二）路堤填料的选择和处理

用于路堤填筑的土料，原则上就地取材或利用路堑挖方土壤，但对填土料总的要求是：

具有良好的级配和一定的黏结能力，易于压实稳定；具有基本上不受水浸软化和冻害影响等。淤泥、腐殖质等稳定性较差的土一般不宜作为填土，必须使用时，应根据公路技术规范，有限制地选用。

对于透水性良好的石块、碎(砾)石土、粗砂、中砂和湿度未超过所设计规定极限值的亚砂土，轻亚黏土和黏土等，均可用于填筑路堤。在特殊情况下，受工程作业现场条件的限制，在路堤填筑工地附近可能没有合适的填土材料，而从远处运来又不经济，这时通常是对附近不符合施工规范要求的土料进行适当处理后，作为填土使用。

1. 含水率调节

一般情况下，如料场土料的自然含水率接近最佳含水率时，这时只要对挖出的土料及时装卸上堤，及时摊平碾压即可。如果土料含水量过高，应予以翻晒，最好利用松土机或圆盘耙搂翻，增大曝气面，加速蒸发效果。另外，也可在取土场工作面下面挖沟，使地下水位降低，改变土料含水率，这也是一种有效方法。如含水率过低时，常在材料上人工洒水，洒水率可由自然含水率和最佳含水率之差简单地求出，常用的洒水工具有洒水车和水泵等。在实际工作中，土料的人工湿润可在取土场和堤上进行，由于取土场场地宽阔、工作方便、易控制洒水均匀，如有洒水过度，也不影响堤上已有的土体，因而采用较多。在料场湿润土料，可以采取把取土场用水淹盖起来的方法进行，这种方法适宜用于黏土层垂直孔隙较大的情况。作业时，应首先除掉表土植物层，并将土面整平，而后灌水淹盖，直至吸够必需水量为止。所需水量由地面至挖深厚度内全部土体计算，淹水后的土壤不宜立即取用，需让水经一定下沉或蒸发后方可使用。

在路堤施工时，也常采用洒水车直接在堤上喷洒，但应配用圆盘耙等机具对土料进行翻拌，使其润湿均匀，还须预计润湿时间，绝不可洒水后立即碾压。

2. 化学稳定处理

即利用石灰或水泥作稳定剂对土壤性质进行改良，达到填土要求，这种方法对含水率大、塑性高的材料(如黏土)，或强度不足的其他材料(如含有大量细粒砂的砂质土)，都有较好的效果。

化学稳定处理的施工方法是将土、石灰和水泥等添加材料按一定比例混拌均匀后铺平压实。一般采用路拌式稳定土拌和机(灰土拌和机)和平地机等进行作业，也可由设于专门场地的厂拌设备制备。

三、路堤的填筑作业

(一) 路堤填筑方法

路堤填筑是把填料用一定方式运送上堤进行铺平、碾压密实的过程。路堤填筑分为水平分层填筑法、纵坡分层填筑法、横向填筑法和混合填筑法 4 种方法。

(1) 水平分层填筑法。填筑时按照横断面全宽分成水平层次，逐层向上填筑。若原地面不平，应从最低处分层填起，每填一层经过压实符合规定要求后再填上一层。

(2) 纵向分层填筑法。宜用于推土机从路堑取料填筑距离较短的路堤，填方侧应按要求，人工开挖土质台阶后，依纵坡方向分层，逐层向上填筑碾压密实。原地面纵坡大于

12%的地段常采用此法。

(3) 横向填筑法。从路基一端或两端同时按横断面的全部高度，逐步推进填筑，仅用于无法自下而上填筑的深谷、陡坡、断岩、泥沼等运土和机械无法进场的路堤。横向填筑因填土过厚，不易压实，施工时需采取下列措施：(1)选用高效能压实机。(2)采用沉陷量较小的砂性土或附近开挖路堑的废石方，并一次填足路堤全宽度。(3)在底部进行拨土夯实。

(4) 联合填筑法。即路堤下层用横向填筑，而上层用水平分层填筑，使上部填料经分层压实获得需要的压实度。混合填筑法适应于因地形限制或填筑堤身较高，不宜采用水平分层法或横向填筑法自始至终进行填筑的情况。

上述方法中，后 3 种路堤填筑施工方法工程质量较难保证，同时也不易检测。因此，除非工程特殊要求外，一般应尽可能采用第一种方法施工。

(二) 路堤机械化作业

1. 推土机作业

(1) 推土机横向填筑

这是一种水平分层填筑方法。推土机在路堤一侧或两侧取土场取土，一般沿线路分段进行，每段距离以 20~40m 为宜，可以单机作业，也可多机作业，多在地势平坦或两侧有可利用的山地土场的场合采用。

推土机在路堤单侧取土时，可采用穿梭法进行作业。作业时，推土机铲满土料，推送至路堤的坡脚，卸土后，按原路返回到铲挖位置，如此往复在同一路线上。采用槽式作业法送 2~3 刀就可挖到 0.7~0.8m 深，然后作斜线倒退，向一侧移位，同样方法可推送相邻土料。整个作业区段完成后，可以沿作业时相反方向侧移，可推净遗留土埂，整平取土坑。

当推土机由路堤两侧取土场取土时，每侧作业方法与上述方法相同，所不同的是路堤用土由两侧运来，分别推至路基中心线即可。作业时，为使中心线两侧运土的结合处能充分压实，两侧运来的土料均应推送超过中线。采用这种作业方法时，每个作业区段最好由两侧相同台数的推土机，相向同步作业，可使路堤均衡对称地成形。

用推土机从两侧取土填筑路堤，适用于取土距离较短、路堤较低的场合，一般在 1m 以下。作业时要分层有序地进行，每层层厚视土质及压实特性而定，一般为 20~30cm，并须随时分层压实。

(2) 推土机纵向填筑路堤

用推土机进行移挖填土施工时，多采用这种方法(一般多用在丘陵、山地)。可做纵坡分层，只要挖方土壤符合填土要求，即可采用，但以开挖部分坡度不大于 1∶2 为限。开挖中应随时注意复核路基标高和宽度，避免超挖和欠挖。

(3) 综合作业法

这是上述两种方法的综合，即在纵横方向联合作业。沿线路分段进行，每段长 60~80m，每段中部设有横向送土道，用横向作业的方式，将两侧土壤送上路堤，再由另外的推土机纵向推送铺平，同时，分层压实。

2. 铲运机作业

利用铲运机填筑路堤，其基本方法与推土机大致类似，仅以作业现场条件不同而有所区别。其最大特点是曲线作业散落料少，故有更灵活的作业路线，并适宜于较远距离取土(一般为100m以外，且填筑高度为2m以上)。其作业的运行路线，根据地形条件、考虑施工效率，有以下几种基本方式，可在实际工作中灵活应用。

(1) 椭圆形运行路线

此方法适用于填土高度在1.5~2m以内，且工作长度在100m以下的情况。主要缺点是重载上坡转向角大，转弯半径小；每一循环，铲运机需要转两次180°大弯。

(2) “8”字形运行路线

实际上是上述椭圆形路线的组合，每一个作业循环，在同样两次180°大转弯的情况下，可完成两次铲装、运送、卸土的过程。而且可以容纳多机作业，工效比单椭圆形作业路线有一定程度的提高，多用于工作段较长(一般为300~500m)的填筑作业，要求取土场在路堤两侧。作业区段较长时，可以多个“8”形工作面首尾相连，可在整个区段内连续作业，适宜于群机作业。如果各机间隔适当，可使其互相不受干扰，并把每次填挖段与上次的错开，作业均衡，缺点为一次循环的时间较长。

(3) 全堤宽循环作业

上述几种方法，均在路堤单侧取土(指一个循环内)，对于两侧取土场同时取土作业时，可采取全堤宽循环作业的方法。即铲运机连续相间地在路堤两侧取土场取土，而在路堤全宽上均匀铺散。这种作业方法，适宜于作业区段较长且宽度较大的路堤填筑，铲运机每次循环中，多次装卸土壤，运行路线可均匀错开，因此碾压质量较好。

用铲运机填筑路堤，无论采取何种运行路线，在路堤整个宽度上，应注意从两侧分层向中间填筑，始终保持两侧高于中间，可防止铲运机向外翻车。当两侧填至标高时，再填平中间并按要求修整成一定的坡度。

另外，铲运机进行路堤填筑作业时，经常是利用自重压实的。因此，作业过程中，卸土应均匀分布在堤面上，同时铲运机车轮应使路堤上的卸土都能被压到，以保证路基的压实质量。

当路堤高度在1m以上时，应修筑运行通道。高度大于2m时，每隔50~60m修筑一个通道或缺口，最小宽度为4m，使铲运机转弯半径不小于6m。上坡通道坡度一般为15%~20%，下坡极限坡度为50%，整个填筑作业完成后，所有进出口通道应予封填。

3. 挖掘机(或装载机)与运输车辆配合作业

用正铲、反铲和抓斗挖掘机或装载机与运输车辆配合进行路堤填筑施工，适用于取土场较远或特殊地形的施工条件下作业，工作过程比较简单。挖掘机或装载机按其基本作业方法进行挖掘装载，由运输车辆将土料送上路堤，然后由推土机或铲运机按规定厚度铺平并由压实机械压实。采用这种作业方法，影响工效的主要因素是：与一定装载能力的挖掘装载机械相配合的运土车辆数及运行路线。

四、填土边坡施工

(一) 一般规定

路堤边坡施工是路堤作业中的重要环节，如果注意不够，不但延误工期，降低工程质量，造成经济损失，而且也可能给运输安全带来很大的威胁，施工中务必充分重视。

路堤边坡的要求应符合《公路工程技术标准》(JTG B01—2014)中的规定，还要在施工时注意以下几点：

1. 放样

根据线路中桩和设计图表，通过放样，定出边坡的位置和坡度，确定路基轮廓，要求放样准确可靠。

2. 做好坡度式样

按照规定，首先在适当位置做出边坡式样，作为全面施工的参照，以免沿错误边坡延续施工。

3. 随时测量

对高路堤或深路堑，每做一段距离就要抄平打线一次，发现问题应及时纠正，变坡点处更要注意测量检查。

4. 留有余量

路基修筑(包括路堑、路堤)时，边坡部位要留有一定的余量，以方便进一步修正后，达到设计要求的标准，岩石边坡要尽量一次完成。

此外，边坡附近，如遇打眼放炮时，要严格控制炮眼方向及装药量，防止将边坡震松破坏。

填土边坡面，除了截面符合施工图纸形状，并注意上述各点外，施工中最重要的一点是边坡的压实。如果边坡面层和路堤主体相比不够密实，在遇降雨天气时，很可能在水的作用下发生滑坡等破坏。为了防止这种情况，要对路堤边坡尽可能采用机械压实的方法，达到密实度要求。

施工中，需估计施工过程中降雨的情况，采取必要措施预防因遭雨水洗刷和水渗透而发生边坡滑移。由于填土坡度面的施工程序和压实方法不当，引起的路堤崩溃和路侧下沉的情形是经常发生的，路堤边坡施工应尽量选定既简单又能有效保证路堤边坡安全的方法。

路堤边坡坡度在1∶1.8左右时，坡面要拉线先放粗坡，用自重3t以上的振动压路机(拖式)从填土坡脚开始向上卷振压实，注意必须是从下往上振压。

放下过程中，不能振动，防止斜坡上的材料被振松而滚滑。土质良好且坡度不大时，也可用推土机在斜坡上往返行驶压实，这也是压实边坡行之有效的方法。对含水率较高的黏性土，须选用湿地推土机进行压实。

另外一种路堤边坡施工方法，是填土时适当加大宽度和高度，然后分层填土、压实，多余部分可利用平地机或其他方法铲除修整即可。这种方法作业面增大，需要有一定的施工回旋活动余地，但在没有条件进行坡面压实的情况下，往往可以取得满意的效果。

路基经过填土压实后，要进行整形作业。除路基顶面以外，施工作业较复杂的也是边坡面的整形，可用平地机或推土机进行。

(二) 平地机坡面整形作业

由于平地机的性能和刮刀长度的限制，当坡面坡度为1∶1.5~1∶5时，坡面在平地机刮刀宽度以内时，可以用一台平地机在一个平面上行驶作业。如果坡面超过刮刀宽度或坡度较缓时，一台平地机在一个平面上无法完成全坡面整形，可采用两台平地机在上下两个平面上同时进行作业，或一台平地机分两次在上下两个平面内分别作业。对于平地机在上下两平面上仍不能完成整形作业的大坡面，则必须在分层填筑过程中，在适当时候就进行修整。

无论采取何种方式进行坡面整形，施工作业前，都必须在作业段两端做好标准坡面，以便在刮削时有所参照，或者随时用线绳连接两端标准坡面同一位点并指导、检查平地机作业情况，防止超刮及欠刮。对于有找平装置的平地机，也可以用拉线的方式，设置基准进行作业。

当坡面一旦出现超刮，要用人工分层夯实的方法，超高回填后，再做刮削，使之与原坡面构成一体。对于要求较高的过水坡面，上述回填应采取齿阶接合，这个工作一般较为困难，且不易保证工程质量，故要尽量避免发生超刮现象。

(三) 推土机坡面整形作业

推土机坡面整形作业，只适应于坡度较小(小于1：2.5)的坡面。一般先用人工做出标准坡面，然后推土机紧靠标准坡面，自下而上或自上而下进行刮削。为了保证推土机不至于远离标准坡面而造成超刮现象，作业段内应有一定数量的标准坡面以对推土机的作业加以控制，标准坡面布设一般为铲刀宽4~6倍为宜，即10~15m。

由于推土机进行整形作业时，是与机车在坡面上行驶同时进行的(而平地机是在平面上行驶)。因此，推土机作业过程中，虽然可以多布设一些标准坡面，以便对照，但仍然比较难于掌握，所以对操作人员的技术水平要求较高。可根据推土机行驶的坡度与铲刀切削坡度一致的程度，采用简易的环形测坡仪进行监测，以便控制。一般而言，推土机进行坡面整形作业的质量远不如平地机容易控制。

第二节　路堑工程施工

一、路堑施工的特点

从作业程序上说，路堑施工较为简单，按一定要求把土挖掘并运到弃土地点，不像路堤填筑有材料选择，分层碾压密实等问题存在。然而，从以往施工经验和公路使用的角度看，路基上发生的问题，却大多出在路堑上。例如，路堑施工往往成为整个工程的控制工程，影响工期。

施工中常发生塌方，落石等事故。在道路使用过程中，路堑地段又是塌方、滑坡、翻浆、冒泥、冻害等路基病害的多发区段，而这些又在很大程度上与路堑施工得当与否有着密切的关系。如由于开挖坡度不合适或弃土太近，使土体失去平衡而发生塌方；由于排水不良造成土体松软发生边坡溜滑；由于没有及时修筑挡土墙等防护工程而发生滑坡现象。因此，在路堑施工中，对采取的作业方式，开挖步骤，弃土位置等应予充分重视，进行全面规划，保证有较高的质量和效率。在挖掘作业特别是深挖掘作业时，应将粗加工和挖掘作业同时进行，使坡面作业尽量减少，并且必须经常不断地检查尺寸。单面挖掘、单面堆土时，应尽量避免土堆太高，即使设计上没有防滑措施，也要将基底面进行阶梯挖掘，才比较合理。

深挖掘的另一特别需要注意的问题是：应保证施工过程中或竣工后的有效排水。一般应先开挖排水沟槽，并设法排除一切可能影响边坡稳定的地面水和地下水，为此，路基开挖作业时应注意以下几点。

(1) 由于水是造成路堑各种病害的主要原因，所以，不论采取何种开挖方法，均应保证开挖过程中及竣工后的有效排水，施工时均应先开挖截水沟，并设法引走一切可能影响边坡稳定的地面水和地下水。开挖路堑时，要在路堑的线路方向保持一定的纵坡度，以利于排水顺利和提高运输效率。

(2) 开挖时应按照横断面自上而下，依照设计边坡逐层进行，防止因开挖不当，而引起边坡失稳崩塌。对坡度较大，开挖厚度较薄的地形，由于挖削部分较薄，对坡体崩塌问题往往容易忽视。应按原有自然坡面自上而下挖至坡脚，不可逆转施工，否则，可能引起滑坡体滑塌。

(3) 在地质不良拟设挡土墙的路堑中，路堑开挖应分段挖掘，同时修筑挡土墙或其他防护设施，以保证安全。

(4) 路堑弃土应按要求，整齐地堆在路基一侧或两侧。弃土堆内侧坡脚(靠路堑一侧)至路堑边坡顶端距离不得小于5m。

(5) 对于弃土运往他处时，挖掘工作面的运输散落土料，要及时清除。尤其是每个工作日作业结束时，更要注意及时用推土机将散落土清除干净，以防土遇淤积水，造成滑坡损害，以致发生崩塌事故。

(6) 松软土地带或其他不符合要求的土质地段，要采取各种稳定处理措施，并注意地下水的上升情况，据需要应设置排水盲沟等。

二、路堑的开挖

路堑开挖前，应做好现场伐树除根等清理工作。如果移挖作填时，还需将表层土壤单独掘弃，路堑的开挖方法根据现场施工条件，可采用以下几种基本方法：

(一) 全断面开挖法

从开挖路堑的一端或两端按断面全宽一次挖到设计标高，逐渐向纵深挖掘，挖出的土方一般都是向两侧运送。这种方法适用于深度不大，且较短的路堑。

(二) 分层横断面挖法

从开挖路堑的一端或两端按横断面分层挖至设计标高，每层都有单独的运土出路和临时排水设施，适用于开挖深而短的路堑。土方工程数量较大时，各层应纵向拉开，做到多层、多方向出土，可安排较多的劳动力和施工机械，以加快施工进度。每层挖掘深度视工作方便和安全而定，一般为1~2m。

(三) 分段纵挖法

当路堑较长，开挖深度不大时，把开挖路堑横断面分成若干段，并沿纵向条形开挖，一般出土于两侧。若是傍山路堑，一侧堑壁不厚，选择一个或几个地方挖穿路堑壁出土。

（四）分层纵挖法

如果路堑宽度及深度都不大，可以纵向分层挖掘。在短距离及大坡度时，可用推土机施工，较长的宽路堑则宜用铲运机作业。

（五）通道纵挖法

在开挖路堑全长上，沿路堑纵向先挖出一通道，然后开挖两旁，这是一种快速施工的有效方法，通道可用于机械通行或运输土料车辆的运土。

三、路堑开挖机械化施工

（一）推土机作业

推土机操纵灵活，运转方便，既可开挖土方，又能短距离运输土料，在路堑开挖作业中被广泛应用。

采用推土机开挖路堑，根据具体情况可有两种施工作业方法。

1. 平地上两侧弃土，横向开挖

用推土机横向开挖路堑，其深度在 2m 以内为宜。开始时，推土机以路堑中线为界，向两侧用横向“穿梭”推土作业法进行，将路堑中挖出的土送至两侧弃土堆，最后再做专门的清理和平整。当开挖深度超过 2m 时，则需与其他机械配合作业。

此外，对上述施工作业，推土机也可采用环形作业法。推土时，推土机可按椭圆形或螺旋路线运行，这种运行路线可利用推土机本身对弃土堆进行分层压实和平整。

不论采用何种作业路线进行路堑开挖，都要注意不允许路堑的中部下凹，以免积水。在整个开挖段上，应做出排水方向的坡度以便排除降雨积水。在接近挖至规定断面设计线时，应随时复核路基的标高和宽度，避免出现超挖或欠挖。

通常在挖出路堑的粗略外形后，多采用平地机整修边坡和边沟。

2. 纵向开挖山坡路堑

（1）开挖傍山半路堑。一般多用斜铲推土机进行。开挖时首先由路堑边坡的上部开始，沿线路行驶，渐次由上而下，分段、分层将土推送至坡下填筑路堤处。推土机的水平回转角根据土壤的性质来调整，在Ⅰ、Ⅱ级轻质土壤上作业时，可调至 60°；在Ⅲ、Ⅳ级土壤作业时可调至 45°。由于推土机沿山坡施工，要特别注意安全，推土机始终应行驶在坚实稳定的土壤上，填土部保持道路外侧高于内侧，行驶的纵坡角不宜超过推土机最大爬坡角。

采用上述方法时，铲刀的平面角使土料沿刀身向填土部送出，当使用直铲推土机完成这种半路堑作业时，土料只能由推土机曲线行驶，方可卸土于填土部。这时，最好铲土数次，将几次铲起的土壤集至一处堆起，然后再将土壤一起推运到边坡前沿卸土。这样不但可提高推土机的生产效率，而且比较安全，直铲推土机进行开挖半路堑作业只适用于坡度不大(25°以下)的场合。

（2）开挖深路堑。开挖深路堑运土作为填土路堤作业时，应首先做好准备工作，要在开挖路堑的原地面线顶端各点和填挖之间零点处，设置标记，同时挖半小丘，使推土机能顺利进入作业现场。如果推土机能沿斜坡驶至最高点时，则可以由路堑的所在坡面上顶点处开始，逐层开挖至路堤处，开挖时可用 1~2 台推土机沿线路中线的平行线进行纵向推填。

当路堑挖到设计深度的一半位置时，再用另外 1~2 台推土机，横向分层推削路堑斜坡。由斜坡上推削下来的土壤，仍由下面的推土机送至填土区段，直至路堑路堤全部完成为止。

这种深路堑的开挖每层均按沟槽运土法开挖，并尽量利用地形做到下坡推土。

（二）铲运机作业

铲运机开挖路堑也有两种作业方法，一是横向弃土开挖；二是纵向移挖作填。路堑应分层开挖，并从两侧开始，每层厚 15~20cm。这样做既能控制边坡，又能使取土场保持平整，同时还应沿路堑两侧做出排水纵坡。

路堑在以下情形下，宜采用横向开挖，即：堑顶地面有显著横坡，而上游一侧须设置弃土堆，阻挡地面水流入路堑；路堑中纵向运土距离太长，超过铲运机的经济运距，严重影响工效；不需要利用土方或利用有剩余时；长路堑由于施工条件的限制，机械只承担其中一段，两端又无法纵向送土时。横向开挖路堑的施工运行线路与路堤横向取土填筑类似。

铲运机纵向移挖作填，当路堑须向堑口外相接的路堤处运土填筑时，铲运机应当利用纵坡自路堑端部开始做下坡铲土，适用于并逐渐向堑内段延伸挖土长度，而填筑路堤也应做相应的延伸。

一般铲运机可在路堑内做 180°转向，从路堑两端分别开挖。当延伸到路堑中部且长度在 30m 以内时，可改用直线迂回运行圈的方法，做纵向贯通运行，往返交替向两端挖运。如果地面纵坡过陡，铲运机不能运行时，应先用推土机在路堑的端部推出 15°左右的缓坡。此外，在挖土区段内，每隔 20~30m 宽度为铲运机开通一条回驶上坡道，并延伸至填土区段内。这样铲运机可用较大功率下坡铲土，在填土区段上回驶坡道卸土填方，并逐步扩大通路宽度，直到工作面的全宽普遍具备正常运行条件。

铲运机纵向运土时，也可根据工地情况采取不同行走路线。当然，一次循环可以做两次甚至更多次取土、卸土，视作业面纵向长度而定，这样可获得更好的经济性。

铲运机开挖路堑作业，应先从两侧开始。这样可避免造成超挖欠挖，否则将大大增加边坡修整的工作量，特别是边坡大于 1∶3 且不能用机械修整时尤其应当注意。另外采取先挖两侧的顺序，亦利于雨后排水。

（三）挖掘机作业

挖掘机开挖路堑，一般是与运输车辆配合作业的。

1. 正铲挖掘机开挖路堑

正铲挖掘机进行路堑开挖作业，可采用全断面开挖和分层开挖两种方法。路堑深度在 5m 以下时，可采用全断面开挖，挖掘机一次向前开挖路堑全宽至设计标高，运输车辆停在与挖掘机同一平面，且并列布置，或在挖掘机后侧。这种方法施工简单，但挖掘机需横向位移，才能挖到设计标高。

当路堑深度为 5m 以上时，宜采用分层开挖，即挖掘机在纵向行程中，先把路堑开通一部分，运输车辆在挖掘机一侧布置，并与开挖路线平行，如此往返几个行程，直至将路堑全部开通。第一开挖道高度，应以停在路堑边缘的车辆能够装料为准，其余各次开挖道都可以按要求位于同一水平之上，这样可以利用前次挖好的开挖道作为运输车辆的行驶路线。

各次的开挖道在全作业段完成后，可退返或调头做反向开挖，视现场具体情况而定，但务必注意每次开挖道的排水问题。

挖掘机各次开挖后在边坡上留下的土角，可由推土机修整。

2. 反铲挖掘机开挖路堑

由于反铲挖掘机只能挖掘停机面以下的土壤。因此做开挖路堑作业时，是停在路堑顶部两侧进行，一般只适用开挖深度在挖掘范围内的路堑，可视现场情况采用沟端、沟侧的作业方法。

3. 拉铲挖掘机开挖路堑

用拉铲挖掘机开挖路堑作业时，如卸料半径能及至两侧弃土堆位置，则挖掘机可停在路堑中心线上，采取沟端挖掘的方法进行。否则，必须采用双开挖道作业。当弃土堆位于路堑一侧时，挖掘机沿路堑边缘移动，为了保证安全，挖掘机内侧履带应与路堑边沿保持1~1.5m 的距离。

4. 推土机和铲运机联合作业

在组织大型土方机械开挖路堑作业时，往往投入作业的机型很多，各自又有不同的运用范围和作业效果，为多机联合作业提供了可能性。其中，不同功率的推土机和不同斗容量的铲运机联合作业最为常见。

在组织推土机与铲运机联合开挖作业时，应根据它们各自的特点将它们安排在最能发挥各自优势的部位进行作业。

推土机动作灵活，可正驶推运、倒驶空返，当推运翻松土壤时效率较高。其中大型推土机载运土量较大、爬坡性能最好；而中型推土机，进退速度较快。当推土机增设侧挡板后推运翻松土壤，可提高经济运距和载土量。而铲运机能下坡铲土入斗，上坡可以斜驶，使上料损失最小，具有较好的整形性能，在干土地质进行深挖高填的大运距作业时，其工效与推土机相当，工程成本可降低。

在多机联合作业时，可将中型推土机安排在开挖段的上层，大型推土机放在中层，铲运机放在底层。为了便于排除降雨积水，开挖工作应自下而上进行。为了提高推土机的作业效率，在较硬土质区段，最好配备翻松机械或机具协同作业。

此外，采用多机联合作业时，还应当注意以下几点：

(1) 在多种机械联合作业中，各种机型数量配备，要保证前机(例如中型推土机)的作业量满足后机(例如大型推土机)作业量的要求，最好同一机型的数量不少于两台。

(2) 推土机推运松土时，采取纵向作业，效率较高，且故障少，也有利于边坡的控制及分层铲土。

(3) 无论推土机还是铲运机，都应尽量坚持分段分层铲土、运土，随时保持弃土堆的平整密实，为了均衡各机作业，在作业中可随时调整分段长度。

(4) 要坚持由低地段向高地段开挖，各机流水作业，以挖成一段，成型一段为原则，不宜打乱长堑、顺沟纵向犁翻的有利条件，以利排除积水和便于雨后继续作业。

实践表明，联合作业具有工程质量好，工效高，受降雨影响小，现场管理方便等优点，是值得推广的一种较好的作业方式。

四、边坡作业

路堑挖土边坡施工的基本要求与填土边坡类似，除了边坡坡度符合设计规范外，也应做好放样、布设标准坡面等工作。但是，与填方边坡相比又有自己的一些特点，首先表现为作业对象多——土壤土质的多样性。路堤边坡由于是由填土而成，所以，其工程性质差异不大。

而路堑边坡则是由自然状态土、石方挖掘形成，随线路经过地带不同而有较大变化，其工程性质不仅不同，有时还差别很大，施工作业难易程度也就有一定的区别。根据以往施工经历，下面介绍路堑开挖边坡的几种类型及其施工要点：

（一）砂土边坡

挖出的斜坡要留有足够的余量，然后打桩定线进行坡面整修。具体做法是，先用机械开挖，留有20~30cm的余量，后用人工修整或用平地机修整，也可用小型反铲挖掘机修整。如果采用挖掘机修整边坡，要求操作人员有较高的技术水平，否则，很容易造成超挖或欠挖。

（二）岩石边坡

如果坡面是软岩，可用镐或风镐开挖；如果是硬质岩石，要用手动冲击式钻机，沿着需要修整的坡面先开炮孔，然后，注意不要使剩下的岩盘松动，装少量炸药进行爆破。在大型工程中，也可直接爆破成斜面，然后进行放坡作业。

岩石边坡施工，特别应注意地质变化，施工时要视情况采取一定措施。总之，边坡一旦放好，是不容易变更的，所以，施工时，事先做好地质调查工作非常重要。

（三）碎石类土边坡

影响碎石类土挖方边坡的因素，主要是土体结合的紧密程度。其坡度要结合土壤、地质水文等条件确定。

碎石类土的潮湿程度及边坡高度，对边坡的稳定有较大影响。一般湿度大、边坡高时，宜采用较缓坡度；对密实度差的土体，应避免深挖。同时，要注意到由于边坡过缓，受雨水作用面积增大，故不宜过缓，并根据具体情况采取边坡防护和加固措施，确实做好排水工作，以免影响边坡稳定。

五、石质路堑

由于岩石坚硬，石质路堑的开挖往往比较困难，这对路基的施工进度影响很大，尤其是工程量大而集中的山区石方路堑更是如此。因此，采用何种开挖方法以加快工程进度，是石质路堑开挖需要解决的重要问题。通常，应根据岩石的类别、风化程度、节理发育程度、施工条件及工程量大小等选择爆破法、松土法或破碎法进行开挖。

（一）爆破法开挖

爆破法是利用炸药爆炸的能量将土石炸碎以利挖运或借助爆炸能量将土石移到预定位置。用这种方法开挖石质路堑具有工效高、速度快、劳动力消耗少、施工成本低等优点。对于岩质坚硬，不可能用人工或机械开挖的石质路堑，通常要采用爆破法开挖。爆破后用机械清方，是非常有效的路堑开挖方法。

根据炸药用量的多少，爆破法分为中小型爆破和大爆破，其中使用频率最高的是中小型爆破，大爆破的应用则受多种因素的限制。例如开挖山岭地带的石方路堑时，若岩层不太破碎，路堑较深且路线通过突出的山嘴时，采用大爆破开挖可有效提高施工效率。但如果路堑位于页岩、片岩、砂岩、砾岩等非整体性岩体时，则不应采用大爆破开挖。尤其是路堑位于岩石倾斜朝向路线且有夹砂层，黏土层的软弱地段及易坍塌的堆积层时，禁止采用大爆破开挖，以免对路基稳定性造成危害。

爆破对山体破坏较大，对周围环境也有较大影响。因此必须按有关施工规定和安全规程进行作业，严格按设计文件实施。通常应作试爆分析，其结果作为指导施工的依据。

（二）松土法开挖

松土法开挖是充分利用岩体的各种裂缝和结构面，先用推土机牵引松土器将岩体翻松，再用推土机或装载机与自卸汽车配合将翻松的岩块搬运到指定地点。松土法开挖避免了爆破作业的危险性，而且有利于挖方边坡的稳定和附近建筑设施的安全。凡能用松土法开挖的石方路堑，应尽量不采用爆破法施工，随着大功率施工机械的使用，松土法愈来愈多地应用于石质路堑的开挖，而且开挖的效率也愈来愈高，能够用松土法施工的范围也不断扩大。

松土法开挖的效率与岩体破裂面情况及风化程度有关，岩体被破碎岩石分隔成较大块体时，松开效率较高。当岩体已裂成小石块或呈粒状时，松土只能劈成沟槽，效率较低。砂岩、石灰岩、页岩等沉积岩有沉积层面，是比较容易松开的岩石，沉积层愈薄愈容易松开。片麻石、片岩、石英岩等变质岩，松开的难易程度要视其破裂面发育程度而定。花岗岩、玄武岩、安山岩等岩浆岩不呈层状或带状时，松开比较困难。

多齿松土器适用于松动较破碎的薄层岩体。单齿松土器则适用于松动较坚硬的厚层岩体。松土器型号及松土间隔应根据岩石的强度、裂隙情况、推土机功率等选择，最好通过现场松土器劈松试验来确定。遇到较坚硬的岩石，松土器难以贯入，引起推土机后部翘起或履带打滑时，可用另一台推土机在松土器后面顶推。坚硬完整的岩石难于翻松，可进行适当的浅孔松动爆破，再进行松土作业。

（三）破碎法开挖

破碎法开挖是利用破碎机凿碎岩块，然后进行挖运等作业。这种方法是将凿子安装在推土机或挖土机上，利用活塞的冲击作用使凿子产生冲击力以凿碎岩石，其破碎岩石的能力取决于活塞的大小。破碎法主要用于岩体裂缝较多、岩块体积小、抗压强度低于 100MPa 的岩石。

由于开挖效率不高，只能用于前述两种方法不能使用的局部场合，作为爆破法和松土法的辅助作业方式。

以上 3 种开挖方法各有特点，应视施工条件合理选用。

六、深挖路堑的作业

路堑边坡高度等于或大于 20m 时称为深挖路堑，深挖路堑的施工方法与一般路堑的施工方法基本相同，但有一些特殊问题和要求需要注意。

（一）施工前的准备

深挖路堑因为它的边坡较高，易于坍塌，且工程数量大，常是影响全线按期完工的重点工程。因此，施工前准备工作的一个重要任务，就是要详细复查设计文件所确定的深挖路堑地段的工程地质资料及路堑边坡，并收集了解土石界限、工程等级、岩层风化厚度及破碎程度等岩层工程特征。若路堑为砂类土时，应了解其颗粒级配、密实程度和稳定角；路堑为细粒土时，应了解含水率和物理力学性质以及不良地质情况、地下水及其存在形式等。根据详细了解的工程地质情况、工程量的大小和工期，编制施工组织设计，确定配备机械设备类型和劳动力，这对保证工程质量和按期完成是非常重要的。

施工前准备工作的另一重要任务是对工程地质进行补探工作，过去有些深挖路堑常缺乏工程地质资料或者仅有地表面1~2m深的探坑地质资料，有些资料只根据天然露头确定工程难易等级，这对保证深挖路堑边坡稳定的论证是不够的，更不能以此编制施工组织设计和指导施工。因此，在施工前，必须进行工程地质补探工作(补做工程地质勘探时应以钻探为主)，解决原设计文件中工程地质资料缺乏或严重不足的问题，补做工程地质勘探并验算后，若高路堑边坡难以稳定将造成长期后患，则应按补做的地质资料进行方案的选择，并报请审批后实施。

（二）土质高路堑

深挖路堑边坡是否能够稳定，因素很多，最主要的是边坡坡度大小。若坡度小，边坡平缓，则易于稳定；反之，则不稳定。同时亦与气候有关，因此要求边坡应严格按照设计坡度施工，但遇到土质情况与设计资料不符，特别是土质较设计松散时，应向有关方面提出修改设计的意见，批准后实施，以保证路堑边坡的稳定。

路堑边坡按一定高度设计平台，与从上至下一个坡面相比，虽然设平台的综合坡度与一面坡的坡度相同，但前者边坡较稳定些。此外，分层设有平台还可起到碎落台作用。因此，在施工高路堑边坡时，应每隔6~10m高度设置一个平台，平台宽度人工施工应不小于2m，机械施工应不小于3m，平台表面横向坡度应向内倾斜，坡度约为0.5%~1%；纵向坡度应与路线平行，平台上的排水设施应与排水系统连通。

施工过程中修建平台后的边坡如果仍然不能稳定，应根据其不稳定因素，如设计边坡过陡、过大造成含水率增加、土的内摩擦角降低、边坡中地下水的影响等，采用修建石砌护坡、边坡上植草皮或做挡墙等防护措施。若边坡上有地下水渗出时，还应根据地下水渗出的位置、流量，修建排水设施将其排走。

土质单边坡和双边坡深挖路堑的施工方法，与一般高度的平边坡路堑的施工方法基本相同，只不过需多分几层施工。

单边坡路堑可采用多层横向全宽挖掘：双边坡则通常采用分层纵挖法和通道纵挖法。若路堑纵向长度较大，一侧边坡的土壁厚度和高度不大时，可采用分段纵挖法。施工机械可采用推土机或铲运机。当弃土运距较远，超过铲运机的经济运距时，可采用挖掘机配合自卸汽车作业，或采用推土机、装载机配合自卸汽车作业。

土质深挖路堑施工中应注意的是，不能采用不加控制的爆破法施工和掏洞取土法施工。

不加控制的爆破法施工会造成路堑边坡失稳，易于坍方；掏洞取土易造成土坍塌伤人。特别应注意在靠边坡3m以内禁止采用爆破法，即使是土质紧密，为加快施工进度在距边坡3m以外准备采用爆破法施工时，也应进行缜密设计，以免炸药量过多，爆破时将边坡上的土炸松，使边坡不能稳定，造成后患。

（三）石质高路堑

石质高路堑宜采用中小爆破法施工，只有当路线穿过独山丘，开挖后边坡不高于6m，且根据岩石产状和风化程度，确认开挖后边坡稳定，才可考虑大爆破方案。

单边坡石质深路堑已有一面临空，为了使爆破后的石块较小，便于推土机清方，绝对不能采用松动爆破、减弱松动爆破或药室爆破。前两种爆破方法虽然能节约炸药，但爆破后石块太大，有些大石块还要重新钻眼爆破将石块炸小（二次爆破），或需用人工以撬棍将大石块慢慢移走，无法使用机械施工，导致施工进度太慢。药室爆破虽然爆破方量较大，但可能将边坡炸松，而且构建药室时都是人工操作，花费时间多。正确的做法是采用深粗炮眼、分层、多排、多药量、群炮、光面、微差爆破方法。其原则是打炮眼尽量使用机械，可使爆破后石块小一些，便于机械清除。若最后一排炮眼靠近边坡时，应采用光面爆破设计施工。

双边坡石质深挖路堑的施工较单边坡困难一些。首先需用纵向挖掘法在横断面中部每层开辟一条较宽的纵向通道，以便运走爆破后的石料，同时成为两侧未炸石方的临空面，然后横断面两侧按单边坡石质路堑的施工方法作业。

第三节 特殊路基处理

一、黏土填筑路基施工

（1）当湿黏土液限不在40%~70%，塑性指数不在18~26之间填筑路基时，应进行处理，处理后CBR值和粒径大小应符合相关要求，且压实质量应符合规范规定。

（2）基底为软土时，应按设计要求进行处治。

（3）不同类的填料，不得填筑在同一压实层上。

（4）路堤填筑时，每层宜设2%~3%的横坡；当天的填土，宜当天完成压实。

（5）填筑层压实后，应采取措施防止路基工作面曝晒失水。

（6）水稻田地段路基施工，要符合下列规定：

① 水稻田地段路基施工，不得影响农田排灌。

② 施工前应采取措施排除公路用地范围内的地表水。疏干地表水确有困难时，应按设计要求进行处治。

③ 二级及二级以上公路路堑段，应在边坡顶适当距离外，筑埂并挖截水沟；土质、风化岩石边坡，应浆砌护墙或护坡；路堑路段宜加大边沟尺寸并采用浆砌。

（7）河、塘、湖地段路堤施工应符合以下规定：

① 受水浸、润作用的路堤部分，宜用水稳性好、塑性指数不大于6、压缩性小、不易

风化的透水性填料填筑。

② 在洪水淹没地段的路堤两侧不得取土；三、四级公路，特殊情况下，可在下游侧距路堤安全距离外取土。

③ 两侧水位差较大的河滩路堤，根据具体情况，宜放缓下游一侧边坡、设滤水趾和反滤层、在基底设隔渗墙或隔渗层。

④ 防洪工程应在洪水期前完成，施工期间应注意防洪。

（8）多雨潮湿地区路基施工应符合下列规定：

① 多雨潮湿地区施工，应注意排水。机具停放地、库房、生活区域应选在地势较高不易被水淹的地点，并有完善的排水防洪设施。

② 多雨潮湿地区，应按设计要求对基底过湿土层进行处理。

二、软土地基路基施工

软土一般指淤泥、泥炭土、流泥、沼泽土和湿陷性大的黄土、黑土等。通常其含水率大、承载力小、压缩性高，尤其是沼泽地，水分过多、强度很低，常规施工机械在软土地面上行走和作业都很困难。

由于软土具有与一般土不同的工程性质，往往不能满足路基及桥涵基础的要求，所以必须采取一定的加固措施。结合工地的施工条件，因地制宜，采取适宜的施工方法，尽可能利用现有的机械设备。

（一）软土的工程地质特性

软土一般是指在静水或缓慢流水环境中沉积的，天然含水量大、压缩性高、承载力低的一种软塑到流塑状态的饱和黏性土。一般地，路基工程中软土是指相对密度小于 0.33 的松砂土和天然含水率大于液限（ω_L>1.0），孔隙比大于或等于 1.0 的黏性土，由软土作为地基时称软土地基，其具有松软、易于变形的特征。

（二）填土的稳定与沉降

道路工程中，修筑路堤和其他构造物，目的是为上层路面提供一个均匀而坚固的基础，同时保持路面平整及处于良好的状态。在软土地基上筑填路堤或进行开挖作业，除了可能产生不均匀沉陷外，还可能由于软土的蠕变而导致路基或其他构筑物的失稳。

首先，在软土上面填土时，当超过某一高度时，可能使填土的部分发生崩塌，坡脚外侧地基隆起等，这种现象的产生，势必造成工程的大范围返工。如果坡脚附近有房屋、水管或其他工程设施，也将受到严重威胁，甚至被破坏或造成人身伤亡事故。

其次，即使不发生滑塌，但施工过程中，以至填土完成以后，沉降将在相当长的时间内持续发展，即所谓的地基沉降。这种现象严重时，不仅增加填土工程量，而且在靠近填土部位的挡土墙、涵洞等会受到沉降或水平移动的影响。另一方面，完成铺装路面后的沉降，不仅对路面的纵横断面造成影响，不能保证其平整性，而且也会引起路面结构的破坏。边沟等排水设施也将受到不利影响，特别是桥梁、涵洞等结构物与填土相连接部分的不均匀沉陷，成为车辆行驶中的阻碍和发生事故的原因。

由此可见，在软土地基上修筑路基，主要存在的问题是路基的沉降与失稳破坏。有时单方面发生，有时则同时发生，这就需要在设计中予以充分考虑，分析地基的成层状态、排水条件，各层强度特性与固结特性，明确施工条件，进行沉降与稳定的有关计算，提出针对性的处理方法，进而在施工中付诸实施。

路基工程中，软土地基的处理，分为路堤、桥涵或挡土墙及沿线各种设施的沉陷处理和稳定处理。其中沉降处理必须选择能有效控制剪切变形产生的沉降，或者采用能加速因固结变形引起的沉降的方法。对于稳定处理，必须增大路堤及地基强度，提高其抗剪切变形能力，所以可采用能提高路堤或地基早期强度的处理方法，或者采用能促进地基固结强度增长的处理方法。

（三）软土地基的处理

对于存在滑动破坏和固结沉降任一方面或同时存在（即同时不能满足要求）的情况，必须采取相应的处理措施。然而，处理软土地基措施的工程费用一般来说是比较高的，若选择方法不当，还可能起不到预期的效果。所以要周密考虑地基条件、公路等级、施工条件等多方面的因素，尽量采用费用较低、且技术上合理的方法。

软土地基施工措施，按照其原理不同，可采取多种不同的方法，各种方法的施工要点如下：

1. *表层排水法*

这种方法是在路基填筑前，在地面开挖水沟，以排除地表水，同时降低地基表层的含水率，确保施工机械的作业条件。为了使开挖水沟在施工中发挥盲沟作用，常用透水性良好的砂砾回填。

（1）水沟的布置水沟布设应全面考虑地形与土质情况，使排水畅通。

（2）水沟的构造水沟尺寸一般可取宽 0.5m、深 0.5~1m 左右，路堤填筑前，宜用砂砾回填成盲沟，若埋设管道，必须用良好的过滤材料保护。

2. *砂垫层法*

这种方法是在软土地基上铺设厚度为 0.5~1.2m 左右的砂层（砂垫层），其作用是：作为软土层固结所需要的上部排水层和路堤内的地下排水层以降低堤内水位，改善施工时重型机械的作业条件。

施工时，要设置和砂垫层厚度相同的放样桩，一般用自卸汽车及推土机配合摊铺，应做到摊铺均匀，注意不要有很大的集中载荷作用。当路堤为粉土类土，透水性不好时，路堤坡脚附近砂垫层被路堤覆盖，可能会阻碍侧向排水，必须注意做好砂垫层端部的处理。

3. *稳定剂处治法*

即用生石灰、熟石灰、水泥等稳定材料，掺入软弱的表层黏土中，以改善地基的压缩性和强度特性，保证机械作业条件，提高路堤填土稳定及压实效果。

施工中应注意以下几点：

（1）稳定剂贮存

工地存放的水泥、石灰不可太多，以 1 天使用量为宜，最长不宜超过 3 天的使用量，应做好防水、防潮措施。

（2）压实与养护

压实要达到规定压实度，用水泥或熟石灰稳定处治土应在最后一次拌和后立即压实；而用生石灰稳定土的压实，必须有拌和时的初碾压和生石灰消解结束后的再次碾压。压实后若能获得足够的强度，可不必进行专门养护，但由于土质与施工条件不同，处治土强度增长不均衡，则应做约 7 天时间的养护。

4. 开挖换填法

即在一定范围内，把软土挖除，用无侵蚀作用的低压缩散体材料置换，分层夯实。按软土层的分布形态与开挖部位，有全面开挖换填和局部开挖换填两种。

（1）选择良好填料

选择填料时，要考虑路堤高度、软土层厚度及地下水位等因素，宜用排水性能好(即使以后处于地下水位以下应仍能保持足够承载力)的砂、砂砾及其他粗粒料。

（2）开挖边坡

根据开挖的深度与土的抗剪强度确定合理的边坡坡度，开挖时若用水泵排水，边坡容易被破坏，从而增加挖方量。因此如果有不需要压实的良好换填材料(以不排水为宜)，为防止边坡塌落，应随时开挖随时填料。

5. 强制换填法

按施工方法分为路堤载荷强制换填和爆破换填法两种。

（1）路堤强制换填法

强制换填法就是依靠路堤载荷将部分软土层强制挤出，用良好的填筑材料置换。施工时，应从中线起逐渐向外侧填筑。但对于宽路堤，由于沉降不一致，从而在路堤下面残留部分软土，完工后会发生不利的不均匀沉降，应注意。

（2）爆破换填法

这种方法就是把炸药装入软土层，通过爆破作用将软土挤出的方法。这种方法对周围影响很大，只限于爆破对周围构造物或设施没有不良影响的地区使用，并且一般要通过几次爆破使路堤逐渐下沉，两侧挤出隆起的软土要及时挖除，保证爆破效果不致降低。

6. 反压护道法

主要用于当路堤在施工中达不到要求的滑动破坏安全系数时，反压路堤两侧，以期达到路堤稳定的目的。

施工时，应先填包括反压护道在内的砂垫层及路堤，最后填筑主路堤，必须注意：

（1）避免过高堆填，而应分层铺平，充分压实，并应有一定横坡度，以利于排水。

（2）反压护道的填筑速度不得低于主路堤的。

（3）主路堤在施工中或完工后，如能确定反压护道下面的地基强度已增长到要求的值，则可以将反压护道设计高度以上的部分挖除，利用这些材料填筑主路堤。

7. 慢速加载法

这种方法类似于一般路堤的自然沉降，但要根据土质的剪切破坏情况，控制填土速度，用较长的时间完成填土，无须特殊的施工机械和材料。在工期充裕的情况下，采用此法最为经济。

为了安全稳妥地进行施工，应随时了解和掌握地基稳定和固结程度，或加快施工速度，或缩短放置时间，最好备有沉降仪、孔隙水压仪及其他仪器。

8. 砂井排水法

这种方法是在软土层设置垂直排水井，一般由中砂或粗砂构成，也有用纸板的。方法是用下端装有埋入式桩靴的钢管打入土中，然后从上端灌入砂子，分层夯实，并同时将管向上拔起，直至桩孔灌满砂，形成砂井。在黏性土中也可先打入木桩，拔出桩后在孔中填砂夯实。

根据施工方法的不同有：打入式、振动式，其中打入式与振动式的区别在于砂井施打时用锤或振动器。

砂井布置一般为等距离梅花形或正方形。

砂井填料可选天然级配的中砂或粗砂，粒径为 0.3~10mm，小于 0.3mm 部分应筛除，含泥量应不超过 2%。

9. 水泥搅拌桩

在一些桥、涵等结构物台背位置处，为加强地基承载力，有时采用水泥搅拌桩的形式进行地基处理加固。水泥土搅拌桩是用于加固饱和软黏土低地基的一种方法，它利用水泥作为固化剂，通过特制的搅拌机械，在地基深处将软土和固化剂强制搅拌，利用固化剂和软土之间所产生的一系列物理化学反应，使软土硬结成具有整体性、水稳定性和一定强度的优质地基。

水泥搅拌桩施工方法如下：

（1）桩机定位、对中、调平

放好搅拌桩桩位后，移动搅拌桩机到达指定桩位，对中并调平(用水准仪调平)。

（2）调整导向架垂直度

采用经纬仪或吊线锤双向控制导向架垂直度。按设计及规范要求，垂直度应小于 1.0%桩长。

（3）预先拌制浆液

深层搅拌机预搅下沉同时，后台拌制水泥浆液，待压浆前将浆液放入集料斗中。选用设计图纸要求强度等级普通硅酸水泥拌制浆液，水灰比控制在合适的范围内，每米深层搅拌桩水泥用量不少于设计图纸要求。

（4）搅拌下沉

启动深层搅拌桩机转盘，待搅拌头转速正常后，方可使钻杆沿导向架边下沉边搅拌，下沉速度可通过档位调控，工作电流应不大于额定值。

（5）喷浆搅拌提升

下沉到达设计深度后，开启灰浆泵，通过管路送浆至搅拌头出浆口，出浆后启动搅拌桩机及拉紧链条装置，按设计确定的提升速度[0.5~0.8(m/min)]边喷浆搅拌边提升钻杆，使浆液和土体充分拌和。

（6）重复搅拌下沉

搅拌钻头提升至桩顶以上 500mm 高后，关闭灰浆泵，重复搅拌下沉至设计深度，下沉速度按设计要求进行。

（7）喷浆重复搅拌提升

下沉到达设计深度后，喷浆重复搅拌提升，一直提升至地面。

(8) 桩机移位

施工完一根桩后，移动桩机至下一根桩位，重复以上步骤进行下一根桩的施工。

(四) 常规机械开槽施工

软土开挖工程，即要求将软土挖出，达到设计深度、宽度及整出边坡形状，一般采用低比压推土机、水陆两用挖掘机、挖泥船或清淤机进行开挖。但实际施工中，为了充分利用现有机械，降低施工成本，常规土方机械中的推土机、挖掘机可进行部分作业，特别是对小面积、小规模的软土开挖作业，是很有实用意义的，施工方法如下：

1. 推土机作业

以干燥段沟底为起点，采取轻铲小负荷，一铲一趟，斜向推送，类似蚕食桑叶，从软土段边缘开始，逐渐往里，最后将全部软土挖掉。

在软土厚度小于60cm，下层是较密实的硬土，两端干燥的情况下，可采用此种推土机施工，但施工时应注意以下几点：

(1) 推土机行驶中尽量避免停驶、换挡、制动和转向，以免打滑陷车。

(2) 铲土量不能贪多，尽量少推快推，边推边清理，保持作业面平整，不留残土淤泥。

(3) 作业面不宜太大，集中机械分段施工，做到当日开挖，当日成型。

(4) 做好排水工作，将先挖的土修成土围堰以便堵截外水。

2. 挖掘机作业

如施工作业面有硬土层可利用时，常规挖掘机可进行软土开挖，根据硬土层位置可采取沟底开挖或沟边开挖。

如作业剖面土质分布下硬上软，挖掘机可先在相邻干土地段开挖作为基点，采用正铲或拉铲向前开挖，挖土弃于沟的两岸或装车运走。作业时，可先换用较大铲斗，将软土挖掉，然后改用有齿的铲斗挖掘硬土，在工作面高度大于合理挖掘高度时，应分层开挖。同时应避免斗臂水平转角加大。

如作业面土为上硬下软，即软土层表层有足以供机车行驶作业的硬土，则可让挖掘机停在硬土上用反铲、拉铲或抓斗在沟边进行开挖作业，挖掘停车位置可视沟的开挖宽度和硬土层情况设在沟的端部、角部或边侧。

三、膨胀土地区路基施工

(1) 在膨胀土地区路基施工前，按图纸和监理工程师的要求，修筑长度不小于200m全副路基宽度的试验段，应确定膨胀土路堤施工中的石灰参量、松铺厚度、最佳含水率、碾压机具以及全部施工工艺，试验结果应报监理工程师批准。

(2) 当路堤高度不足1m时，必须挖去地表300~600mm的膨胀土，换填非膨胀土，并按规定压实。当地表潮湿时，必须挖去湿软土层，换填碎砾石土、砂砾或坚硬岩石碎渣，或将土翻开掺石灰稳定并按规定压实，一般换填深度可控制在1.2m左右。

(3) 填土路堤不得采用强膨胀土填筑。高速公路采用中、弱膨胀土用作路床填料时，应做改性处理。改性处理后要求胀缩总率不超过0.7为宜，并按试验段报告要求施工。弱膨胀土作填料只能填在路堤下层及中层，边坡表面及路基顶面应以非膨胀性土或石灰改性膨胀土包边，包边厚度应符合图纸规定。

（4）膨胀土地区的路堑施工，路床应超挖300~500m，并应立即用非膨胀土或改性土回填，并按规定压实。

（5）用改性的膨胀土填筑时，应加强土的粉碎和注意与石灰拌和的均匀性。压实机具应选用重型压路机或振动压路机。碾压时，直线段由两边向中央，超高段由内侧向外侧碾压。考虑到膨胀土路堤的沉降，路堤两侧应各加宽300~500mm。

（6）膨胀土地区路基施工，应避开雨季作业，路堤填筑要连续进行。路堤或路堑两侧边坡的防护封闭工程必须及时完成，做好膨胀土路基的防水、排水工作。

（7）膨胀土地区路基压实标准，应符合要求。

四、黄土地区路基施工

（1）黄土地区路基施工应符合《公路路基施工技术规范》(JTG/T 3610—2019)要求。

（2）黄土路堤应分层填筑，分层压实，大于10cm的土块必须打碎，并应在最佳含水率范围时碾压密实。

（3）路基范围内的回填及碾压的压实度均应符合土方路基压实度标准。

（4）湿陷性黄土路基应采用拦截、排除地表水等措施，并防止地表水下渗。其地下排水构造物及地面排水沟渠必须采取防渗措施。

（5）对于Ⅱ级以上湿陷性黄土地基应在填筑前进行碾压或采用强夯石灰桩挤密、填土等加固处理。

（6）黄土陷穴地区的路基施工，应将路堤或路堑边坡上侧50m下侧10~20m以内的陷穴进行处理。承包人应将陷穴的位置、埋藏深度及大小、所采取的处理措施报监理工程师批准。

（7）对路基路床的陷穴应封堵其进口，引排周围地表水，使其不再流向陷穴，并回填砾石夯实或灌注混凝土等。

五、盐渍土地区路基

（1）盐渍土路基的处理宜在干旱季节施工。施工前应对该地区地表土层1m内的土质含盐性及含盐量进行控制检测，并报监理工程师审查。

（2）当盐渍土的容许含盐量符合《公路路基施工技术规范》(JTG/T 3610—2019)规定时，盐渍土路堤应分层填筑、分层碾压，每层松涌厚度不大于200mm，并严格控制含水率不得大于最佳含水率1个百分点。

（3）盐渍土路基的施工，应分段一次完成。自清除基底含盐量较大的表土开始，连续施工，一次做到路床设计标高。

（4）当盐渍土含水率超过《公路路基施工技术规范》(JTG/T 3610—2019)规定时应换填渗水性土，当基底含水率超过液限的土层厚度在1m以内时，必须全部换填渗水性土，并应在路堤下部设置封闭隔水层。

（5）施工中应首先做好排水系统，不应使路基及其附近有积水。无论是填筑黏性土或换填渗水性土其压实度均应符合土方路基压实度标准。

第四节　路基压实

一、土质路基的压实

土质路基的压实过程，其本质上是土体在压力作用下，克服土颗粒间的内聚力和摩擦力，使原有结构受到破坏，固体颗粒重新排列，大颗粒之间的间隙被小颗粒所填充，变成密实状态，达到新的平衡。在施工作业中，表现为土壤的体积被压缩，而达到一定程度后，这个过程不再持续。这是因为在颗粒重新排列后，土中气体被挤出，由快变缓，最终趋于结束。这时，作用于土体的压力，只能引起弹性变形，而压力过大时，则可能使土壤产生剪切破坏，影响土体强度。

路基压实状况通常用压实度来表征，压实度与密实度容易产生概念上的混淆。密实度亦称理论密实度，是指单位体积内固体颗粒排列的紧密程度，即土的固体体积率越大，土的干密度也越大。所以，有时也用干密度来表示土的密实度。但两者在物理意义上是有区别的，压实度是指土压实后的干密度与标准的最大干密度之比，用百分率表示，亦称干密度系数，或相对密实度。所谓标准的最大干密度，是指用标准击实试验方法，在最佳含水率条件下得到的干密度。

(一) 影响压实效果的主要因素

影响路基压实效果的因素是多方面的，有内因也有外因，但与施工作业有关的主要因素有以下几点：

1. 土的含水率

任何有黏结力的土，在不同的湿度下，用同样压实功能来挤压，将获得不同的密实度和不同的强度。压实开始时，原状土相对湿度低，土颗粒之间的内摩阻力大，因而，外力难于克服，故压实的干密度小，表现出土的强度高，密度低；当相对湿度缓慢增加时，水分在土粒间起润滑作用，压实的结果，使被压材料(土粒)得以重新调整其排列位置，达到较紧密的程度，表现出密度增大，但与此同时，由于水的作用，内摩阻力有所减小，因而强度继续下降。当含水率继续增加，超过图中曲线顶点等最优值时，水的润滑作用已经足够，水分过多，使起润滑作用以外多余水分进入土粒孔隙中，反而促使土粒分离而不易得到良好压实效果，从而降低了土的干密度。又由于土粒间距增大，内摩阻力与黏结力减小，使土的强度也随之减小，在压实曲线中出现驼峰形式。这就是说，在一定功能的压实作用下，含水率的变化会导致土的干密度随之变化，在某一含水率(最佳含水率)下，干密度达到最大值(最大干密度)。各种土的最佳含水率大小不同，一般情况下，土在天然状态下的含水率值很接近于最佳含水率。因此，在施工作业中，新卸填土应当立即推平压实。

2. 土的性质

不同土质的压实性能差别较大。一般来说非黏性土的压实效果较好，而且最佳含水率较小、最大干密度较大，在静力作用下，压缩性较小，在动力作用下，特别是在振动作用下很容易被压实。黏质土、粉质土等分散性土的压实效果较差，主要是由于这些细分散性的土颗粒的比表面大、黏聚力大、土粒表面水膜需水量大，最佳含水率偏高，而最大干密度反而偏小。

3. 压实功能

压实功能是由碾压(或锤击)的次数及其单位压力(或荷重)所决定的，若在一定限度内增加压实功，则可降低含水率数值，提高最佳密实度的数值。

土在不同压实功能作用下的压实性质，是决定压实工作量和选择机具，选择施工方法的依据。事实上，对任何一种土，当密实度超过某一限值时，想要继续提高它的密实度，降低含水率值，往往需要增加很大的压实功能。而过分加大压实功能，不仅密实度增加幅度小，还往往因所加荷载超过土的抵抗力，即土受压部位承受压力超过土的极限强度，而导致土体破坏。因此，对路基填土的压实，在工艺方法上要注意不使压实功能太大。

4. 碾压时的温度

在路基碾压过程中，温度升高可使被压土中的水黏滞度降低，从而在土粒间起润滑作用，易于压实，但气温过高时，又会由于水分蒸发太快而不利于压实。温度低于0℃时，因部分水结冰，产生的阻力更大，起润滑作用的水更少，因而也得不到理想的压实效果。例如含砂低液限黏土在正常温度(20℃)以上或以下时，土的含水率与可达到的密度的关系，说明同一种土壤的最佳含水率随温度不同而有所变化。

5. 压实土层的厚度

土受压时，能够以均匀变形的深度(即有效压实深度)，近似等于两倍的压模直径或两倍的压模与土接触表面的最小横向尺寸，超过这个范围，土受到的压力急剧变小，并逐渐趋于零，可认为此时土的密实度没有变化。

土所受的外力作用，随深度增加而逐渐减弱，当超过一定范围时，土的密实度将与未碾压时相同，这个有效的压实深度(产生均匀变化的深度)与土质、含水率、压实机械的构造特征等因素有关。所以正确控制碾压铺层厚度，对于提高压实机械生产率和填筑路基质量十分重要。

6. 地基或下承层强度

在填筑路堤时，若地基没有足够的强度，路堤的第一层难以达到较高的压实度，即使采用重塑压路机或增加碾压遍数，也只能是事倍功半，甚至使碾压土层起“弹簧”。因此，对于地基或下承层强度不足的情况，填筑路堤时通常采取以下措施处理：

(1) 填筑路堤之前，应先碾压地基。

(2) 若地基有软弱层，则应用砂砾(碎石)层处理地基。

(3) 路堑处路槽的碾压，先应铲除30~40cm原状土层并碾压地基后，再分层填筑压实。

7. 碾压机具和方法

压实机具和方法对压实的影响反映在以下几个方面：

(1) 压实机具不同，压力传布的有效深度也不同。一般地，夯击式机具的压力传布最深，振动式次之，碾压式最浅。根据这一特性即可确定各种机具的最佳压实度。

然而，同一种机具的压实作用深度，在压实过程中并不是固定不变的。如钢筒式压路机，开始碾压时，因土体松软，压力传布较深，但随着碾压次数的增加，上部土层逐渐密实，土的强度相应提高，其作用深度就逐渐减小了。

（2）压实机具的质量较小时，碾压遍数越多（即时间越长），土的密实度越高。但密实度的增长速度则随碾压遍数的增加而减小，并且密实度的增长有一个限度，达到这个限度后，继续以原来的施压机具对土体增加压实遍数则只能引起弹性变形，而不能进一步提高密实度（一般碾压遍数在小于或等于6遍时，密实度增大明显，6~10遍增长较慢，10遍以后稍有增长，20遍后基本不增长）。压实机具较重时，土的密实度随碾压遍数增加而迅速增加，但超过某一极限后，土的变形会急剧增加而达到破坏，机具过重以至超过土的强度极限时，将立即引起土体破坏。

（3）碾压速度越高，压实效果越差。黏性小，应力作用速度越高，变形量越小，土的黏性越大，影响就越显著。因此，为了提高压实效果，施工时，碾压设备须保持在合适的行驶速度。

（二）压实标准与碾压控制

1. 压实标准

压实标准包括两个方面：一是确定标准干密度的方法；二是要求的压实度。

标准干密度的确定方法，主要是采用重型击实试验法。土的最大干密度是土压实的主要指标，与路基的强度和稳定性有密切的关系，一般作为压实质量评价的依据。在路基压实施工中，由于受各种因素的影响和限制（气候、土的天然含水率等），所施工的路基实际干密度不能达到室内重型击实试验求得的最大干密度。但是为了保证压实质量的基本要求，必须规定压实后土基压实度范围。

2. 路基压实工作的控制与检验

（1）确定不同种类填土的最大干密度和最佳含水率

高速公路系带状构造物，一条公路往往连绵数十公里甚至上百公里。用于填挖路基的沿线土石材料的性质往往发生较大变化。在路基填筑施工之前，必须对主要取土场（包括挖方利用方），采取代表性土样，进行土工试验，用规范规定方法求得各个土场土样的最大干密度和最佳含水率，以便指导路基的压实施工。

（2）检查控制填土含水率

由于含水率是影响路基土压实效果的主要因素，故需检测欲填入路基中的土的含水率ω，当ω接近最佳含水率ω_0时，填筑碾压的质量才有保证。当$\omega>\omega_0$时，表明土中含水率过大，碾压时容易起“弹簧”，应将土晾干或换干一些的土。当$\omega<\omega_0$时，说明土太干，难以达到要求的压实度，应适当洒水再碾压。

（3）正确选择和使用压实机械

① 压实机械的选择

压实机械的类型和数量选择是否恰当，直接关系到压实质量和工效，选择时应综合考虑以下几点：

第一，土的性质、状态。不同的压实机械，对不同的压实机具，不同土质的压实效果不同。

如对砂性土，以振动式机械效果最好，夯击式次之，碾压式较差；对黏性土，则以碾压式和夯击式较好，而振动式较差甚至无效。而且，压实机械的单位压力应不超过土的强度极限，否则会立即引起土基破坏。选择机械时，还应考虑土的状态及对压实度的要求。一般地，土的含水率小，压实度要求高，应选择重型机械，反之可选轻型机械。

第二，压实工作面。当工作面较大时，可采用碾压机械，较狭窄时宜用夯实机械。

第三，机械的技术特性与生产率。选择机械类型，确定机械数量，应考虑与其他工序的配合，使机械的生产能力互相适应。

② 压实机械的使用

为了能以尽可能小的压实功获得良好的压实效果。在压实机械的使用上应注意以下两点：

第一，压实机械应先轻后重，以便能适应逐渐增长的土基强度。

第二，碾压速度宜先慢后快，以免松土被机械推走，形成不适宜的结构，影响压实质量，尤其是黏性土，高速碾压时，压实效果明显下降。通常压路机进行路基压实作业行驶速度在 4km/h 以内为宜。

此外，在路基土的压实中，除了运用不同性能的各种专用压实机械外，还应特别注意尽可能利用其他土方施工机械和运输车辆进行分层压实，有计划、有组织地利用运土车辆碾压填方土料。施工中要注意采用合理的技术措施，一般应控制填土厚度不大于 30cm，并用推土机或平地机细致平土，控制合适的含水率；同时，还要在机械的运行线路上使各次行程能大体均匀分布到填土土层表面，保证土层表面全部被压到。

（4）分层填筑、分层碾压

分层填筑。一方面要把握每层填土厚度的大小。填土层厚度过大，其深部不能获得要求的压实度；填土层厚度过小，会影响工作效率和经济效益。一般认为，对于细粒土，用 12~15t 光轮压路机时，压实厚度不得超过 25cm，用 22~25t 振动压路机时（包括液压振动），压实厚度不超过 60cm。另一方面每层填土应平整，且自中线向两边设置 2%~4%的横向坡度，及时碾压，雨季施工时更应注意。

分层碾压。碾压前应对填土层的松铺厚度、平整度和含水率进行检查，符合要求后方可进行碾压。分层碾压的关键是控制碾压遍数。在大规模施工前，取 100~200m 路基填筑做试验段，确定达到要求压实度所需的碾压遍数。

在施工中，当含水率为最佳含水率时，还可采用下列经验值，对低黏质土压实所需的碾压遍数平均为 4~6 遍，对黏质土压实所需的碾压遍数平均为 10~12 遍。

一般压实遍数宜控制在 10 遍以内，否则应考虑减少填土层厚，经压实度检验合格后方可转入下道工序。不合格处应进行补压后再检验，一直达到合格为止。

（5）全宽填筑、全宽碾压

填筑路基时，应要求从基底开始在路基全宽度范围分层向上填土和碾压。压实路线为直线段，宜先两侧后中间，小半径曲线段由内侧向外侧，纵向进退式进行；横向接头，对振动压路机一般重叠 0.4~0.5m，对三轮压路机一般重叠轮宽的 1/2，前后相邻两区段（碾压区段之前的平整，预压区段与其后的检验区段）宜纵向重叠 1.0~1.5m，使路基各点都得到压实，避免土基产生不均匀沉陷。以往的施工实例表明，凡不注意全宽碾压的，当路堤填筑到一定高度时，均出现程度不同的纵向裂缝，严重的还影响到路面，使之也出现纵向裂纹。

使用夯锤压实时，第一遍各夯位宜紧靠，如有间隙则不得大于15cm，第二遍夯位应压在第一遍夯位的缝隙上，如此连续夯实，直至达到规定的压实度。

(6) 加强质量检查

① 填方地段基底。路堤填筑前应对基底进行压实，高速公路路堤基底的压实度应不小于90%，当路堤填土高度小于路床厚度(80cm)时，基底的压实度不宜小于路床的压实度标准。

② 路堤。每一压实层均应检验压实度，合格后方可填筑其上一层，否则应查明原因，采取措施进行补压。检验频率为每2 000m^2检验8点，不足2 000m^2时，至少应检验8点，必要时可根据需要增加检验点，必须每点都符合规定值。

路床顶面压实完成后，还应进行弯沉值检验。检验汽车的轴载质量及弯沉允许值，检验频率为每一幅双车道每50m检验4点，左、右两后轮隙下各1点。

③ 路堑路床。零填及路堑路床的压实，应符合其压实标准的规定，换填超过3m时，按90%的压实标准控制。

④ 桥涵处填土。桥台背后、涵洞两侧与顶部、锥坡背后的填土均应分层压实，分层检查，检查频率为每50m^2检验1点，不足50m^2时至少检验1点，每点都应合格。每一压实层松铺厚度不宜超过15cm。高速公路桥台、涵身背后和涵洞顶部的填土压实度，从填土基底或涵洞顶部至路床顶面均为96%，以确保不因密实度不足而产生错台，影响行车速度与安全。

桥涵处填土的压实采用小型的手扶振动夯或手扶振动压路机，但涵顶填土50cm内，应采用轻型静载压路机压实，以达到规定的压实度为准。

(三) 现场压实度的评定

正确评定施工现场路基土的压实度，必须解决现场准确测定密度和含水率的问题，然后根据检测数据利用数理统计方法作出评定。

1. 现场测定土的密度

压实度由标准干密度和现场压实后的干密度所决定。一般来说对某种土类的标准击实密度变化是不大的，由此可知压实度与现场实测的密度有着密切的关系。根据试验资料，一般土的最大干密度介于1.7~1.9(g/cm^3)之间。如果以压实度为96%要求值考虑，则压实度差1%时，反映在干密度的绝对值只差0.017~0.019(g/cm^3)。因此要求准确测定土基的现场压实密度，对正确评定压实度尤为重要。

当前现场测定路基土密度的主要方法有：

(1) 环刀法，它是一种破坏性的量测方法。优点是设备简单、使用方便，但此法只适宜于测定不含集料的黏性土密度。

(2) 灌砂法，是一种破坏性量测方法，它适宜于细粒土、中粒土的密实度测定。试验时先在拟测量的地点，以层厚为开挖深度，凿一试洞，开挖时仔细将全部土料收集于一个带盖容器中，并采取密封措施使其含水率不致受损失，及时称质量和取有代表性的样品作含水率试验，然后采用灌砂法测定试洞的容积。

(3) 利用核子密度计测定，这是一种非破坏测定方法，它利用放射性元素(γ射线和中子射线)测量土的密度和含水率。这些仪器能在现场快速测定土基密度、含水率，满足施工现场土基压实度快速、无破损检测的要求，同时还具有操作方便、明显直观的优点。

2. 压实质量的评定

根据所测的压实度如何评价某一路段的压实效果，规范中提出了压实度要求值，而没有明确提出具体评价的方法。现场测量干密度和实验室条件差别较大，特别是现场土质的变化，即使是小的变化都将导致压实度发生变化，用灌砂法测定现场密度是逐个试洞进行，各试洞都受土质、施工均匀性影响极大。即使试洞布置很密，所得干密度也不可能相同，这主要是由于各层铺筑、碾压及含水率等不均匀性以及土质的变化引起的干密度值的不同。

现场施工质量控制中，主要有如下两种方法。

(1) 合格率法。即将各测点所得的干密度与压实度规定的最低干密度进行比较，达到者即为合格，然后计算合格点数的百分比。此法的特点是通俗易懂、易于接受，也能大致看出施工与碾压质量水平；缺点是概念过于简单，当全部合格时，则无法比较不同施工路段的压实质量。

这里还应注意的是，现场密度检验的数量，往往是数百米才检验一次，即使每次测量的结果都等于规定的压实度，也并不能肯定整个路段任何部位的压实度都满足了规定值的要求。

(2) 数理统计法。从某一总体中取出样本进行试验，或对一总体的个别部分进行测量(如采点进行压实干密度测量)，可得到测量值总共几个数值，然后通过数理统计求得几个压实度值的平均值和标准偏差(或称均方差)。平均值反映路基压实度的分布位置，而标准偏差的大小就反应几个数据的分散程度，从而可按保证率要求评价该段路基的压实质量。

3. 现场评定压实质量

(1) 现场压实度检验的频率最小数量，即对某一面积的路基土，至少应做多少点密度检验。《公路路基施工技术规范》(JTG/T 3610—2019)中有明确规定，路基压实度每 $50m^2$应检测 4 处(灌砂法)。

(2) 由于现场压实质量存在不均匀性，即现场密度测定所求出的平均压实度小于标准值时，包含了整体中部分的不合格点在内。检验路段试验资料计算的标准偏差愈小，说明该路基压实质量均匀性愈高，要求的概率愈大，允许的误差范围愈小，则需要的试验数据就愈多。因此利用平均值来评定现场压实度时，尚应考虑一个保证率系数，从而得出某一保证率条件下的变动范围，高速公路保证率系数为 95%。

二、填石，土石混填及高填方路堤的压实

(一) 填石路堤

1. 压实质量标准

填石路堤不能用土质路基的压实度来判定路基的密实程度，我国现行《公路路基施工技术规范》(JTG/T 3610—2019) 对填石路堤压实质量做出来明确规定。

填石路堤施工前，应先修筑试验路段，确定满足《公路路基施工技术规范》(JTG/T 3610—2019)中规定的孔隙率标准的松铺厚度、压实机械型号及组合、压实速度及压实遍数、沉降差等参数。

在填石路堤施工过程中的每一压实层，可用试验路段确定的工艺流程和工艺参数，控制压实过程，用试验路段确定的沉降差指标检测压实质量。

2. 压实方法及检查

填石路堤在压实之前，应用大型推土机摊铺平整。个别不平处应用人工配合以细石屑找平，使石块之间无明显高差台阶才便于压路机碾压，或使夯锤下坠到地面时，受力基本均匀，不致使夯锤倾倒。

填石路堤填料石块本身是密实而不能压缩的，压实工作是使各石块之间松散接触状态变为紧密咬合状态。由于石块粒径较大，质量较大，必须选用工作质量18t以上的重型振动压路机，工作质量2.5t以上的夯锤或25t以上的轮胎压路机压(夯)实，才能达到规定的紧密状态。用振动压路机或夯锤压实能在压实时产生振动力和冲击力，可使石块产生瞬时振动而向紧密咬合状态移位，其压实厚度可达1.0m，当缺乏上述两种压实机具，只能采用重型静载光轮压路机或轮胎压路机压实时，应减少每层填筑厚度和石料粒径，其适宜的压实厚度和粒径应通过试验确定，但应不大于50cm。

填石路堤应先压两侧后压中间，压实路线对于轮碾应纵向互相平行，反复碾压。压实路线对夯锤应成弧形，当夯实密实程度达到要求后，再向后移动一夯锤位置。行与行之间应重叠40~50cm，前后相邻区段应重叠1.0~1.5m，其余注意事项与土质路基压实相同。

填石路堤使用各种压实机具时的注意事项与压实填土路基相同，而填石路堤压实到所要求的紧密程度所需的碾压或夯压的遍数应经过试验段确定。采用重锤夯实时，重锤下落时不下沉而发生弹跳现象，可进行压实度检验。

填石路堤顶面至路床顶面80cm范围内应填筑符合路床要求的土，并按要求进行压实。

(二) 土石混填路堤

土石混填路堤的压实方法与技术要求，应根据混合料中巨粒土的含量百分比确定。当混合料中巨粒土(粒径大于200m的颗粒)含量多于70%时，其压实作业接近于填石路堤，应按填石路堤的方法和要求进行。当混合料中巨粒土的含量低于50%时，其压实作业接近于填土路堤，应按前述填土路堤的方法和要求进行。

土石路堤的压实度可采用灌砂法或水袋法检测。其标准干容重应根据每一种填料的不同，含石量的最大干容重作出标准干容重曲线，然后根据试坑挖取试样的含石量，从标准干容重曲线上查出对应的标准干容重。当采用灌砂法或水袋法检验有困难时，可根据填石路堤的方法进行检验，即通过18t以上振动压路机压实试验，当压实层顶面稳定，不再下沉(无轮迹)时，可判定为密实状态。

如几种填料混合填筑，则应从试坑挖取的试样中计算各种填料的比例，利用混合料中几种填料的标准干容重曲线查得对应的标准干容重，用加权平均的计算方法，计算所挖试坑的标准干容重。

土石路堤的压实度标准，可采用灌砂法或水袋法检验，并应符合填土路堤的压实度要求，也可按填石路堤的方法检验，并应用灌砂法或水袋法判定压实度是否合格。

(三) 高填方路堤

高填方路堤的基底承受路堤土本身的荷载很大，因此对基底应进行场地清理，并按照设计要求的基底承压强度进行压实。设计无要求时，基底的压实度应不小于90%。当地基松软仅依靠对厚土压实不能满足设计要求的承压强度时，应进行地基加固处理，以达到设计要求。当基底处于陡峻山坡上或谷底时，应作挖台阶处理，并严格分层填筑压实。当场地狭窄时，压实工作应采用小型的手扶式振动压路机或振动夯进行。当场地较宽广时应采用自行式12t以上的振动压路机碾压。

第五节　路基排水施工

一、地面排水

排除地面水的各种设施，应充分考虑多方面进入路基范围的水流量，包括因降雨、降雪所产生的路面水流，以及从公路附近地区向道路范围流入的水流，还包括路堑边坡排水和农田横跨道路的排水工程，据此来确定排水设施的排水能力。

地面排水设施主要有边沟、截水沟、排水沟以及跌水和急流槽等。

(一) 边沟(侧沟)

设置在路堑路肩两侧或路堤的坡脚外侧，用以汇集和排除路基范围内及流向路基方向的少量地面水的沟槽叫作边沟。边沟的断面形式，一般有梯形、三角形和矩形。通常土质边沟多用梯形；石质边沟用矩形；机械化施工时则采用三角形边沟居多。

梯形边沟边坡，靠路基一侧为1∶11∶1.5，另一侧与路堑边坡相同；三角形边沟边坡一般为1∶2~1∶4；矩形边沟用于石质地段或用块石铺砌时，边坡可以直立，亦可稍有倾斜，边沟深度一般取0.4~0.8m，边沟底宽应不小于0.4m，在水流较多的情况下，需适当加宽或加深。

一般情况下，边沟不宜与其他沟渠合并使用。为控制边沟中的水流不致过多，可以充分利用地形，在较短距离内即将边沟水排至路旁洼地、沟谷或河道内，一般每隔300~500m设涵沟一道，用以及时将边沟水排至路基范围的外侧。

通常，边沟的纵坡与路线纵坡相同，但不宜小于0.2%~0.5%，以免水流阻滞和使边沟淤塞。当纵坡大于3%时，应对边坡进行加固；当纵坡超过7%时，流速变大而冲刷严重，可采用跌水或急流槽的形式缓冲水流。另外在平曲线区段内，应注意使边沟纵坡与平曲线平顺衔接，以保证水流畅通。在路基外侧，边沟开挖深度应适当加大，保证不致因平曲线引起边沟纵坡坡度变小，而妨碍水流畅通。在平曲线段内调整边坡确有困难时，也在平曲线上游段适当增设涵洞，减少曲线段边沟的水流量。

边沟的出水口，必须妥善处理。在路堑路堤结合处，应设排水沟沿路堑山坡将水流引出路基以外，以免冲刷填方边坡；或者用跌水、急流槽把水直接引到填方坡脚外。当边沟的出口与涵洞之间的高差较大，可以在涵洞进水口前设雨水井，或根据地形情况，急流槽与跌水并用将水流引入涵洞。若边沟出水口有桥头翼墙等建筑物，也可以用急流槽或跌水将水接引入河道。

(二) 截水沟

截水沟应设在路基横坡上方的边坡上，垂直于水流方向(大致与线路平行)，以截拦外部水流，并引入他处，保证路基不至冲刷。截水沟必须排水迅速，不得在沟内积水或沿沟壁土层渗水，否则，会加剧路基病害，截水沟可能成为边坡塌方的顶边线。所以，截水沟应设有合适的纵坡度，最小应不小于0.2%~0.5%，亦不可超过3%，使截水沟边坡冲刷严重。一般取用1%，沟内应适当加固，以保证不渗水，在转弯处用平顺的曲线相连接，保证水流畅通。

截水沟的横断面形状，一般多为梯形，底宽应不小于0.5m，深度应根据拦截的水流量确定，不宜小于0.5m。边坡坡度视土质而定，一般土质可取1∶1~1∶1.5。

截水沟离路堑边坡坡顶边缘的距离d视土质不同而异，以不影响路堑边坡稳定为原则，一般取 $d \geqslant 5$m。在截水沟与路堑之间，用土壤堆筑挡水土台。

山坡路堤上方的截水沟，应布置在路堤坡脚以外约2处，截水沟与路堤之间修筑护坡道，顶面以2%的横坡向截水沟倾斜，如有取土坑，则在坑内挖沟，并加以修整。

如果路堑边坡坡顶边缘至分水岭的山坡不宽，坡度较缓、降雨量也不大、土质良好且植被覆盖茂密，此时也可不设截水沟：反之，如坡面很长、降雨量又大时，根据具体情况可设一道或几道大致平行的截水沟，以分段拦截地面流水。

截水沟也应设有可靠的出水口，需要时应设排水沟、跌水或急流槽，将水引至自然沟及桥涵水流进口处。

(三) 排水沟

设置排水沟的目的，在于将水流从路基排泄至低洼地或排水设施中。因此，其位置与地形等条件有关，灵活性较大。路堤有取土坑时，应挖成畅通的沟槽，起排水作用；没有取土坑时，应在路基横向坡度上方一侧，或横坡不明显而路堤较低的情况下，在路基的两侧，挖纵向排水沟，用以截引流向路基的地面水流，不使滞积而危害路基。

排水沟一般为梯形断面，底宽不小于0.5m，深度根据流量而定，边坡坡度视土质情况取1∶1~1∶1.5，排水沟应尽量做成直线，如必须做成较弯时，其曲线半径不宜小于10~20m。

排水沟长度根据地形情况视需要而定，当排水沟水流流入河道或其他沟渠时，应使水流平顺流畅。

(四) 跌水与急流槽

当排水的高差较大，距离较短或坡度陡峻时，应采用跌水和急流槽的形式，以防止过高流速的水流冲刷。

从水力计算特点出发，跌水和急流槽的构造分为进水、缓冲、出水三部分。跌水和急流槽一般用石砌或混凝土筑成，要求基础牢固，不渗水。

二、地下排水

为了拦截、汇集和排除路基地下水，降低其水位，设置的地下排水设施有暗沟(盲沟)、排水管和排水涵洞几种形式，它们的布置可以在路基的不同部位。

地下水排水设施设置，应分析地下水侵入路基土体的途径，抓住关键性矛盾，针对性地采取措施，路基土渗透水的途径有以下几项。

1. 从与道路相连接的高处向路堤渗透。

2. 由地下水通过毛细作用向上渗透。

3. 路面水向下渗透。

4. 由于路边土和路基土含水率不同，产生的抽吸渗透。

5. 路基土对地下水的抽吸。

6. 通过土孔隙，地下水蒸汽上升。

针对具体情况，可采用不同形式的排水设施。

暗沟是常用的一种地下排水设施。其设置深度应不小于当地土壤冰冻深度，以保证冬季也起排水作用。填料应选用有较好透水性能的材料，常用的有碎石、砾石、粒砂等，选择时应考虑其级配和形状应有利于增强渗透能力。

总之，排水系统设计根据降雨强度、地下水、地形、地质等情况综合考虑，合理布局，地面排水与地下排水应为一个完整有机的结合体。

第六节 路基防护与加固

一、坡面防护

路基边坡受到降水、融雪、地下水、河水、风吹、日晒及其他自然力的作用，表层极易受到损害，边坡越陡，土质越软弱，受害就愈是严重，而且以水害更为突出。所以，边坡坡面防护与加固应和路基排水相结合，综合应用各种方法，对于保护路基效果会更为显著。

（一）植被防护

植被工程是指用植物所做的防护工程，其主要方法是铺草皮、种草或植树等，方法简单易行且又经济有效，目的是减缓地面水流速，调节表层土的水温状况，植被根系深入土中，在一定程度对表土层起着固结作用。

1. 种草

种草适用于边坡稳定、坡面冲刷轻微的路堤或路堑边坡，一般要求边坡坡度不陡于1∶1，边坡地面水径流速不超过0.6m/s，长期浸水的边坡不宜采用。

采用种草防护时，对草籽的选择应注意当地的土壤和气候条件，通常应以容易生长、根部发达、叶茎低矮或有匍匐茎的多年生草种为宜，最好采用几种草籽混合播种，使之生成一个良好的覆盖层。

播种的坡面应平整、密实、湿润，播种方法有撒播法、喷播法和行播法等。采用撒播法时，草籽应均匀撒布在已清理好的土质边坡上，同时做好保护措施。对于不利于草类生长的土质，应在坡面上先铺一层种植土，路堑边坡较陡或较高时，可通过试验采用草籽与含肥料的有机质泥浆混合，用喷播法将混合物喷射于坡面。采用行播法时，草籽埋入深度应不小于5cm，且行距应均匀。

种草应在温度、湿度较大的季节播种，播种前应在路堤的路肩和路堑的堑顶边缘埋入与坡面齐平的宽20~30cm的带状草皮。播种后，应适时进行洒水、施肥、清除杂草等养护管理，直到植物覆盖坡面。

2. 铺草皮

铺草皮适用于各种土质边坡。特别是当坡面冲刷比较严重，边坡较陡(可达60°)，径流速度大于0.6m/s时，采用铺草皮防护比较适宜。铺草皮的方式有平行于坡面的平铺、水平叠置、垂直坡面或与坡面成一半坡角的倾斜叠置，以及采用片石铺砌成方格或拱式边框，方格式框内铺草皮等，可根据具体条件(坡度与流速等)选用。

铺草皮需预先备料，草皮可就近培育，切成整齐块状，然后移铺在坡面上。铺时应自下而上，并用竹木小桩将草皮钉在坡面上，使之稳定。草皮根部土应随草切割，坡面要预先整平，必要时还应加铺种植土，草皮应随挖随铺，注意相互贴紧。

铺草皮前，应将边坡表面挖松整平，尽可能在春、秋季或雨季进行，随挖随铺，成活率较高。不宜在冰冻时期或解冰时期施工。路堑边坡铺草皮时，应铺过路堑顶部1m或铺至截水沟边。为提高防护效果，在铺草皮防护坡面上，尽可能植树造林，以形成一个良好覆盖层。

3. 植树

植树适用于各种土质边坡和风化极严重的岩石边坡，边坡坡度不陡于1∶1.5。在路基边坡和漫水河滩上植树，对于加固路基与防护河岸均有良好的效果，可以降低水流速度。

在河滩上植树，可促使泥沙淤积，防止水流直接冲刷路堤。在风沙和积雪地面、林带植树，可以防沙、防雪，保护路基不受侵蚀。此外还可美化路容、调节气候、改善高速公路的美学效果。

植树防护宜选用在当地土壤与气候条件下能迅速生长、根系发达、枝叶茂密的树种。用于冲刷防护时宜选用生长很快的杨柳类，或不怕水淹的灌木类。种植后在树木未成长前，应防止流速大于3的水流侵害，必要时应在树前方设置障碍物加以保护。植树防护最好与种草结合使用，使坡面形成一个良好的覆盖层，才能更好地起到防护作用。高速公路边坡上严禁种植乔木。

(二)坡面处治

对于岩石边坡的防护，可以采用抹面、喷浆、勾缝、灌浆、嵌补或锚固等方法进行处治，以达到防护的目的。

抹面防护适用于易风化而表面比较完整、尚未剥落的岩石边坡，如页岩、泥岩、泥灰岩或千枚岩等，目的是防止表面风化成害。通常的做法是用石灰炉渣的混合灰浆、三合土或四合土(三合土为石灰、炉渣、黏土按一定比例混合而成，四合土则另加河沙)进行抹面，作业前，应对被处治的边坡加以清理，去掉风化层、浮土、松动石块，并填坑补洞，洒水湿润，以利牢固耐久，抹面后还要进行养护。

喷浆是一种施工简便、效果较好的方法，适用于容易风化和坡面不平的岩石边坡处治，喷射材料可以是水泥砂浆和混凝土，其厚度一般为5~10cm。对于气候条件恶劣或寒冷地区，应适当加厚，喷浆前也应对坡面进行清理，有条件时可将铁丝网固定在边坡上，之后进行喷浆。对于一般不重要的工程，可以采用水泥、石灰、河沙混合浆喷时，比较经济。

勾缝适用于比较坚硬，但节理裂缝多而细的岩石边坡处治，主要为防止水侵入岩层内造成病害。灌浆则适用于坚硬、但裂缝较深和较宽的岩石边坡处治，它借助砂浆或混凝土使坡面表层形成一防水整体。

嵌补主要用于补平坡面岩石中较大凹坑，以防岩面继续破损碎落，以保证整个边坡稳定。

材料多使用浆砌块石，也可根据需要用钢筋穿牢，再灌入水泥混凝土。

(三) 结构物防护

即用片石、块石、圆石或水泥混凝土预制块铺砌护坡，其主要目的是为在小于1：10缓坡上防止坡面风化和被侵蚀，用于没有黏结力的砂土、硬土，以及易于崩塌的黏土等地段。

砌石有单层和双层两种形式，方法有干砌或浆砌。

用结构物防护还可采用护面墙的形式，作为浆砌石铺层的覆盖物，多用于封闭各种软质岩层的挖方边坡，以防止严重风化；或设在破碎岩层上，防止碎落：也有设在较软的夹层面上的(如粉砂、细砂或坡积层)，防止碎落成凹坑。显然，这种方法比抹面等护坡措施要求更高，作用也更明显，但又不像挡土墙那样能承受压力作用，护面墙只能承受自重作用，所以要求被防护的边坡，必须是稳定的。

二、挡土墙

路基支挡防护，可以利用石料，干砌或浆砌石料形成挡土墙等结构物，其中挡土墙结构类型多、适应性广，是山区公路重要结构物之一。永久性的挡土墙，造价较高，应与路线位置移动、放缓边坡等措施结合，综合比较，选择使用。

(一) 挡土墙的种类及其适用范围

挡土墙靠回填土的一面为墙背，暴露在外的一侧为墙面(或称墙胸)，墙的基底称为基脚，有时另设基础，基脚或基础外侧前缘部分称为墙趾，内侧外缘为墙踵。

按挡土墙的位置不同，可分为路肩、路堑、路堤和山坡式四种，其中路肩或路堤挡墙，设在较陡山坡上，可保证填方稳定，缩小占地宽度，减少填方量，不拆或少拆原有建筑物。沿河路堤还可少占河床，防止水流冲刷路基。路堑或山坡挡墙，则可以少挖方，避免破坏原地层的天然平衡，降低边坡高度，放缓边坡，并支挡边坡，保证边坡的稳定。

按构造形式与特点的不同，挡土墙可分为重力式、悬臂式和扶壁式等，其中以重力式运用比较普遍，它结构简单，施工方便，有利于就地取材。但圬工体积大，砌体较重，要求地基有较高承载力，在使用上受到一定的限制。

(二) 挡土墙构造与布置

重力式挡土墙因其墙背不同，有仰斜式、俯斜式、垂直式几种形式的挡土墙。

仰斜式挡土墙所受土压力较小，墙身断面较为经济，用作路堑挡墙时，墙背与开挖的临时边坡比较吻合，开挖和回填的土石方量较少。但当墙趾处的地面横坡较陡时，如果采用这种形式，则会增高墙身和加大断面尺寸。因此，仰斜式适用于作为路堑挡墙，亦可用作墙趾处地面平坦的路肩挡墙或路堤挡墙。

俯斜式挡土墙所受土压力较大，通常在地面横坡较陡时选用，以利用陡直的墙面与填料之间的摩擦力，有利于减小墙高。如做成台阶式还可提高墙背挡墙的稳定性。俯斜式适用于作路肩或路堑挡墙，是常用的挡墙形式之一。

垂直式挡土墙，在其墙背上设有衡重平台，上墙俯斜，下墙仰斜，适用于作陡坡上的路肩或路堤挡墙，也可用于作路堑挡墙。因为墙身上设有平台，借助于上面填方的垂直压力，有利于墙的稳定，而且下墙仰斜，易与挖方边坡相吻合。上、下墙高比例，与平台宽度以及同上、下墙背斜坡有关，依照断面经济的原则，一般可取2：3。

挡土墙基础以上的墙面，一般是稍向内侧倾斜的直线，倾斜度为1：0.05~1：0.20，如果原地面比较平坦，可放缓至1：0.4。在地势平坦处修建高度为2~4m的矮墙时，墙面可以垂直。除此之外，通常均采用俯斜，以利于稳定，墙背斜坡，对于俯斜式不宜陡于1：0.25。对于仰斜式最好同墙面一致，虽然仰斜墙背坡度越缓，越可以减小主动土压力，但也增加了施工困难。一般以1：0.25为宜，最缓不宜超过1：0.36。对于垂直式挡土墙，墙面可直立，上墙背俯斜在1：0.25~1：0.45范围内，下墙背仰斜一般为1：0.25。

挡土墙顶的最小宽度，浆砌块(片)石为0.4m，干砌时为0.5m。路肩挡墙加混凝土或粗料石台帽时，台帽的厚度不宜小于0.4m，顶部帽檐悬出的宽度为0.1m。高度在6m以上的挡土墙，连续长度超过20m时，必须设护栏。挡土墙顶设护栏时，不得占用路肩宽度，保证护栏内侧与路面边缘之间，具有规定的最小路肩宽度。

第七节　冬、雨期路基施工

一、冬期施工

(1) 在反复冻融地区，昼夜温度在-3℃以下，且连续10天以上，或者昼夜温度虽在-3℃以上，但冻土没有完全融化时，均应按冬期施工办理。

(2) 高速公路土质路堤和地质不良地区不宜进行冬期施工；河滩低洼地带，可被水淹没的填土路堤不宜冬期施工；土质路堤路床以下1m范围内，不得进行冬期施工；半填半挖地段，挖填方交界处不得在冬期施工。

(3) 冬期路基施工应采取措施，及时排放雨雪水及路堑开挖时出现的地下水。

(4) 冬期施工路基基底处理应符合下列规定：

① 冻结前应完成表层清理，挖好台阶，并应采取保温措施防止冻结。

② 填筑前应将基底范围内的积雪和冰块清除干净。

③ 对需要换填土地段或坑洼处需补土的基底应选用适宜的填料回填，并及时进行整平压实。

④ 基底处理后应立即采取保温措施防止冻结。

(5) 冬期填方路堤应符合下列规定:

① 路堤填料，应选用未冻结的砂类土、碎石、卵石土、石渣等透水性良好的材料，不得用含水率过大的黏性土。

② 填筑路堤，应按横断面全宽平填，每层松铺厚度应比正常施工减少20%~30%，且松铺厚度不得超过300mm，当天填土应当天完成碾压。

③ 中途停止填筑时，应整平填层和边坡并进行覆盖防冻，恢复施工时应将表层冰雪清除，并补充压实。

④ 当填筑标高距路床底面1m时，碾压密实后应停止填筑，在顶面覆盖防冻保温层，待冬期过后整理复压，再分层填至设计标高。

⑤ 冬期过后必须对填方路堤进行补充压实，压实度应达到《公路路基养护技术规范》(JTG 5150—2020)的相关要求。

(6) 冬期挖方路基施工应符合下列规定:

① 挖方边坡不得一次挖到设计线，应预留一定厚度的覆盖层，待到正常施工季节后再修整到设计坡面。

② 路基挖至路床顶面以上1m时，完成临时排水沟后，应停止开挖，待冬期过后再施工。

(7) 河滩地段可利用冬期水位低，开挖基坑修建防护工程，但应采取措施保证工程质量。

二、雨期施工

(一) 路基排水应符合下列规定:

(1) 雨期施工应综合规划，合理设置现场防排水系统，采取有效措施，及时引排地面水。

(2) 对施工临时挤占的沟渠、河道应采取措施保证不降低原有的排水能力。

(3) 路堤填筑的每一层表面应设2%~4%的排水横坡。

(4) 在已填路堤路肩处，应采取设置纵向临时挡水土埂，每隔一定距离设出水口和排水槽等措施，引排雨水至排水系统。

(5) 雨期路堑施工宜分层开挖，每挖一层均应设置纵横排水坡，使水排放畅通。

(二) 路基基底处理应符合下列规定:

(1) 在雨期前应将基底处理好，孔洞、坑洼处填平夯实，整平基底，并设纵横排水坡。

(2) 低洼地段，应在雨期前将原地面处理好，并将填筑作业面填筑到可能的最高积水位0.5m以上。

(三) 填方路堤施工应符合下列规定

(1) 填料应选用透水性好的碎(卵)石土、砂砾、石方碎渣和砂类土等，利用挖方土作为填料。含水率符合要求时，应随挖随填及时压实，含水率过大难以晾晒的土不得用作雨期施工填料。

(2) 雨期填筑路堤需借土时，取土坑的设置应满足路基稳定的要求。

(3) 路堤应分层填筑，当天填筑的土层应当天或雨前完成压实。

(四) 挖方路基施工应符合下列规定：

(1) 挖方边坡不宜一次挖到设计坡面，应预留一定厚度的覆盖层，待雨期过后再修整到设计坡面。

(2) 雨期开挖路堑，当挖至路床顶面以上 300~500mm 时应停止开挖，并在两侧挖好临时排水沟，待雨期过后再施工。

(3) 雨期开挖岩石路基，炮眼宜水平设置。

(4) 结构物基坑在雨期开挖后未能及时施工时，应采取防浸泡措施，必要时雨后应对基坑地基承载力再次检测，以确定是否满足设计要求。

(5) 制订雨期施工安全预案，做好防洪抢险的准备工作。

第八节　安全施工与环境保护

一、安全施工

(1) 路基施工应制订安全预案，具备安全生产条件，确保施工安全。

(2) 施工现场的临时用电应严格执行现行《施工现场临时用电安全技术规范》(JGJ 46—2005)，夜间施工时，现场应设有保证施工安全要求的照明设施。

(3) 施工便道、便桥应设立警示和交通标志。必要时应设专人维护，指挥交通，施工车辆必须遵守道路交通法规。

(4) 施工作业人员，必须遵守本工种的各项安全技术操作规程。作业人员，进入现场人员必须按规定佩戴和使用劳动防护用品。由人工配合机械进行辅助作业时，作业人员应注意观察，严禁在机械正在作业的范围内进行辅助作业。

(5) 多台机械同时作业时，各机械之间应注意保持必要的安全距离。机械在路基边坡、边沟、基坑边缘、不稳定体(地段)上作业时，应采取必要的安全措施。

(6) 在靠近结构物附近挖土时，必须采取安全防护措施，对于在路基范围内暂时不能迁移的结构物，应留出土台，土台周围应设警示标志。

(7) 结构物基坑开挖，应根据土质、水文和开挖深度等选择安全的边坡坡度或支撑防护。在施工过程中进行监测，并及时采取相应的处理措施。开挖弃土或坑边材料的堆放不得影响基坑的稳定。沟槽(基坑)开挖深度超过 2m 时，其边缘上面作业应按高处作业要求进行安全防护并设置警告标志。开挖沟槽(基坑)位于现场通道或居民区附近时，应设置安全护栏。

(8) 采用围堰法施工沿河路基防护基础时，应制订针对出现洪水、渗漏水、流沙、涌砂、围堰变形等情况的安全预案。

(9) 作业高度超过 1.2m 时，应设置脚手架。脚手架应通过专业设计，必须进行强度、刚度及稳定性等方面的验算。施工过程中，对脚手架应经常检查，发现松动、变形或沉陷应及时加固。

（10）用提升架运送石料时，应有专人指挥和操作，严禁超负荷运行，严禁使用提升架载人。临时起吊设备的制作、安装必须符合国家相关规定。

（11）砌筑作业时，脚手架下不得有人操作及停留，不得重叠作业。砌筑护坡时，严禁在坡面上行走，不得采用从上到下自由滚落的方式运输材料。

（12）喷浆作业时应密切注意压力表变化。出现异常时，应停机、断电、停风并及时排除故障，作业区内严禁在喷浆嘴前方站人。

（13）预应力张拉时，预应力张拉设备必须安装牢固。千斤顶近旁严禁站人，无关人员不得进入现场。

（14）预制构件安装前，应根据现场条件制订详细的吊装方案，所有起重设备必须符合国家关于特种设备的安全管理规定。

（15）拆除作业应制订安全可靠的拆除方案，拆除的废弃物应运到指定地点。

（16）爆破作业：

① 进行爆破工程设计时，应制订安全技术操作规程，爆破作业应严格执行现行《爆破安全规程》（GB 6722—2014），确保爆破安全。

② 爆破作业人员必须持证上岗，进行爆破器材保管、加工、运输及爆破作业的人员，不得穿戴易产生静电的衣物。

③ 爆破器材应按规定要求进行检验，失效和不符合技术条件要求的不得使用。

④ 选择炮位时，炮孔应避开正对的电线、路口、结构物，严禁在残眼上打孔。

⑤ 爆破时，应清点爆炸数与装炮数量是否相符。发生哑炮时，必须按相关规定进行处理，如发现危坡、危石等，应按规定及时处理。未处理前，应在现场设立警戒或危险标志，无关人员不得接近。

⑥ 清方过程中，发现有哑炮、残药、雷管时，必须及时请爆破人员进行处理。

⑦ 已装药的炮孔必须当班爆破。

⑧ 夜间不宜进行爆破作业，遇雷雨时应停止爆破作业，所有作业人员应立即撤离爆破区。

二、环境保护

（一）防止水土污染和流失

（1）施工前，应制订相应的预防水土污染和水土流失措施，考虑土地资源的合理利用，缩短临时占地使用时间。

（2）在崩塌滑坡危险区和泥石流易发区严禁取土、挖砂、采石。

（3）施工过程中，各种排水沟渠的水流不得直接排放到饮用水源、农田、鱼塘中。

（4）不得随意丢弃生产及生活垃圾，垃圾的掩埋或处理应按当地环保部门的要求进行，不得随意排放含油废水及生活污水。

（5）使用工业废渣填筑路基，当废渣中含有可溶性有害物质时，可能造成土质、水污染时，应采取措施，予以处理。

（6）在自然保护区、森林、草原、湿地及风景名胜区进行施工时，应遵守国家环境保护的相关规定。

(二) 噪声、空气污染的防治

(1) 在居民聚居区或其他噪声敏感建筑物附近施工时，当噪声超过规定时，应及时采取措施，减少施工活动对沿线居民的干扰。

(2) 对施工作业人员，在噪声较大的现场作业时，应采取有效防护措施。

(3) 路基施工过程中应采取措施控制扬尘、废气排放等。

(4) 路基施工堆料场、拌和站、材料加工厂等宜设于主要风向的下风处的空旷地区，当无法满足时，应采取必要的环保措施。

(5) 粉状材料运输应采取措施防止材料散落。

(6) 粉煤灰、石灰等在露天堆存时，应采取防尘、防水措施。

(7) 采用粉状材料作为路基填料或对路基填料进行现场改良施工时，应避免在大风天作业，施工人员应佩戴防尘口罩等劳动保护用品，并采取环境保护措施。

三、文物保护

(1) 在文物保护区周围进行施工时，应制订相应的保护措施，严防损毁文物古迹。

(2) 施工中发现文物时，应暂停施工，保护好现场，并立即报告当地文物管理部门研究处理，不得隐瞒不报或私自处置。

第六章 路面工程施工

第一节　施工特点及要求

路面工程是直接承受行车荷载的结构，经受严酷的自然环境和行车荷载的反复作用，因此对路面工程也提出了更高的要求。

一、路面施工的特点

（1）机械化程度高。随着经济的发展，机械制造业也发展迅速，各种类型、各种功能的路面施工机械相继出现，以前使用人工施工为主的路面施工已经转变为机械化施工为主、人工为辅的局面。如何更好地发挥机械性能，减轻人工的劳动强度，也是路面工程施工组织的重要内容。

（2）工程数量均匀，容易进行流水作业。一般情况下一个工程项目路面工程的结构类型和设计厚度是相同的或相近的，除交叉口和收费区范围外，每千米工程数量是均匀的，这使得采取流水作业法安排路面工程施工变得更加容易。

（3）路面施工材料相对比较均匀，更容易控制路面质量。采用细粒土的路面基层底基层材料，虽然也采取了因地制宜的原则，用沿线的土进行基层底基层施工，但相对于路基工程—土石混合来讲，土质差别比较小，可以利用塑性指数的差别制定统一的质量控制标准来控制基层质量(如：建立相同强度下，塑性指数与灰剂量的关系；或建立相同灰剂量情况下，塑性指数与最大干密度的关系等)。对于采取砂石材料进行施工的路面基层和面层，由于材料的产地相同，材质更加均匀，更容易用同样的质量标准来控制生产。

（4）与桥梁工程、台背回填、防护工程施工有相互干扰。在施工进度安排上，因桥梁工程、台背回填、防护工程的滞后影响基层施工时，可采取跳跃施工的方法；对于面层施工时，应已完成上述工作，不影响面层施工的连续性。

（5）废弃材料应注意不对绿化工程、防护工程和水资源造成污染，必要时应采取环境保护措施。

（6）半刚性基层沥青路面的基层与面层宜在同一年内施工，以减少半刚性基层的反射性裂缝和沥青面层的早期损坏。

二、对路面工程的基本要求

一般说来，不同等级的公路对路面的使用品质具有不同的要求，主要表现在一定设计年限内允许通行的交通量和要求道路提供的服务等级。首先，路面在设计年限内通过预测交通量的情况下，路面应保持一定的承载能力和抗疲劳能力；其次，路面在风吹、日晒、雨淋、严寒、酷暑、冻融等复杂自然条件下，在设计年限内应保持一定的稳定性和耐久性；最后就是在设计年限内经过一定的养护管理，路面应具有与公路等级相适应的服务水平，为车辆行驶提供安全可靠、快捷舒适的服务。具体来说，对路面工程有以下要求。

（一）具有足够的强度和刚度

路面承受车辆在路面行驶时作用于路面的水平力、垂直力，并伴随着路面的变形(弯沉盆)和车辆的振动，受力模型比较复杂，会引起各种不同应力，如压应力、弯拉应力、剪应力等。路面的整体或结构的某一部分所受的力超出其承载能力，就出现路面病害，如断裂、沉陷等；在动载的不断作用下，进而出现碎裂和坑槽。因此必须保证路面整体和路面的组成部分具有足够的强度，包括修建路面的原材料，如砂石、水泥等，复合性材料，如水泥混凝土、沥青混凝土和路面结构本身。

刚度是指路面抵抗变形的能力，刚度不足时路面在车辆荷载的作用下也会产生变形、车辙、沉陷、波浪等破坏现象，因此要求路面具有足够的刚度，使路面整体和各组成部分的变形量控制在弹性变形范围内。

（二）具有足够的稳定性

路面结构裸露在自然环境之中，经受水和温度等影响，使其力学性能和技术品质发生变化，路面稳定性包括以下内容：

（1）高温稳定性。夏季高温条件下，沥青材料如没有足够的抵抗高温的能力，会发生泛油、面层软化，在车辆荷载的作用下产生车辙、波浪和推挤，水泥路面则可能发生拱胀开裂。

（2）低温抗裂性。冬季低温条件下，路面材料如没有足够的抗低温能力，会出现收缩、脆化或开裂，水泥路面也会出现收缩裂缝，气温骤变时出现翘曲会破坏路面。

（3）水温稳定性。雨季路面结构应有一定的防水、抗水或排水能力，否则在水的浸泡作用下，强度会下降，甚至出现剥离、松散、坑槽等破坏。

（三）具有足够的平整度

路面应有良好的平整度，不平整的路面会使车辆颠簸，行车阻力增大影响行车的安全性和舒适性，加剧路面和车辆的损坏，因此，路面应具有与公路等级相适应的平整度。

（四）粗糙度和抗滑性能

路面表层直接接触车轮，路面表层应有一定的粗糙度和抗滑性能，车轮和路面表层间应有足够的附着力和摩擦阻力，保证车辆在爬坡、转弯、制动时车轮不空转或打滑，路面抗滑性不仅对保证安全行车十分重要，而且对提高车辆的运营效益也有重要意义。

（五）耐久性

阳光的曝晒、水分的浸入和空气氧化作用都会对路面结构和材料产生作用，尤其是沥青材料会出现老化，并失去原有的技术品质，导致路面开裂、脱落，甚至是大面积的松散破坏。因此在路面修筑时，应尽可能选用有足够抗疲劳、抗老化、抗变形能力的路用材料，以提高路面的耐久性，延长路面的使用寿命。

（六）尽可能低的扬尘性

汽车在路面上行驶，车身后及轮胎后产生的真空吸力作用将吸引路面表层或其中的细颗粒料而引起尘土飞扬，造成污染并影响行车视距，给沿线居民卫生和农作物造成不良影响，尤其以砂石路面为甚。所以除非在交通量特别小或抢修临时便道的情况下，一般不要来用砂石路面结构。

（七）具有尽可能低的噪声

噪声污染也影响居民的正常生活，穿越居民区的公路路面可采用减噪混凝土，以降低噪声。

第二节　路面基层施工

一、半刚性基层施工

在我国，高等级道路半刚性基层施工中，混合料的拌和方式有路拌法和厂拌法，其摊铺方式有人工和机械两种。从施工程序来看，一般是先通过修筑试验路段，制定标准施工方法后再进行大面积施工。

（一）试验段的修筑

施工单位通过修筑试验路段，进行施工优化组合，把主要问题找出来并加以解决，由此提出标准施工方法用以指导大面积施工，从而使整个工程施工质量高、进度快、经济效益显著。

修筑试验路段的任务是：检验、拌和、运输摊铺、碾压养护等计划投入使用设备的可靠性；检验混合料的组成设计是否符合质量要求及各道工序的质量控制措施；提出用于大面积施工的材料配合比及松铺系数；确定每一作业段的合适长度和一次铺筑的合理厚度；提出标准施工方法。标准施工方法主要内容包括：集料与结合料数量的控制；摊铺方法；合适的拌和方法、拌和速度拌和深度与拌和遍数；混合料最佳含水量的控制方法；整平和整形的合适机具与方法；压实机械的组合，压实的顺序速度和遍数；压实度检查方法及每一作业段的最小检查数量。若采用集中厂拌和摊铺机摊铺，应解决好机械的选型与配套问题。

（二）半刚性基层施工及注意问题

1. 路拌法施工

（1）准备下承层

半刚性基层的下承层表面应平整、坚实，具有规定的路拱，没有任何松散的材料和软弱地点。下承层的平整度和压实度应符合有关技术规范的要求。

(2) 施工放样

在底基层或老路面或土基上恢复中线，直线段每 15~20m 设一桩，平曲线段每 10~15m 设一桩，并在两侧路肩边缘外设指示桩。进行水平测量，在两侧指示桩上用明显标记标出水泥稳定土层边缘的设计高程。

(3) 备料、摊铺土

① 备料。备料包括利用老路面或土基上部材料和利用料场的土(包括细粒土、中粒土和粗粒土)。根据各路段水泥稳定土层的宽度、厚度及预定的干密度，计算各路段需要的干燥土的数量。根据料场土的含水量和所用运料车辆的吨位，计算每车料的堆放距离。

根据水泥稳定土层的厚度和预定的干密度及水泥剂量，计算每平方米水泥稳定土需要的水泥用量，并确定水泥摆放的纵横间距。在预定堆料的下承层上，在堆料前应先洒水，使其表面湿润，但不应过分潮湿而造成泥泞。

② 摊铺土。应事先通过试验确定土的松铺系数。将土均匀地摊铺在预定的宽度上，表面应力求平整，并有规定的路拱。摊料过程中，应将土块、超尺寸颗粒及其他杂物捡出。如土中有较多土块，应进行粉碎。松铺土层的厚度应符合预定要求。施工中除洒水车外，严禁其他车辆在土层上通行。

(4) 洒水闷料

如已整平的土(含粉碎的老路面)含水量过小，应在土层上洒水闷料。洒水应均匀，防止出现局部水分过多的现象。严禁洒水车在洒水段内停留和调头。细粒土应经一夜闷料；中粒土和粗粒土，视其中细土含量的多少，可缩短闷料时间。

(5) 整平和轻压

对人工摊铺的土层整平后，用6~8t 两轮压路机碾压 1~2 遍，使其表面平整，并有一定的压实度。

(6) 摆放和摊铺无机结合料

将计算出的每袋水泥的纵横间距，在土层上做安放标记。应将水泥当日直接送到摊铺路段，卸在做标记的地点，并检查有无遗漏和多余。运水泥的车应有防雨设备。用刮板将水泥均匀摊开，并注意使每袋水泥的摊铺面积相等。水泥摊铺完后，表面应没有空白位置，也没有水泥过分集中的地点。

(7) 拌和(干拌)

① 对二级及二级以上公路，应采用专用稳定土拌和机进行拌和，并设专人跟随拌和机，随时检查拌和深度，并配合拌和机操作员调整拌和深度。拌和深度应达稳定层底并宜侵入下承层 5~10mm，以利于上下层黏结。严禁在拌和层底部留有素土夹层。

② 对于三、四级公路，在没有专用拌和机械的情况下，可用农用旋转耕作机(或缺口圆盘耙)与多铧犁或平地机相配合进行拌和，但应注意拌和效果，拌和时间不能过长。

(8) 加水并湿拌

① 在拌和过程结束时，如果混合料的含水量不足，应用喷管式洒水车(普通洒水车不适宜用作路面施工)补充洒水。

② 洒水后，应再次进行拌和，使水分在混合料中分布均匀。拌和机械应紧跟在洒水车

后面进行拌和，减少水分流失。

③ 洒水及拌和过程中，应及时检查混合料的含水量。含水量宜略大于最佳值。对于稳定粗粒土和中粒土，宜较最佳含水量大0.5%~1.0%；对于稳定细粒土，宜较最佳含水量大1%~2%。

④ 在洒水拌和过程中，应配合人工捡出超尺寸颗粒，消除粗细颗粒“窝”以及局部过分潮湿或过分干燥之处。

⑤ 混合料拌和均匀后应色泽一致，没有灰条、灰团和花面，即无明显粗细集料离析现象，且水分合适和均匀。

(9) 整形

① 混合料拌和均匀后，应立即用平地机初步整形。在直线段，平地机由两侧向路中心进行刮平；在平曲线段，平地机由内侧向外侧进行刮平。必要时，再返回刮一遍。

② 用拖拉机、平地机或轮胎压路机立即在初平的路段上快速碾压一遍，以暴露潜在的不平整。

③ 再用平地机整形，整形前应用齿耙将轮迹低洼处表层5cm以上耙松，并再碾压一遍。

④ 对于局部低洼处，应用齿耙将其表层5cm以上耙松，并用新拌的混合料进行找平。

⑤ 再用平地机整形一次。应将高处料直接刮出路外，不应形成薄层贴补现象。

⑥ 每次整形都应达到规定的坡度和路拱，并应特别注意接缝必须顺适平整。

⑦ 当用人工整形时，应用锹和耙先将混合料摊平，用路拱板进行初步整形。用拖拉机初压1~2遍后，根据实测的松铺系数，确定纵横断面的标高，并设置标记和挂线。

⑧ 在整形过程中，严禁任何车辆通行，并保持无明显的粗细集料离析现象。

(10) 碾压

① 根据路宽、压路机的轮宽和轮距的不同，制订碾压方案，应使各部分碾压到的次数尽量相同，路面的两侧应多压2~3遍。

② 整形后，当混合料的含水量为最佳含水量(1%~2%)时，应立即用轻型压路机并配合12t以上压路机在结构层全宽内进行碾压。直线和不设超高的平曲线段，由两侧路肩向路中心碾压时，应重叠1/2轮宽，后轮必须超过两段的接缝处，后轮压完路面全宽时，即为一遍。一般需碾压6~8遍。压路机的碾压速度，头两遍采用1.5~1.7km/h为宜，以后宜采用2.0~2.5km/h。采用人工摊铺和整形的稳定土层，宜先用拖拉机或6~8t两轮压路机或轮胎压路机碾压1~2遍，然后再用重型压路机碾压。

③ 严禁压路机在已完成的或正在碾压的路段上调头或急刹车，应保证稳定土层表面不受破坏。

④ 碾压过程中，水泥稳定土的表面应始终保持湿润，如水分蒸发过快，应及时补洒少量的水，但严禁洒大水碾压。

⑤ 碾压过程中，如有“弹簧”、松散、起皮等现象，应及时翻开重新拌和(加适量的水泥)或用其他方法处理，使其达到质量要求。

⑥ 经过拌和、整形的水泥稳定土，宜在水泥初凝前并且在试验确定的延迟时间内完成碾压，碾压后应达到要求的密实度，同时没有明显的轮迹。

⑦ 在碾压结束之前，用平地机再终平一次，使其纵向顺适，路拱和超高符合设计要求。终平应仔细进行，必须将局部高出部分刮除并扫出路外；对于局部低洼之处，不再进行找补，可留待铺筑沥青面层时处理。

(11) 接缝和调头处的处理

① 稳定土施工中很重要的一个环节是处理好接缝。接缝一定要垂直对接，不能斜接。同日施工的两工作段的衔接处，应采用搭接。前一段拌和整形后，留 5~8m 不进行碾压，后一段施工时，前段留下未压部分，应再加部分无机结合料重新拌和，并与后一段一起碾压。

② 经过拌和、整形的半刚性基层，应在试验确定的延迟时间内完成碾压。

③ 应注意每天最后一段末端缝(即工作缝)的处理。工作缝和调头处可按下述方法处理：在已碾压完成的水泥稳定土层末端，沿稳定土挖一条横贯铺筑层宽约 30cm 的槽，直挖到下承层顶面。此槽应与路的中心线垂直，靠稳定土的一面应切成垂直面，并放两根与压实厚度等厚、长为 1/2 全宽的方木紧贴其垂直面。用原挖出的素土回填槽内其余部分。

如拌和机械或其他机械必须到已压成的水泥稳定土层上调头，应采取措施保护调头作业段。一般可在准备用于调头的 8~10m 长的稳定土层上，先覆盖一张厚塑料布或油毡纸，然后铺上约 10cm 厚的土、砂或砂砾。第二天，邻接作业段拌和后，除去方木，用混合料回填。靠近方木未能拌和的一小段，应人工进行补充拌和。整平时，接缝处的水泥稳定土应较已完成断面高出约 5cm，以利于形成一个平顺的接缝。整平后，用平地机将塑料布上大部分土除去(注意勿刮破塑料布)，然后人工除去余下的土，并收起塑料布。在新混合料碾压过程中，应将接缝修整平顺。

④ 纵缝的处理。水泥稳定土层的施工应该避免纵向接缝，在必须分两幅施工时，纵缝必须垂直相接，不应斜接。纵缝应按下述方法处理：在前一幅施工时，在靠中央一侧用方木或钢模板做支撑，方木或钢模板的高度与稳定土层的压实厚度相同；混合料拌和结束后，靠近支撑木(或板)的一部分，应人工进行补充拌和，然后整形和碾压。养护结束后，在铺筑另一幅之前，拆除支撑木(或板)，第二幅混合料拌和结束后，靠近第一幅的部分，应人工进行补充拌和，然后进行整形和碾压。

(12) 养护

半刚性基层经拌和、压实后，必须有一段养护时间，养护时间应不少于 7d。应使半刚性基层表面保持湿润，防止半刚性基层中的水分蒸发，以保证水泥充分发挥作用。可以用潮湿的帆布、粗麻袋、稻草麦秸或其他合适的潮湿材料覆盖，但不能用潮湿的有黏性的土覆盖，因为这种土会黏结在稳定土层表层，难以清除干净。

2. 厂拌法施工

(1) 设备准备

厂拌法施工前，应先调试拌和设备。调试的目的在于找出各料斗闸门的开启刻度(简称开度)以确保按设计配合比拌和。先要测定各种原材料的流量—开度曲线。然后按厂拌设备的实际生产率及各种原材料的设计质量比计算各自的要求流量，从流量—开度曲线上可查出各个闸门的刻度。按得出的刻度试拌一次，测定其级配、含水量及结合料剂量，如有误差则个别调整后再试拌。一般试拌 1~2 次即可达到要求。

(2) 下承层准备、施工放样

同路拌法。

(3) 备料

选择原则同路拌法。各种不同材料(水泥、土、外掺剂等)及不同规格集料(碎石或砾石、石屑、砂)应隔离，分别堆放。在潮湿多雨地区或其他地区的雨季施工时，应采取措施，保护集料，特别是细集料(如石屑和砂等)应有覆盖，防止雨淋。

(4) 拌和

集中拌和时应注意以下事项：

① 拌和机与摊铺机的生产能力应互相匹配。对于高速公路和一级公路，为了保持摊铺机连续摊铺，拌和机的产量宜大于 600t/h，并宜采用 2 台拌和机。

② 在正式拌制混合料之前，必须先调试所用的设备，使混合料的颗粒组成和含水量都达到规定的要求。原集料的颗粒组成发生变化时，应重新调试设备。

③ 配料应准确，拌和应均匀。

④ 拌和出来的混合料的含水量宜略大于最佳值，使混合料运到现场摊铺后碾压的含水量不小于最佳值。因此，在拌和过程中应根据集料和混合料含水量的大小及时调整加水量。

⑤ 当采用连续式的稳定土拌和设备拌和时，应保证集料的最大粒径和级配符合要求。

(5) 运输

可将拌好的混合料从拌和机直接卸入自卸车，尽快送到铺筑现场。为了减少水分损失，自卸车上的混合料应该覆盖。运输的时间一般要限制在 30 分钟内。

(6) 摊铺

对于高速公路和一级公路，必须采用沥青混凝土摊铺机或专用的稳定粒料摊铺机摊铺。对于其他道路，有条件宜用摊铺机摊铺，但至少必须采用平地机摊铺，个别面积较小的路段可以采用人工摊铺。

(7) 接缝处理

① 集中厂拌法施工时不宜中断，如因故中断时间超过 2 小时，应设置横向接缝，摊铺机应驶离混合料末端。

② 人工将末端含水量合适的混合料弄整齐，紧靠混合料放两根方木，方木的高度应与混合料的压实厚度相同，整平紧靠方木的混合料。方木的另一侧用砂砾或碎石回填约 3m 长，其高度应高出方木几厘米。将混合料碾压密实。

③ 在重新开始摊铺混合料之前，将砂砾(或碎石)和方木除去，并将下承层顶面清扫干净。摊铺机返回到已压实层的末端，重新开始摊铺混合料。

④ 如摊铺中断后，未按上述方法处理横向接缝，而中断时间已超过 2 小时，则应将摊铺机附近及其下面未经压实的混合料铲除，并将已碾压密实且高程和平整度符合要求的末端挖成与路中心线垂直并垂直向下的断面，然后再摊铺新的混合料。

⑤ 应避免纵向接缝。高速公路和一级公路的基层应分两幅摊铺，宜采用 2 台摊铺机一前一后相隔 5~10m 同步向前摊铺混合料，并一起进行碾压，但必须注意横坡的一致性。

在不能避免纵向接缝的情况下，纵缝必须垂直相接，严禁斜接。用平地机摊铺混合料时，横向接缝和纵向接缝的处理方法同路拌法。

(8) 养护

同路拌法

3. 施工中应注意的几个问题

(1) 施工季节

无机结合料稳定类结构层宜在春末或夏季组织施工，施工期的气温应在5℃以上，并保证在冻前有一定成型期，即第一次重冰冻(-3~5℃)到来之前的半月至一个月(水泥类)及一个月至一个半月(石灰与二灰类)完成。若不能完成则应覆盖土层以防冻融破坏。在雨季施工水泥稳定类结构层时，应特别注意气候变化，勿使水泥混合料遭雨淋，并采取措施排除表面水，勿使运到路上的集料过分潮湿。

(2) 水泥稳定类材料施工作业长度的确定

确定水泥稳定类混合料的作业长度，应综合考虑水泥的终凝时间、延迟时间对施工质量的影响，施工机械的效率，气候条件等因素，并尽可能减少接缝。水泥稳定类混合料从拌和到碾压之间延迟时间宜控制在3~4小时。必须延长时间时，不应超过水泥终凝时间。因此，施工必须采用流水作业法，各工序必须紧密衔接，尽量缩短从拌和到完成碾压之间的延迟时间。一般情况下，每一流水作业段长以200m为宜。

(3) 路拌法施工中土与粉煤灰用量的控制

在二灰稳定类基层施工中，石灰剂量可以检测，土与粉煤灰的比例只能在施工中加以控制，若控制不好，不仅影响强度，还会使压实度检测失去意义。实际上，土与粉煤灰不同于砂砾和碎石，后者在装卸或摊铺过程中体积变化不大，而土和粉煤灰经装卸、运输和摊铺等，都能使密度变化，室内测量的松干密度总是偏小，如用其松干密度计算虚铺厚度将使工地用量偏多。此外，工地的运土工具较杂，难以用堆土距离控制。因此，可用稳压厚度控制配比的方法，即固定稳压的压路机型及遍数，实测稳压后土及粉煤灰的干密度。反过来，通过抽检稳压厚度来控制土与粉煤灰的比例。

(4) 接茬处理

石灰、二灰稳定类基层施工中，两工作段的衔接处应搭接拌和。即前一段拌和后，留5~8m，不进行碾压。后一段施工时，将前段留下未压部分，一起再进行拌和。对于水泥稳定类基层，当天两工作段的衔接处理方法同前，但应对前一段未压部分要再加水泥，重新拌和。当天最后一段水泥稳定类基层施工完后，将已压成段末端切成垂直断面，在第二天摊铺下段时，应在前一天余留未碾段内添加部分水泥，并与下段一起拌和。

拌和机及其他机械不宜在已成型的结合料稳定层上“调头”。若必须在其上“调头”时，应采取保护措施(加铺覆盖层等)。

(5) 养护期的探讨

当半刚性基层分层施工时，下层碾压完后，可立即铺筑上层，不需专门的养护期，但在铺筑上层之前，应始终保持下层表面湿润。

基层完工后，养护期一般不宜少于7天，养护期结束，方可铺筑沥青面层或封层。

二、粒料类基层(底基层)施工

(一) 级配碎石施工

级配碎石施工有路拌法和中心厂拌和两种方法。本节只介绍路拌法施工。

(1) 准备下承层。要求同半刚性基层施工。

(2) 施工放样。要求同半刚性基层施工。

(3) 备料。根据各路段基层或底基层的宽度、厚度及规定的压实干密度并按确定的配合比分别计算各段需要的未筛分碎石和石屑的数量或不同粒级碎石和石屑的数量，并计算每车料的堆放距离。未筛分碎石和石屑可按预定比例在料场混合，同时洒水加湿，使混合料的含水量超过最佳含水量约 1%。

(4) 运输和摊铺集料。运输宜由远到近卸置集料。摊铺集料时应事先通过试验确定集料的松铺系数并确定松铺厚度。采用不同粒级的碎石和石屑时，应将大碎石铺在下层，中碎石铺在中层，小碎石铺在上层。洒水使碎石湿润后，再摊铺石屑。

(5) 拌和及整形。对于二级及二级以上公路，应采用专用稳定土拌和机拌和级配碎石。对于二级以下的公路，在无稳定土拌和机的情况下，可采用平地机或多铧犁与缺口圆盘耙相配合进行拌和。拌和结束时，混合料的含水量应均匀，并较最佳含水量大 1%左右，同时应没有粗细颗粒离析现象。用平地机将拌和均匀的混合料，按规定的路拱进行整平和整形，在整形过程中，应注意消除粗细集料离析现象。

(6) 碾压。整形后，当混合料的含水量等于或略大于最佳含水量时，立即用 12t 以上三轮压路机、振动压路机或轮胎压路机进行碾压。直线和不设超高的平曲线段，由两侧路肩开始向路中心碾压；在设超高的平曲线段，由内侧路肩向外侧路肩进行碾压。碾压时，后轮应重叠 1/2 轮宽；后轮必须超过两段的接缝处。

接缝的处理：横缝两作业段的衔接处应搭接拌和。第一段拌和后，留 5~8m 不进行碾压，第二段施工时，前段留下未压部分与第二段一起拌和整平后进行碾压。碾压应避免纵向接缝。在必须分两幅铺筑时，纵缝应搭接拌和。前一幅应全宽碾压密实，在后一幅拌和时，应将相邻的前幅边部约 30cm 搭接拌和，整平后一起碾压密实。

(二) 级配砾石施工

级配砾石施工路拌法施工流程如下：

(1) 准备下承层。要求同半刚性基层施工。

(2) 施工放样。要求同半刚性基层施工。

(3) 计算材料用量。根据各路段基层或底基层的宽度、厚度及预定的干密度，计算各段需要的集料数量。如级配砾石是用两种集料组成时，分别计算两种集料的数量；根据料场集料的含水量以及所用运料车辆的吨位，计算每车材料的堆放距离。

(4) 运输和摊铺集料。卸料距离应严格掌握，避免料不够或过多。采用两种集料时，应先将主要集料运到路上，待主要集料摊铺后，再运另一种集料并摊铺。如粗细两种集料的最大粒径相差很多，应在粗集料处于潮湿状态下摊铺细集料。集料的松铺系数和松铺厚度应通过试验确定。用平地机或其他合适的机具将料均匀地摊铺在预定的宽度上，摊铺时表面应力求平整并有规定的路拱横坡度。同时摊铺路肩用料。

（5）拌和及整形。拌和结束时，混合料的含水量应均匀，并较最佳含水量大1%左右。应无粗细颗粒离析现象。用平地机将拌和均匀的混合料，按规定的路拱进行整平和整形。在整形过程中，严禁任何车辆通行。

（6）碾压。要求同级配碎石。

（7）横缝的处理。要求同级配碎石。

（8）纵缝的处理。要求同级配碎石。

（三）填隙碎石施工

填隙碎石的施工工艺流程如下：

1. 准备下承层

要求同半刚性基层施工。

2. 施工放样

要求同半刚性基层施工。

3. 备料

根据各路段基层或底基层的宽度、厚度及松铺系数，计算各段需要的粗碎石数量；根据运料车辆的车厢体积，计算每车料的堆放距离。填隙料的用量为粗碎石质量的30%～40%。

4. 运输和摊铺粗碎石

卸料距离应严格掌握，避免有的路段料不够或料过多。用平地机或其他合适的机具将粗碎石均匀地摊铺在预定的宽度上，表面应力求平整，并有规定的路拱，同时摊铺路肩用料。

5. 撒铺填隙料和碾压

施工方法有干法施工和湿法施工。

（四）干法施工

（1）初压：用8t两轮压路机碾压3～4遍，使粗碎石稳定就位。在直线和不设超高的平曲线段上，碾压从两侧路肩开始，逐渐错轮向路中心进行；在设超高的平曲线段上，碾压从内侧路肩开始，逐渐错轮向外侧路肩进行。错轮时，每次重叠1/3轮宽。在第一遍碾压后，应再次找平。初压终了时，表面应平整，并具有要求的路拱和纵坡。

（2）撒铺填隙料：用石屑撒布机或类似的设备将干填隙料均匀地撒铺在已压稳的粗碎石层上，松铺厚度为2.5～3.0cm。必要时，用人工或机械扫匀。

（3）碾压：用振动压路机慢速碾压，将全部填隙料振入粗碎石间的孔隙中。如没有振动压路机，可用重型振动板。

(4) 再次撒布填隙料：用石屑撒布机或类似的设备将干填隙料再次撒铺在粗碎石层上，松铺厚度为2.0~2.5cm。用人工或机械扫匀。

(5) 再次碾压：在碾压过程中，对局部填隙料不足之处，人工进行找补。局部多余的填隙料应扫除。

(6) 再次碾压后，如表面仍有未填满的孔隙，则应补撒填隙料，并用振动压路机继续碾压，直到全部孔隙被填满为止。同时，应将局部多余的填隙料铲除或扫除。填隙料不应在粗碎石表面自成一层。表面必须有能看得见粗碎石。

如填隙碎石层上为薄沥青面层，应使粗碎石的棱角外露3~5mm。

(7) 当需分层铺筑时，应将已压成的填隙碎石层表面粗碎石外露5~10mm，然后在其上摊铺第二层粗碎石。

(8) 填隙碎石表面孔隙全部填满后，用12~15t三轮压路机再碾压1~2遍。在碾压过程中，不应有任何蠕动现象。在碾压之前，宜在表面先洒少量水，洒水量宜为3kg/m^2以上。

(五) 湿法施工

(1) 粗碎石层表面孔隙全部填满后，立即用洒水车洒水，直到饱和，但应注意避免多余水浸泡下承层。

(2) 用12~15t三轮压路机跟在洒水车后进行碾压。在碾压过程中，将湿填隙料继续扫入所出现的孔隙中。需要时，再添加新的填隙料。洒水和碾压应一直进行到填隙料和水形成粉砂浆为止。粉砂浆应填塞全部孔隙，并在压路机轮前形成微波纹状。

(3) 干燥，碾压完成的路段应让水分蒸发一段时间。结构层变干后，表面多余的细料以及细料覆盖层都应扫除干净。

(4) 当需分层铺筑时，应待结构层变干后，将已压成的填隙碎石层表面的填隙料扫除一些，使表面粗碎石外露5~10mm，然后在上摊铺第二层粗碎石。

第三节　沥青路面施工

一、工艺流程

(一) 施工准备

首先是沥青施工原材料的选用。

(1) 沥青材料的选用。在道路施工过程中，沥青材料的选用一定要根据道路所在地区的地形、气候、人口数量等因素，综合各种因素选用合适的沥青材料。

(2) 粗集料的选用。在道路沥青路面施工的过程中，粗集料的选用应该严格按照《公路沥青路面施工技术规范》(JTG F40—2019) 的相关规定进行选取。在选取粗集料的时候一定要保证材料的清洁、干净、干燥，保证材料具有更大的强度和抗磨损能力。

（3）细集料的选用。沥青细集料的选取一定要严格按照《公路沥青路面施工技术规范》（JTG F40—2019）的相关规定，保证材料的干净、无杂质。

（4）沥青路面填料的选用。在填料的选用中要把石灰岩的矿粉作为首选，在利用之前应该取出里面的泥土杂质清除，保证干净。

（二）原料制备

在沥青路面施工过程中，沥青混合材料的重要性能主要包括：水稳定性、抗疲劳性、高温稳定性和耐久性。在沥青混合料的配比中，为了能够增加沥青的高温稳定性，就要增加集料的颗粒，减少油的使用量，但是颗粒大了容易造成路面出现裂缝的现象，耐久性差。要进一步克服出现裂缝的问题，就必须使用用量较多、针入度比较大的沥青加之比较细的混合料，但是同时在高温时节也会出现车辙问题。为了保证沥青路面的粗糙程度，要采用抗滑性能比较好的沥青。

为了保证沥青路面的耐久性，还要根据路面施工地区的气候、温度、地形等情况来确定沥青的配合比例。

在热拌沥青混合料的配比过程中一般包括 3 个主要方面：目标配合比设计、生产配合比设计以及生产配合比验证。

在热拌沥青混合料的过程中一定要选取和技术规范相符合的材料，充分利用以往道路施工的经验，通过相应的配合比例设计出沥青混合料的用量和材料品种，保证混合料的配比质量。同时，配合比设计的每个阶段都要进行马歇尔试验，根据《公路沥青路面施工技术规范》（JTG F40—2019）的相应规范进行比例设定，在设定过程中，对每台沥青混合料拌和机，都要严格按目标配合比设计、生产配合比设计和试拌试铺配合比，调整 3 个阶段，做好沥青混合料配合比的设计工作。

在沥青混合料搅拌的工序中，要注意以下几点：

（1）要选择适宜的搅拌场地，一般都是在拌和场进行搅拌。

（2）在沥青混合料的配比中，要根据室内的配合比例进行搅拌，保证沥青用量、搅拌时间以及加热温度的适合，从而确保沥青混合料的质量。

（3）在沥青混合料搅拌的过程中，一定要根据配料单进料进行搅拌，保证沥青以及各种材料的加热温度，保证搅拌的均匀度，防止花白、成块、粗细分离问题的出现。

（4）在搅拌工作完成之后，相关技术人员一定要抽样，做沥青混合料、矿料级配组成的沥青用量试验。如果发现沥青混合料与要求不相符合，就应该及时进行调整，保证混合料的正常使用。

（三）沥青路面混合料组成设计

首先是实验室配合比的有关设计。

（1）优化矿质混合料的配合组成设计。在沥青路面施工中，对矿质混合料配合进行相关设计，主要是为了能够选配一个具有足够密实度和内摩阻力的矿质混合料，然后采用级配理论，通过数据分析得出需要的矿质混合料的级配范围。为了应用已有的研究成果和实践经验，通常是采用规范推荐的矿质混合料级配范围来确定。

(2) 确定出沥青混合料的使用量。精确的沥青混合料使用量可以通过计算得出。通常情况下有两个基本的方法：马歇尔法和维姆法。中国还是采用《公路沥青路面施工技术规范》(JTG F40—2019)规定的技术方法，这是在对生产实践和研究成果经验进行总结的结果。

(3) 进行沥青生产配合比设计。在目标配合比确定之后。应利用实际投入施工的拌和站进行试拌以确定施工配合比。在试验前，首先应该根据相关情况选择振动筛筛号，从而能够使得几个热料仓的材料不会差别太大。比例最大筛孔要确保排出超粒径料，从而能够使最大粒径筛孔通过量符合设计的基本要求。在试验的过程中，相关人员要按试验室配合比设计的冷料比例，进而进行筛选，选择出与试验室配合比设计一样进行矿料级配计算，从而得出最佳油石比，供试拌试铺使用。

(四) 摊铺方法

沥青混合料配比搅拌之后，下一道工序就是进行沥青混合料的摊铺工作。在这个环节中，要注意以下几个重要的方面：

(1) 在进行路面沥青摊铺之前，一定要清除路面基层上的杂物，保证路面基层的干燥、干净。同时，要保证基层路面密实度、厚度的合理性，为沥青摊铺工作奠定重要的前提基础。在基本路面的整理中，要及时修整基层路面存在的坑槽、松散等问题。

(2) 进行粘层、透层沥青的浇洒工作。在施工过程中，为了能够更好地保证基层和面层黏结好，在面层铺筑工作的5~8小时之前，要用$1.0\sim1.2kg/m^2$的沥青量对基层表面进行浇筑，这样就有利于面层和基层的相互黏合。如果路面的基层是水泥混凝土路面或者是陈旧的沥青路面，为了保证面层和基层的黏合，要在旧路面上喷洒一层黏度比较大的沥青。

(3) 摊铺沥青混合料。在沥青混合料的摊铺过程中，沥青混合料摊铺机摊铺的过程是自动倾卸汽车将沥青混合料卸到摊铺机料斗后，然后根据沥青路面的基本情况，通过链式传送器将混合料往后传到螺旋摊铺器。随着摊铺机不断往前移动，螺旋摊铺器即在摊铺带宽度上均匀地摊铺混合料。沥青混合料摊铺之后，用振捣器进行振动挤压，最后通过熨平板整平。

(五) 路面压实

沥青混合料进行摊铺工序之后，就进入了压实环节。沥青混合料的压实是沥青路面施工的重要方面，是非常重要的一道工序，在路面压实的过程中，一定要配备充足的大吨位压实设备，尽量选用当前最为先进的双轮振动压路机。

沥青路面的压实环节一般包括以下几个方面：路面的初压、路面的复压以及路面的终压。

1. 路面的初压

初压是路面压实的首要环节，本环节一般是在混合料摊铺之后直接进行的，此时的温度较高，一般先采用振捣器进行振动挤压，振动之后关闭振动装置，进行慢慢地碾压2~3遍，初压环节的温度一般保持在110~140℃之间。所以说，只要吨位比较小的压实设备就能够起到很好的效果。一般情况下，采用6~8吨位的双钢轮压路机就可以。在碾压的过程中，驱动轮要匀速前进。在沥青路面进行初压的时候，初压后要有相关的技术人员对路面的平整度、路拱进行检查，一旦发现问题要立刻纠正。如果在路面碾压过程中出现推移现象，这个时候可以等到温度变低之后再进行碾压，如出现横向裂纹，应检查原因并及时采取措施进行纠正。

2. 路面的复压

路面的复压是压实环节的重要阶段，通过复压主要是保证沥青混料的稳定成型，所以说，复压环节一般是在高温下并紧跟初压工序之后进行的。通常情况下，路面的复压环节温度应该保持在120~130℃。一般是通过双轮振动压路机进行路面的碾压，在碾压方式上可以采用与初压相同的方法，碾压的次数应该在6次以上，只有这样才能够保证路面的稳固和结实。

3. 沥青路面终压

终压是消除轮迹、缺陷和保证面层有较好平整度的最后一步。由于终压既要消除复压过程中面层遗留的不平整，又要保证路面的平整度，因此，沥青混合料也需要在较高但又不能过高的碾压温度下结束碾压。终压结束时的温度应该大于90℃。在路面终压的环节里，终压常使用静力双轮压路机并应紧接在复压后进行，碾压遍数为2~3遍。通过路面初压、复压、终压三个方面的相互结合，进而保证沥青路面的光滑、稳定和厚实，提高了沥青路面的整体质量。

二、施工方法

(一) 表处式和沥青贯入式施工工艺

用洒布法施工的沥青路面面层有沥青表面处治和沥青贯入式两种。沥青表面处治是用沥青和细料矿料分层铺筑成厚度不超过3cm的薄层路面面层，通常采用层铺法施工。按照洒布沥青及铺撒矿料的层次的多少，可分为单层式、双层式和三层式3种，单层式和双层式为三层式的一部分。

1. 三层式表面处治施工

(1) 清理基层。在表面处治施工前，应将路面基层清扫干净，使基层的矿料大部分外露，并保持干燥；若基层整体强度不足时，则应先予以补强。

(2) 洒透层(或粘层)沥青。洒布第一层沥青要洒布均匀，当发现洒布沥青后有空白、缺边时，应立即用人工补洒，有积聚时应立即刮除。施工时应采用沥青洒布车喷洒沥青，其洒布长度应与矿料洒布能力相协调。沥青洒布温度应根据施工气温以及沥青标号确定。一般情况下，石油沥青宜为130~170℃，煤沥青宜为80~120℃，乳化沥青宜在常温下散布。

（3）铺撒第一层矿料。洒布主层沥青后，应立即用矿料洒布机或人工洒布第一层矿料。矿料要洒布均匀，达到全面覆盖一层、厚度一致、矿料不重叠、不露沥青，当局部有缺料或过多处，应适当找补或扫除。碾压：洒布一段矿料后，用60~80kn双轮压路机碾压。碾压时，应从一侧路缘压向路中，宜碾压3~4遍，其速度开始不宜超过2km/h，以后可适当增加。

（4）洒第二层沥青，洒布第二层矿料，碾压，再洒第三层沥青，洒布第三层矿料，碾压。

（5）初期养护。沥青表面处治后，应进行初期养护。当发现有泛油时，应在泛油部位补洒与最后一层矿料规格相同的嵌缝料并均匀；当有过多的浮动矿料，应扫出路外；当有其他损坏现象时，应及时修补。

2. 贯入式路面施工

沥青贯入式路面属多孔结构，为防止路表水侵入和增强路面的水稳定性，其面层的最上层应洒布封层料或加铺拌和层。而当沥青贯入层作为联结层时，可不洒布表面封层料。沥青贯入式路面适用于二级及二级以下的公路，其厚度宜为4~8cm，但乳化沥青贯入式路面厚度不宜超过5cm。当贯入层上部加铺拌和层的沥青混合料面层时，总厚度宜为6~10cm，其中拌和层的厚度宜为2~4cm。

沥青贯入式路面的施工工艺流程为：清扫基层→洒透层或粘层沥青（乳化沥青贯入式或沥青贯入式厚度小于5cm）→撒主层矿料→碾压→洒布第一遍沥青→洒布第一遍嵌缝料→碾压→洒布第二遍沥青→洒第二遍嵌缝料→碾压→洒布第三遍沥青→洒封层料→碾压→初期养护。

（二）热拌沥青混合料路面施工方法

热拌沥青混合料路面施工可分为沥青混合料的拌制与运输和现场铺筑两阶段。热拌沥青混合料路面完工后待自然冷却，表面温度低于50℃后，方可开放交通。

在拌制沥青混合料之前，应根据确定的配合比进行试样，试拌时对所用的各种矿料及沥青应严格计量，对试样的沥青混合料进行试验以后，即可选定施工配合比。

1. 热拌沥青混合料的拌制和运输

（1）沥青混合料必须在沥青搅拌厂（场、站）采用搅拌机拌和。

（2）城市主干路、快速路的沥青混凝土宜采用间歇式（分拌式）搅拌机拌和。

（3）拌制的沥青混合料应均匀一致，无花白料、无结团成块或严重的粗细料分离现象。

（4）为配合大批量生产混合料，宜用大吨位自卸汽车运输。运输时对货厢底板、侧板均匀喷涂一薄层油水（柴油：水为1∶3的混合液），注意不得将油聚积在车厢底部。

（5）出厂的沥青混合料应逐车用地磅称重，并测量温度，签发一式三份的运料单。

（6）从搅拌锅往汽车中卸料时，要前后均匀卸料，防止粗细料分离。运输过程中要对沥青混合料加以覆盖。

2. 热拌沥青混合料的铺筑

基层准备和放样。铺筑沥青混合料前，应检查确认下层的质量，当下层质量不符合要求，或未按规定洒布透层、粘层沥青或铺筑下封层时，不得铺筑沥青面层。为了控制混合料的摊铺厚度，在准备好基层之后，应进行测量放样，即沿路面中心线和1/4路面宽度处设置样桩，标出混合料松铺厚度。当采用自动调平摊铺机时，应放出引导摊铺机运行走向和标高的控制基准线。

摊铺。热拌沥青混合料应采用机械摊铺，对高速公路和一级公路宜采用两台以上摊铺机联合摊铺，以减少纵向次冷接缝。相邻两台摊铺机纵向相距10~30m，横向应有5~10cm宽度摊铺重叠。沥青混合料摊铺机摊铺过程是由自卸汽车将混合料卸在料斗内，经传送器将混合料往后传到螺旋摊铺器，随着摊铺机前进。螺旋摊铺器即在摊铺带宽度上均匀地摊铺混合料，随后捣实，并由摊平板整平。

运料车的运输能力应较主导机械的工作能力稍大。城市主干路、快速路开始摊铺时，等候卸料的车不宜少于5辆。宜采用2台(含2台)以上摊铺机成梯队作业，进行联合摊铺。相邻两幅之间宜重叠5~10cm，前后摊铺机宜相距10~30m，且保持混合料合格温度。摊铺机应具有自动调平、调厚装置，具有足够容量的受料斗和足够的功率可以推动运料车，具有初步振实、熨平装置，摊铺宽度可以调整。城市主干路、快速路施工气温低于10℃时，或其他等级道路施工气温低于5℃时均不宜施工。摊铺沥青混合料应缓慢、均匀、连续不间断。用机械摊铺的混合料，不得用人工修整。

碾压。摊铺后紧跟碾压工序，压实分初压、复压、终压(包括成型)3个阶段。正常施工时碾压温度为110~140℃，且不低于110℃；低温施工碾压温度120~150℃。碾压终了温度不低于65~80℃，碾压速度应慢而均匀。初压时料温较高，不得产生推移、开裂。压路机应从外侧向中心碾压，相邻碾压带重叠1/3~1/2轮宽。碾压时应将驱动轮面向摊铺机。复压采用重型轮胎压路机或振动压路机，不宜少于4~6遍，达到要求的压实度。终压可用重型轮胎压路机或停振的振动压路机，不宜少于2遍，直至无轮迹。在连续摊铺后的碾压中，压路机不得随意停顿。为防止碾轮粘沥青，可将掺洗衣粉的水喷洒碾轮，严禁涂刷柴油。

压路机不得在未碾压成型并冷却的路面上转向、调头或停车等候。也不得在成型路面上停放任何机械设备或车辆，不得散落矿料、油料等杂物，加强成品保护意识。碾压的最终目的是保证压实度和平整度达到规范要求。

压实后的沥青混合料应符合平整度和压实度的要求。因此，沥青混合料每层的碾压成型厚度应不大于10cm，否则应分层摊铺和压实，其碾压过程分为初压、复压和终压三个阶段。

初压是在混合料摊铺后较高温度下进行，宜采用60~80kn双轮压路机慢速度均匀碾压2遍，碾压温度应符合施工温度的要求，初压后应检查平整度、路拱，必要时应予以适当调整；复压是在初压后，采用重型轮式压路式或振动压路机碾压4~6遍，要达到要求的压实度，并无显著轮迹，因此，复压是达到规定密实度的主要阶段；终压紧接着复压进行，终压选择60~80kn的双轮压路机碾压不少于2遍，并应消除在碾压过程中产生的轮迹和确保路表面的良好平整度。

3. 接缝施工

沥青路面的各种施工，包括纵缝、横缝和新旧路的接缝等处，往往由于压实不足，容易产生台阶、裂缝、松散等质量事故，影响路面的平整度和耐久性。接缝的内容、要求和注意事项如下：摊铺时梯队作业的纵缝采用热接缝。施工时应将先铺的已铺混合料留下10~20cm宽度暂时不碾压，作为后摊铺部分的高程基准面。纵缝应在后铺部分摊铺后立即进行碾压，压路机应大部分压在已先铺碾压好的路面上，仅有10~15cm的宽度压在新铺的车道上，然后逐渐移动跨缝碾压以消除缝迹。

摊铺梯队作业时的纵缝应采用热接缝。上下层的纵缝应错开15cm以上。上面层的纵缝宜安排在车道线上。相邻两幅及上下层的横接缝应错位1m以上。中、下层可采用斜接缝，上层可用平接缝。接缝应黏结紧密、压实充分，连接平顺。

半幅施工或与旧沥青路面连接的纵缝，不能采用热接缝时，宜加设挡板或采用切刀切齐。

铺另半幅前必须将缝边缘清扫干净，并刷粘层沥青。摊铺时应重叠在已铺层上5~10cm，摊铺后用人工将摊铺在前半幅上面的混合料铲走。碾压时先在已压实的路面上行驶，碾压新铺层10~15cm，然后再逐渐移动跨过纵缝，将纵缝碾压紧密。上下层的纵缝应错开15cm以上。表层的纵缝应顺直，且位于车道的画线位置。

横缝应与路中线垂直。相邻两幅及上下层的横缝应错位1m以上。对高速公路和一级公路、中面层、下面层的横向接缝可斜接，但在上面层应做成垂直的平头缝，即平接。其他等级公路的各层均可斜接。铺筑接缝时，可在已压实的部分上面铺设一些热混合料使之预热软化，以加强新旧混合料的黏结。但在开始碾压前应将预热用的混合料铲除。

斜接缝的搭接长度与厚度有关，宜为0.4~0.8m。搭接处应清扫干净并洒粘层沥青，斜接缝应充分压实并搭接平整。

平接缝应做到紧密黏结，充分压实，连接平顺。接缝处应清扫干净，切齐，边缘涂粘层沥青，并在其压实后用热烙铁烫平，再在缝口涂粘层沥青，撒石粉封口，以防渗水。

（三）改性沥青路面施工方法

为了提高公路的使用年限，预防路面早期破坏，表面层施工引入了改性沥青工艺，以经受交通量的迅速增长、车量大型化和严重超载问题的严峻考验。在中国广泛推广的改性沥青主要是掺加SBS改性剂或SBR改性剂，改性后沥青在物理性能方面得到提高，主要表现在软化点、针入度、脆点、延度等方面都得到改善。

改性沥青路面的原料通常选择坚硬、粗糙有棱角的优质石料，而花岗岩、石英岩、玄武岩等具备这些性质，但这些石料中往往属于酸性石料。沥青中含有沥青酸、沥青酸酐等，黏附性往往难以满足要求，为了增强沥青与集料的黏附性，在基质沥青中参加 SBS 改性剂，就能满足黏附性的要求。在路面施工中，为了进一步提高改性沥青的黏附性，在改性沥青中还掺加了抗剥落剂。在填料中掺加水泥、生石灰粉等代替矿粉，增加沥青与石料的黏附性，大大提高了沥青混合料的水稳性。

改性沥青的黏度较高，施工难度大，与常规沥青路面施工工艺存在较大差异，但施工实践表明，只要严格控制混合料的材料、配合比、拌和、摊铺和碾压等关键工序的质量，改性沥青路面的路用性能可以得到充分的保障。改性沥青混合料的出料温度高，一般取出料温度 170~180℃，因此矿料的加热温度宜取 180~190℃。改性沥青混合料的拌和时间应适当延长。一般拌和时间应大于 45s，其中含 3~5s 的干拌，以确保矿粉吸油的均匀性。拌和时间是否足够，拌和方法是否正确，是生产优质沥青混合料的关键环节。质量均匀的混合料表现为所有的集料颗粒完全均匀地被沥青膜裹覆，沥青均匀分布于整个混合料，以无花白石子、无沥青团块，乌黑发亮为宜。

第四节　沥青路面再生施工技术

路面再生的种类很多，按旧路面的性质不同可分为沥青路面的再生和水泥混凝土路面的再生；按再生形成的层位不同可分为再生面层、再生基层和再生底基层；按再生方式的不同可分为热再生和冷再生；按拌和地点的不同可分为现场再生和厂拌再生。

根据沥青再生和回收协会(AsphaltRecycling and Reclaiming Association)的定义，沥青路面再生技术可分五种方法：(1)厂拌热再生(Hot Recycling)；(2)现场热再生(Hot In-place Recy cling)；(3)厂拌冷再生(Cold Recycling)；(4)现场冷再生(Cold In-place Recycling)；(5)全深再生(Full Depth Reclamation)。

一、厂拌热再生(HR)

厂拌热再生是一种较为成熟的技术，能提供及时的道路养护和修复，对现有设备只需进行较小的改动。该方法是将回收的沥青路面材料(RAP)与新材料混合，根据需要有时会加入再生剂，以生产出合乎要求的热拌沥青混合料。间歇式和连续式拌和楼都能用于生产再生热沥青混合料。RAP 材料可通过铣刨或切割和破碎作用而得到。再生热沥青混合料的摊铺和压实设备及施工工序与常规热拌沥青混合料相同。

一般在再生热沥青混合料中，RAP 材料的用量可达 10%~30%。与常规的热拌沥青混合料相比，再生热沥青混合料有着相同甚至更好的性能。用厂拌热再生的优点主要在于：能修正大多数路面的表面缺陷、变形和开裂。

二、现场热再生(HIR)

现场热再生就是在现场用原地再生的方法修复已破坏的沥青路面，因此该方法中新材料的使用最少。具体是指现场加热软化旧路面表面，然后将路面表面材料刨松移开，与再生剂混合，也可能加入新鲜沥青或集料，不必从老路面运走回收的材料，只需在现场直接重新摊铺路面。现场热再生(HIR)包括三种基本方法：加热翻松、重新铺面及重新拌和。这三种方法的简单过程如下：

加热翻松——加热、翻松、复苏、整平、恢复新断面、碾压成型。

重新铺面——加热、翻松、复苏、整平、摊铺新鲜沥青混合料、恢复新断面、碾压成型。

重新拌和——加热、翻松、复苏、拌和(或加入新鲜沥青混合料)、整平、恢复新断面、碾压成型。

以上这三种方法有时也被称作表面再生。加热翻松通常将原表面以下25mm的沥青路面翻松，使之复苏，并使路面最终成型。而重新铺面则将路表面以下25mm的路面进行循环利用，加入再生剂以改进沥青黏度，然后在再生后的面层上摊铺一层薄罩面。重新拌和则将新鲜材料与回收的材料一起在拌和锅中拌和均匀，然后将混合料摊铺作为磨耗层。这些方法中的翻松过程有时以铣刨来代替。

三、厂拌冷再生(CR)

厂拌冷再生可用于柔性路面结构性破坏时的重建。这些破坏包括：横向裂缝、车辙、坑洞、表面不规则破坏或上述几种破坏的综合。

厂拌冷再生的再生范围可以达到路表面以下152.4mm的厚度。该法就是将回收的沥青路面在拌和场破碎，然后在特定的冷拌设备中与液态稳定剂拌和均匀，从而增加路面的承载能力。冷拌再生沥青混合料的摊铺、碾压与热拌沥青混合料相似。

对冷拌再生材料进行试验非常重要。可以使用多种冷再生剂或乳化液将旧沥青胶结料的性能恢复至接近原有状态。将回收材料研磨成适宜的尺寸，然后通过试验确定适量的添加剂，再摊铺、碾压到要求的密度，表面再铺以热沥青薄层罩面、表面处置层等罩面。

四、现场冷再生(CIR)

现场冷再生指对旧路面材料进行再利用而无须加热。除了再生剂，通常不需要运输其他材料，必要时可添加新鲜集料，因此运输费用很低。一般添加乳化沥青作为再生剂或胶结料，其添加量是以RAP的质量百分率计算。也可以加入粉煤灰、水泥或生石灰。这些添加剂对于原路面沥青过多和稳定性较低的混合料特别有效。

现场冷再生主要包括：铣刨、破碎原路面、筛分RAP材料、使用再生剂、摊铺和碾压。

施工过程中一般使用专门的再生列车，由破碎、筛分、粉碎和拌和装置组成。经过处理的回收材料从拌和装置出来后输送到布料器，然后用常规的摊铺机和压路机进行摊铺和碾压。此种方法处置的深度一般为75~100mm。

冷现场再生的优点主要有：(1)能够对大多数路面破坏类型进行结构性的处置；(2)改善行驶质量；(3)对空气污染最小；(4)运输量最小；(5)能够拓宽路面。

五、全深再生(FDR)

全深再生是指将所有的沥青路面部分和路面以下的部分基层的材料经过处理后形成稳定的基层，它基本上是冷再生方法。为了获得性能较好的基层，常加入不同类型的添加剂，如：乳化沥青、氯化钙之类的化学添加剂、水泥、粉煤灰和石灰等。这种方法成功的关键是：通过试验建立混合料级配的设计标准，确定回收混合料中残留沥青含量，选定施工中可能使用的添加剂。这种再生技术还需要在分析交通量数据的基础上，在再生后的面层上摊铺一定厚度的磨耗层。

全深再生的四个基本步骤是：破碎、加入添加剂、压实、摊铺表面层或磨耗层。如果现场的材料不能保证基层处理到想要的深度，可能需要增加新鲜材料。为了获得理想的级配，也需要向现场材料中加入新集料。这种再生方法的处置深度可达100~300m，施工设备包括移动式锤式铣刨装置、破碎装置、稳定器或者这些装置的综合体。

全深再生的优点在于：能处置大多数的路面破坏，运输费用最小，能大大改善路面的结构性能(尤其是基层)，避免了材料处理的问题(能100%利用回收的材料)，能提高路面质量。

第五节　混凝土路面施工

一、施工准备

(1) 基层验收。基层表面应平整，表面高程、横坡度、宽度、平整度、密实度及强度等应符合设计要求，有现场监理工程师工序验收的合格签认。混凝土面层施工前应对基层做全面检查，建立严格的交接制度。

(2) 拌和站人员、配套机械设备、材料、原材料试验设备及人员都已齐备。经试拌、生产的混凝土符合要求。

(3) 施工设备。混凝土施工现场配置三辊轴摊铺机、运输设备、测量仪器等。

(4) 砂石料准备。砂子要求含泥量不超过3%，细度模数大于2.5，级配良好；石子要求级配良好，针片状含量控制在10%以内，最大粒径控制在30mm以内。

(5) 水泥准备。宜用终凝时间不超过6小时的普通硅酸盐水泥，结块水泥严禁使用。

(6) 混凝土配合比。选择合适的混凝土配合比和外加剂，对所选用的砂石料、水、水泥抽检取样，进行试配，制作试样，根据试件养护7天的抗压强度，得出试配结果，作为控制指标。

（7）混凝土的运输。混凝土采用自卸车进行运输，车厢要求平整、光滑、严密、不漏浆，使用前后冲洗干净。混凝土拌和料在搅拌机出料后，篷布覆盖并运输过程中防颠簸导致离析，运至现场浇筑的时间最长不超过1小时，在气温30~35℃时最长时间不得超过45分钟。运到浇筑地点的混凝土，应具有符合规范要求的坍落度和均匀性。车辆倒车及卸料时，设专人进行指挥，分多堆进行卸料，卸料到位后运输车迅速离开现场。

二、立模板

立模板：模板采用槽钢，槽钢高度与混凝土高度相同。每米模板应设置1处支撑固定装置。横向施工缝端模板应按设计规定的传力杆直径和间距设置传力杆插入孔和定位套管。两边缘传力杆到自由边距离不宜小于150mm。每米设置一个垂直固定孔套。按照事先分好的板块铺设模板，模板安装稳固、直顺、平整、无扭曲，相邻模板连接应紧密平顺，不得有底部漏浆、前后错茬、高低错台等现象。模板应能承受摊铺、振实、整平设备的负载进行、冲击和振动时不发生移位。严禁在基层上挖槽，嵌入暗转模板。

模板安装检验后，与混凝土拌和物接触的表面应涂抹脱模剂，接头应粘贴胶带或塑料薄膜等密封。

模板上顶高程为混凝土路面高程，采用水准仪测量控制，控制模板顶面高程在允许范围内。

调试摊铺机械，依据路面宽度和规范要求协同监理和业主现场划分摊铺宽度。普通混凝土面板采用矩形，其纵向和横向接缝应垂直相交，纵缝两侧的横缝不得相互错位，纵缝应直顺。

三、铺筑

（一）铺筑设备

（1）整平机的主要技术参数应满足施工需要。采用直径168mm的辊轴，轴长比路面宽度长出600~1200mm三辊轴机组。

（2）三辊轴机组铺筑混凝土面板时，同时配备4~6根插入式振捣棒。当面板厚度较大和坍落度较低时，宜使用100Hz以上的高频振捣棒。

（3）其他施工辅助配套设施根据施工需要选配。

（二）铺筑工艺流程

（1）工艺流程：铺料→人工振捣→三辊轴整平→人工补料→精平饰面→切缝→养护→填缝。

（2）有专人指挥车辆均匀卸料。布料与摊铺速度相适应，不适应时配备适当的布料机械。坍落度为30~50mm的拌和物，松铺系数为1.12~1.15。

（3）混凝土拌和物布料长度大于10m时，可开始振捣作业。

（三）整平机作业

（1）整平机按作业单元分段整平，作业单元长度宜为20~30m，振捣棒振实与整平两道工序之间的时间间隔不宜超过15分钟。

（2）滚压振实料位高差宜高于模板顶面5~20mm。

（3）整平机在一个作业单元长度内，采用前进振动、后退静滚方式作业，宜分别滚压2~3遍，最佳滚压遍数经过试铺确定。

（4）在整平机作业时，有专人处理轴前料位的高低情况。

（5）滚压完成后，将振动辊轴抬离模板，用整平轴前后静滚整平，直到平整度符合要求，表面砂浆厚度均匀为止。

（6）表面灰浆厚度控制在（4±1）m，整平机前方表面过厚、过稀的灰浆必须刮除丢弃。

（7）刮尺、刮板或抹面机完成抹刀饰面的最迟时间不得迟于《公路水泥混凝土路面施工技术细则》（JTG/T F30—2014）规定的铺筑完毕允许最长时间。

四、接缝施工

（一）纵缝施工

（1）纵向施工缝采用平缝形式，位置避开轮迹，与路线中线平行，并重合或靠近车道线，构造可采用平缝加拉杆型。拉杆采用螺纹钢筋，设在板厚中央，并对拉杆中部100mm范围内进行防锈处理。

（2）采用固定模板施工方式时，在振实过程中，从侧模预留孔中手工插入拉杆。

（3）当一次铺筑宽度大于4.5m时，采用假缝拉杆型纵缝，即锯切纵向缩缝，纵缝位置按车道宽度设置，拉杆提前预埋。

（4）插入或置入的侧向拉杆牢固，不得松动、碰撞或拔出。若发现拉杆松脱、拔出或未插入，在横向相邻路面摊铺前，钻孔重新置入拉杆。

（二）横向施工缝

（1）混凝土路面横向缩缝宜按已有路面和设计进行设置，不得随意调整板长。

（2）钢筋支架具有足够的刚度，传力杆准确定位，摊铺之前在基层表面放样，并用钢钎锚固，宜使用手持振捣棒振实传力杆高度以下的混凝土，然后机械摊铺。

① 混凝土面板所有接缝凹槽都按图纸规定，用填缝料填缝。填缝材料和填缝方法经监理工程师批准。

② 缝槽在混凝土养护期满后及进填缝，填缝前必须保持缝内干燥清洁，防止砂石等杂物掉入缝内。填缝前经监理工程师检查。

③ 填缝料与混凝土缝壁黏附紧密，其灌注深度宜为缝宽的2倍。

④ 在开放交通前，填缝料有充分的时间硬结。

五、拆模

(1) 当混凝土抗压强度不小于5MPa方可拆模。当缺乏强度实测数据时可按照试验室试件强度做出判断。达不到要求，不能拆除端模时，可空出一块面板重新起头摊铺，空出的面板待两端均可拆模后再补做。

(2) 拆模不得随坏板边、板角和传力杆、拉杆周围的混凝土，也不可造成传力杆和拉杆松动或变形。模板拆卸宜使用专门的拔楔工具，严禁使用大锤强击拆卸模板。

(3) 拆下的模板应将黏附的砂浆清除干净，并矫正局部损坏。

六、切缝与养护

水泥混凝土路面的切缝在模板拆除后进行，且在混凝土出现温缩裂缝前全部完成，同样按施工经验控制割缝时间，施工时根据现场及天气环境适当调整。切缝位置要预先放好墨线，切缝做到缝隙均匀、缝道顺直、切缝及时，严防因超出切割时间太长混凝土的温缩而引起断板现象发生。以上工作完成后，及时覆盖双层养护毯洒水进行养护21天，养护期间封闭交通。

七、刻纹

刻纹前将工作面清扫干净，在平整度符合规范要求后，根据板块布置情况及刻纹机器性能，等间距放样弹墨线，然后进行横向刻纹作业。刻纹深度按照现场试验确定，槽宽3m，槽间距在12~24mm之间随机调整。刻纹时要求线条顺直，直线接岔不错位，刻纹深度一致，方向与横向缩缝协调一致。

八、灌缝

(1) 清缝及路面清理。首先用清缝锯清除接缝中的砂石及凝结的泥浆，使用大于0.5MPa的压缩空气，彻底清除接缝中的尘土及其他污染物，确保缝壁及内部清洁干燥。

(2) 粘贴胶布。缝隙两边各5cm范围内粘贴一层5cm宽胶布，防止灌缝胶溢出污染路面。

(3) 压条。采用专用压条工具，人工压入1.0cm宽多孔泡沫塑料背衬条，压入至距路面顶1.5~2.0cm。

(4) 灌缝。采用经监理工程师认可的聚氨酯类灌缝材料，用灌缝壶分两次进行。第一次灌入1cm，15分钟后继续第二次灌注，对应灌缝气温情况，进行适当灌注，达到饱满密实、均匀，厚度一致并连续贯通的要求。

(5) 养护并开放交通。灌缝完成后，养护24小时，专人看护，禁止机动车及行人进入，养护期满后，开放交通。

九、质量控制要点

（1）基层强度、平整度、高程提高检查频率，对不符规范要求的做彻底处理，同时严格检测弯沉值。

（2）原材料及配合比严格控制，避免不合格材料用于工程。定期对配料机校核，保证配合比计量准确。

（3）插入式振捣器在每一位置的振捣时间，以拌和物停止下沉、不再冒出气泡并泛出水泥浆为止，但不宜过振。振捣时要随时检查模板，如有下沉、变形、松动现象，要及时纠正。

（4）整平时，严禁用纯水泥砂浆填补、找平。

（5）锯缝时间和养护的掌握，避免混凝土收缩产生的断板。

（6）加强覆盖养护。

第六节　安全施工要点

路面工程材料用量大，动用机械多，需要多个施工现场，用水、用电、用油，安全生产存在的隐患点比较多，必须高度重视安全生产。

一、料场、拌和场安全生产要点

（1）料场、拌和场的生产区和生活区要分开，整个场地有排污和排水设施。

（2）电力线路要规范，临时用电线路应使用电缆线，并按规定架设或埋设。

（3）油库、仓库应符合消防要求，配备必要的消防设施。

（4）办公区如使用煤炉取暖，应有防止煤气中毒的措施。

（5）施工管理人员应戴安全帽，吊臂下、传送带下禁止站人、禁止有人作业。

（6）建立夜间值班制度，防火防盗。

（7）进出口道路和场内运输设备运行线路减少相互干扰。

（8）拌和设备检修或清理时，必要时（如清理搅拌仓等）应切断电源。

二、施工现场安全要点

（1）根据工程具体情况，设立施工标志、限速标志或禁行标志。

（2）遵守机械操作规程，合理安排机械作业运行线路。

（3）定期对设备进行保养和小修，保持机械的良好状态。

（4）自卸卡车向前进的摊铺机械倒料时，应专人指挥、密切配合，禁止撞击摊铺机，运行过程中应轻踩自卸卡车的刹车，防止卡车滑溜。

（5）热铺沥青混合料或洒布沥青时，操作人员配备必要的防护用品，防止烫伤。

（6）消解和摊铺石灰、摊铺水泥，配备防护眼镜。大风天气，禁止摊铺石灰、水泥等易扬尘易污染环境的粉状物。

（7）运输车辆应避免在陡坡停止、调头，运输车辆禁止急转弯、急刹车。

三、消解石灰安全要点

消解石灰时，石灰体积膨胀2倍以上，并且散发大量热量，遇大风天气，尘粒飞扬，对周边环境和操作人员有较大影响。消解石灰时应注意以下几点：

（1）生石灰不应堆得太高，宜保持在1.0m左右的高度。

（2）尽可能使用石灰粉碎消解机进行消解。

（3）人工消解时，操作人员应配备防护眼睛、防护手套、防护靴等。

（4）操作人员应处在上风口，边翻拌边加水，尽可能使用挖掘机或装载机翻拌，人工翻拌，劳动强度大且易出现烫伤和眼角膜炎症。

（5）加水量宜略大于化学反应计算所需水量的1.3~1.8倍，以消解充分、保持水分和防止扬尘。

四、沥青洒布作业安全施工要点

（1）检查洒布车辆、洒布装置、防护、防火设施是否齐全有效。

（2）沥青罐如果装运过乳化沥青，再次装运热沥青时，应缓慢小心加注，防止沥青泡沫对人身造成伤害。

（3）使用加热喷灯、加热管线和沥青泵前，应首先封闭吸油管和进料口。

（4）洒布车应中速行驶，弯道应提前减速，行驶时禁止使用加热系统。

（5）喷洒作业前，应对路缘石、桥栏杆等进行遮挡，避免污染其他构筑物。

（6）操作人员配备安全防护设施，施工中注意自身安全。

（7）质量检测和施工监理人员应站在上风口，喷洒方向10m以内不得有人停留。

五、沥青拌和站操作安全要点

（1）沥青拌和站应在燃料(燃油、煤)储存处设置必需的消防器材和消防设施，如灭火器、砂、铁锹等。

（2）用泵抽送热沥青进出油罐时，操作人员应远离，无关人员应避让。注入沥青的总数量应和油罐的设计容量相对应，不得超量注入。

（3）使用导热油加热时，加热炉应在加热前进行耐压试验，水压力不低于额定工作压力的2倍，导热油加热系统的泵、阀门系统和安全附件应符合安全要求，超压、超温报警系统应灵敏可靠。

（4）拌和站的各种设备，在运转前均应由机电和电脑操作人员仔细检查，确认正常后，开始按顺序启动。

(5) 点火后，观察除尘器是否工作正常，必须保证烘干滚筒在正常负压下燃烧。

(6) 拌和站启动后，各岗位操作人员要随时检查监督各部位运转情况，发现异常，及时报告机长，并及时排除故障。

(7) 料斗下禁止站人，或从料斗下经过，检修料斗时，必须将保险链挂好。

(8) 滚筒或拌和仓清理检修时，必须切断电源，且在筒(仓)外始终有人监护。

(9) 停机前，应首先停止进料，等各部位卸料完毕后才可以停机，再次启动时，不得带荷启动。

(10) 紧急停车按钮，只能在涉及人员安全的紧急情况下使用，一旦使用后再次启动时，注意启动顺序。

第七章 桥涵工程施工

本章以武邵高速公路某标段项目为例，工程地点位于福建省。

第一节 基础工程施工

一、施工准备

（1）施工前，首先要进行施工图纸审核，确保桥位、标高设计合理，尺寸无误。

（2）加强便道维修与养护，确保便道畅通。

（3）现场合理规划泥浆池、沉渣池，要满足施工需要和环保要求。

（4）控制桩复测，完成各桩位的定位测量放样。

（5）平整场地，满足钻机就位和施工操作的需求。

二、钻孔桩施工

（一）钻孔桩基施工

1. 场地平整及桩位放样

场地平整：在桩基施工前，对施工现场进行场地平整。场地平整采用推土机进行，保证施工机械的平稳放置及施工现场的文明与安全。

桩位放样：为保证桩基位置的准确性，施工前要进行精确放线。采用全站仪直接测设控制桩位，在测量的精确桩位处设置保护桩。

2. 护筒埋设及钻机就位

护筒采用5mm钢板制成，护筒高3m，直径比桩径大20~30cm，护筒埋深2.0m，顶部高出地面1.0m；护筒中心与桩位中心偏差不大于5cm，护筒埋设好后，钻机就位、稳固、平衡。

护筒埋设在旱地时，采用反铲挖坑埋设，护筒就位后，外侧用黏土回填夯实。护筒与工作平台固定，避免塌孔时护筒沉落或偏斜。

水上护筒安装埋设：在水上平台上，用钻机吊装护筒就位，在护筒顶部支垫方木，用反铲轻压使护筒至淤泥底部，调整护筒位置，使其满足规范要求。再用钻机吊锤将护筒打入基础，埋设深度至淤泥下1~2m，测量并调整护筒位置，直至满足要求。

钻机采用反循环钻机造孔，泥浆护壁，泥浆液面高度不低于旱地或水面 1.5~2.0m，随时检查浆液比重是否符合设计或技术规范的规定。

3. 泥浆制备

泥浆制备采用泥浆搅拌机搅拌，泥浆选择塑性指数大于 25、粒径小于 0.005mm 的黏粒且含量大于 50%的黏土制浆，泥浆比重控制在 1.1~1.25。

4. 钻进与清孔

根据现场地质情况，钻孔采用冲击钻机成孔，选派有经验的工程技术人员和管理人员负责钻孔施工。根据不同的地质情况，以合适的钻进速度钻进，钻孔过程中，做好钻孔记录，并对各地层与设计资料进行对比。若发现地质情况与设计不符时，及时通知建设方、监理工程师并提出相应措施，经建设方、监理工程师批准后加以处理。

钻孔达到设计深度后，进行孔内的泥浆稀释，利用泥浆泵通过吸浆管持续吸渣 5~15 分钟左右，并用测深锤测沉淀层厚度，直到符合规范要求。

5. 钢筋笼制作和安装

按照设计图纸及施工规范要求进行钢筋笼的制作。主筋连接采用机械连接套筒，每间隔 3m 在钢筋笼四周对称焊接钢筋耳朵，保证钢筋笼有足够的保护层，并在笼顶对称焊接四根钢筋，以备固定钢筋笼。钢筋笼制作完成后，应检查各部尺寸，检查合格后方可使用。

清孔后及时吊放钢筋笼，钢筋笼各段之间的连接采用机械连接套筒，钢筋笼每 8m 一段，用汽车吊垂直吊入孔内。

6. 混凝土施工

采用导管法浇筑混凝土，对孔的中心位置、孔径、倾斜度、孔深进行检验，清孔、安装钢筋笼后，灌注水下混凝土。

混凝土浇筑前，提前搭设混凝土溜槽，安放储料斗、混凝土导管，导管用 φ300m 的钢管制成，各导管之间内螺丝连接，每节导管长 2.5m，同时放置隔水栓。

首批浇筑量要经过严格计算。即导管底部一次埋深 2m 以上，浇筑混凝土连续进行。混凝土采用集中拌制、罐车运输、罐车直接卸入料斗。

在浇筑过程中要随时测量孔内混凝土面的高度，使导管在混凝土内的埋深在 2~4m 之间，最大埋深高度不得超过 6m。浇筑完毕后，在混凝土初凝前，拔掉孔口护筒，钻机移位至下一桩位。

7. 桩头处理，钻孔检测

待混凝土达到规定强度后，截掉和清除桩顶的不良部分混凝土，直至露出新鲜混凝土，桩头混凝土采用风镐凿除至设计高程。混凝土灌注桩的质量检查采用钻孔取芯法检测成桩质量。

（二）钻孔过程中常见问题的预防及处理

1. 塌孔

（1）塌孔的表征

塌孔的表征是孔内水位突然下降，孔口冒细密的水泡，出渣量显著增加而不见进尺，钻机负荷显著增加等。原因如下：

① 泥浆比重不够或泥浆其他性能不符合要求，使孔壁未形成坚实护壁泥皮，孔壁渗漏。

② 孔内水头高度不足，支护孔壁压力不够。

③ 在松软砂层中进尺太快。

④ 提住钻头钻进时，旋转速度过快，空转时间太长。

⑤ 清孔后泥浆比重、黏度等指标降低，反循环清孔，泥浆吸出后未及时补浆。

⑥ 起落钻头时碰撞孔壁。

(2) 预防及处理原则

① 保证钻孔时泥浆质量的各项指标满足规范要求。

② 保证钻孔时有足够的水头差，不同土层选用不同的转速和进尺。

③ 起落钻头时对准钻孔中心插入。

④ 回填砂和黏土的混合物到坍孔处以上 1~2m，静置一定时间后重钻。

2. 钻孔偏斜和缩孔

(1) 偏斜缩孔原因

① 钻孔中遇较大的孤石或探头石，扩孔较大处钻头摆动偏向一方。

② 在有倾斜度的软硬地层交界处，岩石倾斜处钻进或者粒径大小悬殊的砂卵石中钻进，钻杆受力不均。

③ 钻杆刚度不够，钻杆弯曲接头不正，钻机底座未安置水平或产生不均匀沉陷。

④ 在软地层中钻进过快，水头压力差小。

⑤ 全压钻进。

(2) 预防和处理

① 安装钻机时使底座水平，起重滑轮、钻头中心和孔位中心三者在一条直线上，并经常检查校正。

② 倾斜的软硬地层钻进时，采取减压钻进。

③ 钻杆、接头逐个检查，及时调整。遇有斜孔、偏孔时，用检孔器检查探明孔偏斜和缩孔的位置情况，在偏孔、缩孔处上下反复扫孔。偏孔、缩孔严重时回填砂黏土重钻。

④ 全过程采用减压钻进方式。

3. 掉钻

(1) 主要原因

钻进时强提强扭、钻杆接头不良或疲劳破坏易使钻头掉入孔中，另外由于操作不当，也易使铁件等杂物掉入孔内。

(2) 预防和处理

① 小铁件可用电磁铁打捞。钻头的打捞应视具体情况而定，主要有采用打捞叉、打捞钩、打捞活套、偏钩和钻锥平钩等器具。

② 在钻孔过程中除以上几种主要事故外，还需注意防止糊钻、扩孔、偏孔、卡钻、钻杆折断、钻孔漏浆等。

（三）水下混凝土灌注事故的预防及处理

1. 导管进水

（1）主要原因首批混凝土储量不足，或导管底口距孔底间距过大，混凝土下落后不能埋住导管底口以致泥水从底口进入。

（2）处理方法将导管提出，将散落在孔底的混凝土拌合物用空气吸泥机清除，重新灌注。

2. 卡管

（1）主要原因

① 初灌时隔水栓卡管，或由于混凝土本身的原因如坍落度过小、流动性差、粗骨料过大、拌合物不均匀产生离析、导管接缝处漏水、大雨中运输混凝土未加遮盖使混凝土中的水泥浆被冲走，粗骨料集中造成堵塞。

② 机械发生故障和其他原因使混凝土在导管内停留时间过长，或灌注时间持续过长，最初灌注的混凝土已经初凝，增大了管内混凝土的下落阻力，混凝土堵在管内。混凝土灌注导管内外压力差不够。

（2）预防措施

准备备用机械、掺入缓凝剂，做好配合比，改善混凝土的力学性能。

（3）处理办法

拔管、吸渣、重灌。

3. 坍孔

发生坍孔后，应查明原因采取相应措施。如保持或加大水头，排除振动源等，防止继续坍孔，然后用吸泥机吸出孔中泥土，如不继续坍孔可恢复正常灌注，如坍孔不停止、坍孔部位较深，宜将导管拔除。保存孔位回填黏土，研究处理措施。

三、挖孔桩施工

对于无地下水或者少量地下水，且土层或者风化岩层较密实，则采用人工挖孔桩，桩径1.8m、1.6m、1.5m、1.2m分别为8、42、40和32根。挖孔桩施工时，根据地质和水文地质情况，制订可行的孔壁支护方案，主要采用混凝土护壁。人工挖孔桩施工工艺如下：

（一）施工准备

平整场地，清楚坡面危石浮土。坡面有裂缝或者坍塌迹象时应先加设必要的防护设施，铲除松软的土层并夯实。施测墩台的十字线，定出准确的桩孔位置；设置护桩并经常检查校核；孔口四周挖排水沟，做好排水系统；及时排除地表水、搭好孔口的防雨棚；安装提升设备；布置好出渣道路；合理堆放材料和施工机具，使其不增加孔壁压力、不影响施工。

井口四周用护壁围圈予以围护，第一节护壁高出地面20～30cm，防治土、石、杂物滚入孔内伤人。若井口地层有较大的渗水量时，采用井点降水法降低地下水位。

（二）挖掘顺序

对于单排桩，采用跳孔开挖。对于有四根桩基的群桩，采用对角开挖。

桥梁的桩基承台。采用先挖桩孔，后挖承台座基坑的方式。这样施工有利于排除地表水且施工作业场地宽敞，立架、支撑、提升、灌注等操作都比较方便。

（三）挖孔桩施工工艺

（1）桩孔的出渣，采用电动卷扬机扒杆，以减轻工人的劳动强度，提高文明施工程度。

（2）在挖孔过程中，须经常检查桩孔的尺寸和平面位置；群桩误差不超过100m，排架桩误差不超过50mm。直桩的倾斜度不超过1%，斜桩的倾斜度不超过±2.5%，孔径和孔深必须符合设计要求。

（3）挖孔时如果有渗水，则应及时进行孔壁支护，防止水在孔壁浸泡流淌造成塌孔。渗水采用井点降水或者集水泵排。

（4）桩孔挖掘和支撑孔壁两道工序必须连续作业，不宜中途停顿，以防塌孔。

（5）挖孔如遇到涌水较大的潜水层承压水时，可采用水泥砂浆压灌卵石环圈，或者集水泵排的方法进行排水。

（6）孔壁支护采用外齿式混凝土护壁。每挖掘1.2~1.5m深时，即立模浇筑混凝土护壁，护壁的厚度一般为10~15cm，强度等级一般为C15。有时为了赶工期，需加速混凝土的凝结，可掺入速凝剂。若土层比较松软或者需多次进行放炮开挖，可在护壁内设置φ8mm的钢筋。护壁的模板采用钢模板或者木模板。

（7）挖孔达到设计孔深后，应进行孔底处理。孔底必须做到平整，无松渣、污泥及沉淀等软层。嵌入岩层厚度应符合设计要求。

（8）在开挖过程中应经常检查了解地质情况，如与设计资料不符，应提前与设计代表联系，提出设计变更。

（四）孔内爆破施工

为了确保施工安全，提高生产效率，孔内爆破施工应注意以下事项：

（1）导火线起爆采用电雷管起爆，以确保施工安全。如采用导火线起爆，要有工人迅速离孔的设备；导火线应作燃烧速度试验，据以决定导火线所需长度。

（2）必须打眼放炮，严禁裸药爆破。对于软石炮眼深度不得超过0.8m，对于硬岩石炮眼深度不得超过0.5m。炮眼的数目、位置和斜插方向，应按岩层断面方向来定，中间一组集中掏心，四周斜插挖边。

（3）严格控制用药量，以松动为主。一般中间炮眼装硝铵炸药1/2节，边眼装1/3~1/4节。

（4）有水眼孔要用防水炸药，尽量避免瞎炮。如有瞎炮应按安全规程处理。

（5）炮眼附近的支撑应加固或设防护措施，以免支撑炸坏引起塌孔。

（6）孔内放炮后应迅速排烟。采用高压风管或者电动鼓风机向孔内吹风进行排烟。

当孔深大于12m时，每次放炮完后立即测定孔内的毒气浓度；无仪表测定时，可将敏感性强的小动物先吊入孔底考验，经数分钟的观察，如其活动正常，人员方可下孔施工。

（7）一个孔内进行爆破作业，其他孔内的施工人员必须到地面安全的地方躲避。

（五）挖掘的安全技术措施

挖孔时应注意施工安全。挖孔工人必须配备安全帽、安全带、安全绳，必要时应搭设掩体。

取出土渣的吊桶、吊钩、钢丝绳、卷扬机等机具，必须经常检查。井口周围须用木料、型钢或者混凝土制成的框架或围圈予以围护，井口周围应高出地面20~30cm，以防土、石、杂物滚入孔内伤人。为了防止井口坍塌，须在孔口用混凝土护壁，高约2.0m，挖孔时应经常检查孔内的二氧化碳含量，如超过0.3%，或孔深超过10m时，应机械通风。挖孔工作暂停时，孔口必须罩盖。井孔应安设牢固可靠的安全梯，以便于施工人员上下。

（六）钢筋骨架的制作与安装

挖孔灌注桩的钢筋骨架可在孔外预绑扎后吊入孔内，也可以在孔内绑扎。为使钢筋骨架正确牢固定位，应在钢筋笼主筋上设钢筋“耳环”或挂混凝土垫块。

（七）灌注混凝土

（1）从孔底及附近孔壁渗入的地下水的上升速度较小(参考值小于6mm/min)时，可采用在空气中灌注混凝土桩的方法。其技术要求除符合《公路桥涵施工技术规范》(JTG/T F50—2011)有关规定外，还应注意以下事项：

① 混凝土坍落度。当孔内无钢筋骨架时，宜小于6.5cm；当孔内设置钢筋骨架时，宜为7~9cm。如用导管灌注混凝土，可在导管中自由坠落，导管应对准中心。开始灌注时，孔底积水深不宜超过5cm，灌注的速度应尽可能加快，使混凝土对孔壁的压力尽快大于渗水压力，以防水渗入孔内。

② 桩顶或承台、连系梁底部2m以下灌注的混凝土，可依靠自由坠落捣实，不必再用人工捣实；在此线以上灌注的混凝土应以振捣器捣实。

③ 孔内的混凝土应尽可能一次连续浇筑完毕。若施工接缝不可避免时，应按照施工规范关于施工缝的处理规定处理，并一律设置上下层的锚固钢筋。锚固钢筋的截面积应根据施工缝的位置确定，无资料时可按桩截面积的1%配筋。施工接缝若设有钢筋骨架，则骨架钢筋截面积可在1%配筋面积内扣除；若骨架钢筋总面积超过桩截面的1%，则可不设锚固钢筋。

④ 混凝土灌注至桩顶以后，应立即将表面已离析的混合物和水泥浮浆等清除干净。

（2）当孔底渗入的地下水上升速度较大时(参考值大于6mm/min)，应视为有水桩，按前述钻孔灌注桩用导管法在水中灌注混凝土。灌注混凝土之前，孔内的水位至少应与孔外稳定水位同样高度；若孔壁土质易坍塌，应使孔内水位高于地下水位1~1.5m。

（3）空气中灌注的桩如为摩擦桩，且土质较好，短期内无支护不致引起孔壁坍塌时，可在灌注过程中逐步由下至上拆除支护。

需在水中灌注摩擦桩时，应先向孔中灌水，至少与地下水位相平。随着灌注的混凝土的升高，孔内水位上升时，逐层拆除支护，利用水头维护孔壁。在水中灌注的柱桩，应尽可能不拆除孔壁支护。

（4）在空气中灌注混凝土柱桩，且地质条件许可拆除支护，而且是钢护筒或钢筋混凝土护筒需要拆除时，则在灌注混凝土和逐步拆除护筒过程中，始终维持混凝土顶面比护筒底端最小高出1.5~2.0m，以免拔护筒时，护筒底脚土粒掉入混凝土桩内，及孔外地下水从护筒底下间隙中渗入孔内。

四、扩大基础施工

基坑开挖的坡度视地质情况决定，土质基坑采用 1∶0.5～1∶1，入岩部分垂直开挖。机械开挖至距基底 20cm 左右时，改由人工开挖清底，必要时采用松动爆破，爆破时严格控制装药量。基坑清理完毕，请监理工程师检验基底，核定地质和承载力是否与设计相符，合格后进行基础第一层浇筑。遇有地下水采用汇水井法排水，排出的水要防止回流回渗。基坑顶部有动荷载时基坑顶部留不小于 2m 的护道。

（一）钢筋要求

钢筋施工时所用钢筋必须符合以下要求：

（1）钢筋应具有出厂合格证。

（2）钢筋表面洁净，使用前将表面油腻、漆皮、鳞锈等清除干净。

（3）钢筋平直，无局部弯折。采用冷拉方法调直钢筋时，Ⅰ级钢筋的冷拉率不宜大于 2%。

（4）钢筋的弯制和末端符合设计及规范要求。

（5）各种钢筋下料尺寸符合设计及规范要求。

混凝土采用溜槽入模分层连续灌注，插入式振动棒振捣，振捣时观察到混凝土不再下沉、表面泛浆、不再出现气泡、表面有光泽时即可缓慢抽出振捣器。扩大基础第一层混凝土施工不立模板，满灌混凝土施工。第一层混凝土浇筑完毕后，预埋好连接钢筋。待最后一层混凝土浇筑完毕后及时洒水养护，拆模后用塑料薄膜覆盖养护。

（二）水中基础的施工

水中基础的施工采用钢板桩围堰。水中基础施工采用钢板桩围堰形成基坑，再进行基础施工。即先在岸上或平台上拼装围囹（按钢管桩的平面尺寸拼装），运至墩位定位后，把围囹固定在钢管桩上，然后在围囹四周的导框内插打钢板桩。安装堰内支撑，抽干水后人工开挖基坑，凿除桩头，绑扎钢筋，浇筑基础混凝土。

插打钢板桩的次序，从上一角开始，至下游合龙。这样不仅可以使围堰内避免淤积泥沙，而且还可以利用一部分水流冲走一部分泥沙，以减少开挖工作量，更重要的是保证围堰施工的安全。

钢板桩围堰在合龙处往往形成上窄下宽的状态，这就使得最后一组板桩很难插下。常用的纠正方法是将邻近一段钢板桩墙的上端向外推开，以使上下宽度接近。必要时，可根据实际宽度量测尺寸制作一块上窄下宽的异形钢板桩。合龙时，先将异形钢板桩插下，再插下最后一块标准钢板桩。

从围堰内排水时，如果发现锁口漏水，可在围堰外抛投煤灰拌锯末，效果显著。钢板桩是可以多次重复使用设备，墩身筑出水面后即可拔出钢板桩，拆除围堰。水中基础还可以采用吊箱围堰施工。

（三）吊箱围堰施工

1. 钢吊箱加工及拼装

钢吊箱底板和侧板在工厂分块加工，加工完试拼装检验合格后，分块装船运至拼装现场。

在工作平台上，采用全站仪测出桥墩的纵横中心轴线，并测出桩顶的中心线及标高。钢吊箱加工完并检验合格后，分批分块运到桥墩安装位置，将护筒割至安装要求标高。

在护筒上焊接钢牛腿设置临时施工平台，在临时施工平台上拼装钢吊箱底板，采用倒链找平底板后，安装吊箱侧板，侧板连接部位粘贴橡胶止水板。

安装悬吊系统，提起吊箱，割除护筒上牛腿，将吊箱沉至设计标高后，安装内侧支撑。

2. 吊箱定位与堵漏

吊箱下沉前，对墩位处河床标高进行测量，吊箱沉至设计高程后，复核其平面位置。如不满足要求，将螺旋千斤顶安放在四个角的护筒与吊箱侧板之间调整吊箱位置，待其满足要求后，在四个角的护筒与吊箱侧板之间用型钢焊接定位。潜水员水下封堵护筒与底板之间缝隙。

3. 灌注封底混凝土

采用泵送多点灌注封底混凝土，为提高混凝土流动性和延长混凝土的初凝时间，混凝土中掺缓凝减水剂和粉煤灰。

4. 吊箱抽水

封底混凝土达到设计强度后，吊箱抽水。在承台设计标高以下护筒上重新焊接拉压杆，完成受力转换。拆除拉压杆，割除钢护筒，凿除桩头，将封底混凝土表面找平。

5. 基础混凝土施工

完成上述工作以后，即可绑扎基础钢筋和浇筑混凝土。

第二节　承台工程施工

一、施工准备

施工前技术人员对现场进行调查，复核基坑中心线、方向、高程。结合墩位实际情况，决定开挖坡度和支护方案，进行技术交底，对承台进行施工放线。施工人员、机械设备到位。人员经培训合格，设备状态良好。桩基混凝土强度达到设计强度的 80%以上方能进行承台开挖。

二、基坑开挖

(1) 用反铲挖掘机开挖，人工配合，并加强坑内的排水。根据施工前拟定的坡度采用反铲挖掘机开挖，挖掘时注意抽水和不要碰到支挡结构，挖至距承台底设计标高约 30cm 厚的最后一层土时，采用人工挖除修整，以保证土结构不受破坏。如施工时发现基坑在地下水面以下时，可用木板桩支撑，边开挖，边设撑。对需要设挡板支撑的基坑，根据施工现场条件，在基坑四周每 30cm 打一根木桩(或钢管)，在木桩(钢管)后设 2~4m 厚的木板(或钢板)，防止边坡坍塌。

(2) 基坑排水：一般采用集水井排水。在基坑内承台范围外低处挖汇水井，并在周围挖边沟，使其低于基坑底面 30~40cm。汇水井井壁要加以支护，井底铺一层碎石。抽水时需有专人负责汇水井的清理工作。

（3）凿桩头：确定承台底标高。按设计图纸，将桩顶混凝土凿至顶面高出承台底设计标高的 10cm 处，将主筋调直，按设计要求绑成喇叭口，并向外设置直钩。凿桩头完成后，即进行桩基检测。合格后方可进行下道工序施工，若不合格，应立即处理。

（4）基底处理及测量定位：夯入 10cm 厚的碎石层，层面略低于承台底设计标高。如遇砂土层等地质不良情况，按设计要求的厚度铺设石渣或干拌 C10 混凝土。位于河床下部的水中承台，其基底处理按设计要求抛填片石、夯填碎石等处理。处理完毕后，马上组织测量人员对基坑进行抄平，放出承台底面 4 个边角点及承台长、宽中心线，及其交点（中心点）的位置，用仪器检查各点位置是否正确，然后用钢尺复测，确认无误后，挂线连出承台边缘位置。

三、绑扎钢筋、立模板

（一）绑扎钢筋

钢筋在钢筋棚加工，严格按照施工规范、图纸现场绑扎，严禁漏绑。特别注意预埋钢筋的位置及加固，防止浇筑混凝土时跑位。底部设置的钢筋网，在越过桩顶处不得截断。在钢筋与模板之间设置混凝土垫块，垫块与钢筋扎紧，并相互错开，并根据图纸绑扎预埋墩柱钢筋。

（二）立模板

采用钢模板，钢模板使用前要除锈、刷油，检查模板有否变形。为加快模板组装速度，用吊车吊装模板，人工配合立模，让模板内侧靠紧连接边角点的白线，外侧用 ϕ48mm 钢管加固。模板安装好后为防止浇筑混凝土时跑模和模板倾斜，在模板外打两排斜撑加固。

四、混凝土浇筑

混凝土采用自拌混凝土，混凝土罐车运输混凝土，用混凝土泵车和混凝土输送泵灌混凝土。为确保施工质量，采用斜向水平推进法施工。混凝土自由下落高度不得超过 2m，保持水平分层，且分层厚度不超过 30cm。采用插入式振捣棒振捣，应插入下层混凝土 8cm 左右，插入间隔小于其 1.5 倍作用半径，不得漏捣和重捣。每一层应边振动边逐渐提高振动棒，应避免碰撞模板。浇筑过程中，设专人负责检查支架、模板、钢筋和墩柱预埋钢筋的稳定情况，发现问题，立即处理。浇至设计标高后，振捣时观察混凝土不再下沉，表面泛浆，水平有光泽即可缓慢抽出振捣棒，防止混凝土内产生空洞。

五、拆模养护

混凝土浇筑完成后，对承台顶面进行修整。抹平定浆后，再一次收浆压光（墩柱处应拉毛），表面用草袋覆盖，洒水养护，养护时间不少于 7 天。当混凝土达到一定强度后拆模，并回填压实。

第三节　墩柱与盖梁工程

桥梁下部结构由立柱、盖梁组成。

一、墩柱

（一）模板选择

采用专门加工的定型组合圆柱型钢模板，选择专业厂家制作加工模板。钢模板按照2m一节组装，一次浇筑高度按照6m考虑。

（二）施工准备

立柱施工前，要规划好各种机具设备及材料的场地，做到既方便施工，又不影响安全。清扫基础，对立柱测量放样，并复核成果，测量误差控制在规范允许范围内。

（三）钢筋制作与安装

在现场按图纸的规格、尺寸分段加工钢筋。加工时，主筋的接头数量及焊接质量要按规范作业。制作完成后，吊装就位，注意防止骨架变形。安装完毕后要固定其位置，便于装模板。

（四）模板安装及拆除

将模板拼装并与支架螺栓连接成整体，再将各面模板及桁式支撑吊装就位，用螺栓连接成一整体模板。模板拼装时，在接缝处粘贴海绵胶条，以防浇筑混凝土时漏浆。

模板安装好后，要检查轴线偏位、标高、尺寸、竖直度以及稳定性是否符合《公路桥涵施工技术规范》(JTG/T F50—2011)要求，并填写检查记录，申请监理工程师检验，取得同意后进行下一道工序施工。

（五）混凝土浇筑

混凝土用水泥、砂、石及外加剂等材料必须符合图纸及规范要求，混凝土采用拌和站集中拌和，混凝土罐车运输，汽车吊吊混凝土罐入仓，连续浇筑。因故间断时，时间不得超过60分钟。浇筑速度要适宜，每次堆料厚度不超过25cm，并用插入式振捣器振捣密实。振捣时要注意加强立柱周边表面振捣消除水泡。对分层浇筑的立柱要对下一层混凝土表面凿毛，清除浮渣并用水冲洗干净。

混凝土施工后要留人整修周边，抹平压实立柱顶面混凝土。收浆后要覆盖，并洒水养护，对脱模后立柱周围用高压水枪洒水养护。立柱成型后要测量轴线、标高、竖直度，并申请监理工程师检查，无误后方可进行下道工序施工。

二、盖梁

在混凝土立柱上采用钢结构抱箍固定支架支承，用两根50#槽钢放在抱箍上作为模板支承，上铺12cm×10cm方木横梁，横梁间距30~50cm，50#槽钢与抱箍间用50t千斤顶调节间距，在 12cm×10cm 方木横梁上直接安装底模板。两侧模板借助于横梁、上拉杆和三角撑共同组成的方框架来固定。所有框架榫眼及角撑均预先制好，使模板能够迅速准确地定位。

模板定位校正用细钢丝绳作风绳校正。

混凝土由混凝土罐车从拌和站运至墩位处，汽车吊吊混凝土灌入模，分层灌注、振捣密实，按设计及规范要求的时间进行拆模，正常洒水养护不少于 14 天。

第四节　上部结构施工

桥梁上部结构由 T 型梁、空心板梁、护栏、桥面铺装等组成。

一、T 型梁（空心板）预制

（1）梁体预制施工顺序：放样→安装底模、一边侧模安装→底板、侧板钢筋安装→预应力管道布设→另一侧模安装→端头封模→安装锚垫板→浇筑混凝土→养护。

（2）梁体底模安装：底座设置成混凝土条形基础，钢板底模，底模与侧模以对拉筋采用帮包底的加固形式连接。

（3）侧模安装：侧模采用工厂订制钢模，侧模安装可先安装固定一边，侧模安装应牢固、顺直，侧模之间接缝应平顺、紧密。侧模与底模之间填塞橡胶止水条，贴靠紧密。

（4）钢筋绑扎焊接：钢筋严格按施工规范制作，各部尺寸满足设计要求，与管道相碰局部钢筋可作挪动。当桥梁上部梁体为连续刚构 T 梁时应注意预埋梁底钢板，并加以固定，确保位置准确。

（5）管道布设：管道布设须严格按设计提供的坐标布设，管道接头应连接紧密，不得漏浆；管道每 50cm 用定位筋与梁体钢筋焊接固定。同时应注意梁面负弯矩管道预埋和预留孔口、外管口，孔口应加以临时封锚，以防堵塞管口和孔口。

（6）锚垫板安装：锚垫板应与端模固定牢固，锚垫板与管道出口保证垂直。

（7）混凝土浇筑：混凝土浇筑形式采用设置于场内的拌和站生产混凝土，用小型机动车运输，吊车起吊倒料浇筑方式。混凝土浇筑采用梯形连续推进。振捣由附着在侧模上的附着式振捣器配合插入式振捣器振捣。混凝土要求搅拌均匀，和易性良好。

（8）养护：采用湿润法养护。

（9）预应力张拉，压浆按设计要求 T 梁（空心板）预制强度达到 100%后，方可进行张拉，压浆，施工顺序为：清管道→穿束→张拉→锚固→压浆→封锚。

① 清管道：穿束前用高压水枪清洗管道，确保管道畅通。

② 穿束：选用钢绞线，按设计要求进行下料，下料机具采用切割机。穿束时束头用胶布紧箍，人工推进。

③ 张拉：穿束后安装锚具及千斤顶，采用千斤顶及其配套的张拉设备和锚具。张拉设备应经过计量部门校正、标定，各束张拉顺序依设计编号进行，张拉采用两头对称同时进行。以应力应变双控并以应力为主，延伸值控制在 6%误差范围内。张拉程序：低松弛预应力筋 0→初应力→σ_{con}（持荷 2min 锚固）。

④ 孔道压浆：将水泥拌制均匀，水灰比控制在0.4~0.45，用压浆机从梁体一端向另一端连续进行，直至出浆嘴流出的水泥浆与原浆相同为止，并迅速将进浆口和排气孔全部堵紧。

二、桥梁安装

采用架桥机安装，具体安装方法如下：

(1) 架桥机拼装：架桥机采用定点厂家生产成套架桥设备，运至现场拼装。拼装好后，对架桥机械性能进行试运转，认真检查架桥机、钢丝绳、卷扬机、轨道、平车、电源等是否存在隐患，并即时予以更换或加强。

(2) 运输轨道铺设：轨道枕木布设两轨水平，支垫紧密。轨与轨接头平顺。

(3) T梁出坑、运输：T梁由跨墩龙门架出坑，安放在运输轨道平车上，安放时用木支撑或法兰螺丝紧紧对称地固定在平车架上，由运输平车运输至架桥机下方起吊位置。运输过程中，随时观察支撑是否松动，轨道是否变形。

(4) T梁安装：T梁安装顺序为，先安装左半幅左边梁及相邻一根中梁或右半幅右边梁及相邻一根中梁，然后按顺序逐根安装其余中梁与左半幅右边梁或右半幅左边梁。左半幅左边梁与右半幅右边梁安装由架桥机起吊前移，直接就位落梁安装。T梁安装在墩顶先设临时支座，待T梁连续构造施工完成后，再转换为永久支座。

(5) 一孔安装完毕后，接长运输轨道，架桥机轨道，架桥机前移就位，再按以上方法继续逐孔安装。架桥机前移时，保证各部位之间连接牢固，结构稳定。

(6) T梁翼板接缝现浇：翼板湿接缝，采用吊模固定现浇施工方法。施工时严格按设计要求与施工技术规范执行，做到各部尺寸、位置准确，接缝平顺流畅，表面平整。

三、墩顶连续现浇段施工

当桥梁上部为连续T梁，在安装完成2孔时，按设计要求，施工墩顶连续构造。首先采用高强螺栓在T梁两端横隔板进行连接，并用配套螺栓锁紧。将梁体端部、横隔板侧面拉毛并清洗干净，连接梁端伸出钢筋及横隔板钢筋，布置墩顶部位的负弯矩区预应力钢束。安装墩顶现浇连续段模板，安放永久支座，并布置连续段钢筋及桥面板钢筋，然后逐孔浇筑现浇桥面混凝土，混凝土浇筑完毕后，进行养护，穿预应力钢束。与相邻跨连续的预制T梁端部，必须将浮浆、油污清洗干净并凿毛，以保证新老混凝土接合牢固。待T梁端接头混凝土强度达到设计强度的90%后，即可张拉负弯矩预应力钢束。钢绞线单根张拉施工方法类同T梁预制。

四、连系梁体系转换步骤

当连系梁体连接段混凝土浇筑及负弯矩预应力钢束张拉封锚完成后，即可进行连系梁体系转换施工。具体施工工艺方法如下：

(1) 安放永久支座和临时支座：联端安放永久支座，而不设临时支座。

(2) 梁体架设：梁体置于临时支座上呈简支状态，及时进行梁片间横向连接。

(3) 中横梁混凝土及桥面板下横梁混凝土现浇：接头连续处预留钢筋，绑扎横梁钢筋，设置接头波纹管并穿束，浇筑混凝土。

（4）负弯矩区板束张拉：钢束张拉时，自每联两端向中间进行，从外侧向内侧进行。钢束张拉先张拉短钢束，然后张拉长钢束，每束钢束对称单根张拉，钢束采用伸长值与张拉应力双控的超张拉工艺。钢束张拉完成后，进行锚固及孔道压注水泥浆。

（5）浇筑桥面湿接缝混凝土，解除临时支座：湿接缝混凝土先浇筑跨中部分范围内的混凝土，后浇筑剩余部分湿接缝混凝土。最后解除临时支座，完成体系转换。

第五节 桥面系工程施工

一、防撞护栏施工

防撞栏杆采用分段安装，分段浇筑方法。用光面胶合板做面模，每段护栏混凝土一次成型。弯道处用 50cm 一节的模板，内贴宝丽板，可以确保弯道的线形和混凝土的外观质量。护栏钢管基座预埋件的标高和位置都要严格控制。

具体施工方法：

（1）放样：根据设计要求测设防撞栏杆轴线，并弹出两边线。

（2）钢筋安装：严格按设计要求与施工规范执行。

（3）模板安装：模板采用定型钢模板，模板安装严格控制轴线、标高、尺寸，模板接缝紧密，接头平顺。拉条对拉牢固。

（4）混凝土浇筑：混凝土采用洋铲喂料，插入式振捣器振捣。

二、桥面铺装施工

由于预应力施工等原因，对桥面标高进行认真的测量核实桥面铺装与 T 梁之间新旧混凝土之间的结合质量，所有的结合面必须按有关要求认真凿毛，并清洗干净。

桥面分左右幅，左右各分 3 条板块浇筑铺装层混凝土，每次在伸缩缝位置断开。尽量用干硬性混凝土，把钢纤维按比重加入强制式搅拌机均匀搅拌。具体施工方法如下：

（1）施工准备：清除梁体顶面杂物，凿除局部松散浮渣，用高压清水清洗面层尘埃，保证面板粗糙，确保桥面铺装层与 T 梁或空心板梁表面紧密结合。

（2）施工放样：按照桥面铺装层设计高程，在栏杆边缘每间距 1m，分别布设混凝土小支墩。小支墩标高严格按相应点位置桥面铺装层顶面标高控制，小支墩标高经过多次测设，找平调整，确保精度，目的是把平整度控制在 3mm 误差以内，作为桥面铺装施工的质量控制。同时在单幅桥两边线处每隔 4m 设置一个小支墩控制点，作为人工抹光找平时的水准控制点，保证桥面横坡准确度。

（3）钢筋制作与安装：钢筋制作、安装严格按设计要求与施工规范进行，钢筋网位置准确，网格尺寸标准，负弯矩筋布设准确，钢筋底面加垫混凝土小垫块，保证钢筋有足够的保护层。

（4）架设摊铺架：根据铺装层顶面高程与摊铺架实际高度，在已设置好的小支墩上铺设槽钢作为摊铺架行走轨道。槽钢应有足够的刚度，保证摊铺架行走时不变形，槽钢铺设经标高测定无误后，应加以临时固定。摊铺架安装时，摊铺架滚轮下缘应略高于铺装层顶面，高出多少应根据现场实验确定的混凝土松铺厚度控制。

（5）模板安装：为了保证桥面的宽度与深度，铺装层边缘线应线形平顺、圆滑及铺装层的密实度，模板采用胶合板，顶面高程严格与混凝土铺装层顶面高程相同。每一段落之间的施工缝同样采用角钢作模板，确保施工缝笔直，角钢安装牢固，角钢顶面高程按该处桥面设计横坡严格控制。

（6）混凝土配合比设计：在混凝土施工前，先按照设计文件要求的标号做混凝土配合比设计，配合比交由有资质的试验室承担。

（7）混凝土搅拌、运输、浇筑：浇筑混凝土由大型拌和站集中拌和，混凝土输送车运输，混凝土输送泵泵送浇筑。

（8）混凝土摊铺：混凝土采用单幅全桥宽同时展开逐段推进摊铺方式。摊铺时，先用人工初步摊平，再用粗刮架全幅宽粗刮，然后人工推动混凝土摊铺架前后慢速行走摊铺。摊铺架反复行进中，人工即时跟进局部找平，摊平后，采用滚筒调平架调平，并用 3m 铝合金钢长尺进行纵、横向平整度再次找平。摊铺前应注意各种预埋件是否安装齐全，混凝土摊铺应严格按经验确定的混凝土松铺厚度摊铺，保证混凝土振捣密实后桥面铺装层各点高程满足设计要求与施工精度要求。

（9）混凝土振捣：混凝土振捣采用插入式与平板式振捣器，混凝土振捣横桥向逐行慢速推进振捣，前后行之间应有足够的叠合宽度，振捣应保证密实，以表面不出面气泡、平坦为准。同时振捣时应随时注意侧模板稳固情况，保证面板边线美观。

（10）修整：混凝土振捣后，及时采用真空吸水机吸取表面自由水，真空吸水的时间严格按试验确定。吸水后，推动抹光架，作业人员在抹光架上，采用抹光机提浆及粗平，然后再用慢刀和 6m 铝合金钢长尺对纵、横向平整度、坡度反复检测表面进行镘抹、精平，直到平整度符合要求为止。修整是桥面系施工的关键，施工人员必须根据工作量，配足配齐，施作人员应保证具有足够丰富的经验。镘抹精平工作必须确保混凝土初凝前完成。

（11）纹理制作：为保证桥面有一定的粗糙度以抗滑作用，在混凝土仍具有塑性时进行纹理制作，采用压纹工具在横坡方进行纹理制作，槽口宽度、深度相一致，并根据设计抗滑要求进行。纹理制作均不得扰动混凝土。施作人员不得直接踩在刚铺好的混凝土面上，应跟随抹光机架作业。

（12）养护：纹理制作后以手指按压混凝土无痕迹时即覆盖麻袋布，并均匀浇水，充分保持湿润，并连续洒水养护 7 天以上。混凝土浇筑好后要派专人看守，严防人践踏。

（13）防雨准备：桥面铺装是连续施工作业的，在施工过程中不可避免会突遇下雨。因此，施工前应准备好足够长的塑料篷布遮雨棚，以防刚铺好的桥面混凝土被淋雨破坏。

三、伸缩缝装置安装

安装伸缩装置时，其缝宽值均应根据该季节的气温通过计算决定。伸缩缝施工要精工细作。一是要与预埋钢筋焊接牢固，补浇混凝土处要把原混凝土凿毛，用水清洗干净；二是标高要与两头桥面铺装高差不大于 2mm，以免跳车。具体施工方法：

（1）清理预留槽，将杂物清理干净，预留槽的尺寸稍大于伸缩装置的总宽度和总高。

（2）安装时将伸缩装置设置在预留槽内，使伸缩装置的中心线与桥中心线一致，顶面与桥面标高相同，同时注意其纵横坡度与桥面坡度一致。

（3）伸缩装置就位后检查其尺寸是否符合安装温度要求，否则必须用千斤顶和夹具进行调整，直至符合设计要求，调整好后立即固定夹具。

（4）调整好尺寸后，将伸缩装置一侧的锚固筋与预留槽内的预埋钢筋焊接，保证伸缩装置定位。

（5）设置梁端模板及伸缩装置模板，模板按伸缩装置外形尺寸和预留槽的缺口制作，并安装严密，以防止砂浆流入支承箱，同时防止混凝土落入钢梁之间的空隙中。

（6）浇筑混凝土的高度与支承箱齐平，混凝土强度不低于该处结构混凝土的强度，并进行振捣，防止周边空洞产生。

四、桥头搭板施工

桥台搭板一般在主体结构完成后安排进行施工，搭板采用现浇的方法进行。在测量组进行放样后，在原地进行钢筋的加工与安装。完成后，安装模板，模板采用建筑用钢模板，确保模板支撑牢固。混凝土浇筑时主要注意混凝土的振捣。振捣采用插入式振捣棒和平板式振捣棒交互进行，确保混凝土密实。在混凝土浇筑完毕后还要用压纹机进行压纹。

第六节　涵洞工程施工

一、钢筋混凝土框架涵

钢筋混凝土框架涵，施工主要方法为：基坑开挖采用人工配合机械施工，墙身采用C20混凝土现场浇筑，模板采用组合钢模，混凝土由拌和站拌和，专用运输车运输。浇筑时采用插入式机械振捣，保证混凝土质量

（一）施工准备

基坑开挖前需进行遮阳准备、排水准备。为防止基坑开挖后受日光的暴晒，须准备充足遮阳棚将基坑盖好，边施工边封闭。排水根据现场情况疏通出入口做排水沟或挡水堰将水沿原沟排走，基坑内排水可通过在基坑四边挖集水沟用水泵将水抽出。施工便道、施工场地布置好并做好充分的施工准备后，才能进行基坑开挖，以及基底的处理工作。

（二）基坑处理

1. CFG 桩施工

涵洞基地处理方式一般与路基处理相同，如采用 CFG 桩地基加固时，CFG 桩施工与路基 CFG 桩同步进行。施工要点如下：

（1）技术人员测放好基坑开挖线后进行，按照施工设计图布孔，桩身直径 0.5m，钻至

硬层后对照基底设计标高，除桩头超封 30~50cm 后，预留足够空钻长度，施工时严格按照 CFG 桩的施工工艺进行。

(2) CFG 桩施工完 7 天后，进行基坑开挖、破除桩头、铺设基础垫层等工作，桩头按照设计标高破除后，施工 CFG 桩扩大桩头，桩头上部为 1m 的圆形截面，高 0.6m，下部与桩身混凝土连接，整个桩头为倒锥形结构。

(3) CFG 桩扩大桩头施工完成，待桩头混凝土强度达到设计强度后，即可回填 60cm 碎石垫层，回填宽度为涵身底板尺寸两边各加宽 0.5~1m，褥垫层回填时采用压路机或小型夯实机械夯实，每层夯实并经检测合格后即可进行下道工序的施工作业。铺设褥垫层填料，为避免碾压时对褥垫层中的土工格栅造成破坏，施工时应增设中粗砂保护层，即褥垫层的组成自上而下为 25cm 碎石垫层、5cm 中粗砂、5cm 土工格栅、25cm 中粗砂碎石垫层。

(4) 基坑开挖利用人工配合挖掘机进行，挖至距设计换填层底标高 20~30cm 后进行人工清理，采用垂直开挖，避免超挖。每边按涵身底部尺寸加宽 50cm 作为施工空间。开挖时，开挖弃土及时用自卸车运走，严禁在基坑周围存放，更不允许将弃土堆在周围草皮及农田内。同时，现场施工负责人应严格规范施工区域，严禁挖掘机和施工车辆进入施工区以外区域，以免破坏农田及庄稼。

(5) 基地褥垫层施工后即可进行涵身进出口 2m×1m、C20 混凝土扩大基础的浇筑作业，浇筑前立好模板，经检查合格后即可进行混凝土的浇筑工作。

2. 测量放线

基坑开挖完成后，按要求利用全站仪进行测量放线。测放出涵身纵横十字线，以便控制涵身基础垫层的铺设范围，同时放好控制桩和护桩，以方便控制基础模板的位置。

3. 垫层的设置

出入口基础垫层设置可在人工将标高清到设计标高后，采用小型夯实机械先对基坑底进行夯实，后再分层夯填砂夹碎石垫层，分层厚度 10~15cm，夯至设计标高后整平垫层表面，在报检合格后，即可立模进行出入口基础混凝土的浇筑工作。

涵身垫层采用 C20 混凝土进行铺设，垫层厚度 10cm，在基底褥垫层施工至设计标高后，整平褥垫层顶面，按测放出的涵身十字线立好模板，进行涵身垫层的浇筑施工。

(三) 涵节施工

在涵节基础混凝土及垫层混凝土养护强度不小于 2.5MPa 时，再进行测量放线，测放出涵洞纵向中心线、涵身中心里程桩及横向中心线，按照设计尺寸挂好涵身纵向中心线、墙身内外侧钢筋绑扎线，即可依据配套钢筋设计图进行涵身底板钢筋帮扎作业，每米涵身配置 8 排钢筋，每排间距 12.5cm，且同一截面上的接头不能超过 50%（两钢筋接头相距在 30cm 以内或两焊接接头在 50cm 以内，或两绑扎接头的中距在绑扎长度以内，均视为同一截面，并不得少于 50cm），且“同一截面”内同一根钢筋上的接头不超过 1 个。

涵身底板钢筋绑扎完毕后，经现场技术人员、质检、监理检查合格后，就可进行模板拼装，模板宜采用组合钢模板，采用5cm的砂浆保护层垫块控制混凝土的结构尺寸，以保证涵节形状尺寸、大面、端面平直。模板拼装好后经检查合格，方可进行混凝土的浇筑施工。涵身混凝土的浇筑分两阶段施工：先浇筑涵身底板(浇筑至涵身下倒角顶面处)，待底板混凝土强度达到设计强度的50%后，再施工边墙及顶板。

混凝土浇筑时采用集中拌和，混凝土运输车运送至施工现场。浇筑时控制好混凝土的坍落度，混凝土坍落度严格控制在标准坍落度的±15mm范围内，混凝土的倾落高度不能超过2m，且不能将混凝土粘到还没有浇筑的模板板面上，避免造成板面上前期混凝土的凝结，影响混凝土结构物的外观质量。振捣采用插入式振动器，严格控制振捣时间，一般振捣时间不得小于20~30s，以保证混凝土的密实度。

在浇筑混凝土初凝后，将倒角处混凝土表面凿毛。夏季浇筑混凝土施工，要做好混凝土的养护工作，不能因混凝土内部早期水化热过高，造成混凝土表面开裂，影响混凝土工程的外观质量，洒水次数以混凝土面保持湿润为宜。

涵身施工时，先绑扎涵节两侧墙身钢筋，再进行涵节内膜和墙身内外模的拼装作业，内外侧模板均用钢管支架进行加固，在顶板处设置可调丝杠油托，以便调整顶板模板的高度及平整度。待墙身和顶板模板按设计及规范要求拼装加固好后，经检查无误，就可进行涵身顶板的绑扎工作。绑扎时按要求调整好各排钢筋的间距，且在钢筋与模板间垫好垫块，以防露筋。

在涵身混凝土浇筑作业中，对作业人员要做到分工明确，使之各负其责，以保证混凝土浇筑施工能够顺利进行，确保工程施工质量创优。

（四）附属工程施工

翼墙、帽石采用现浇混凝土施工方法。技术人员测量放样立模控制边线，严格按线立模模板采用组合钢模和木模配合使用，外露部分用钢模，要求搭配合理，拉杆及支撑紧固，面板顺直，接缝严密，下口加设海绵条，外侧用黏土或砂浆包严，以防漏浆。混凝土由中心拌和站拌制，罐车运至工地，插入式振动棒振捣密实。严格控制入模温度和施工配合比，使翼墙内实外美。

翼墙沉降缝及防水层施工与涵节处相同。

附属工程包括涵洞出入口铺砌、泄床、锥坡、边坡防护及垂群。涵洞出入口铺砌与路基排水沟、改沟应顺接通畅，排水有出路，做到涵洞内不积水。铺砌均采用M10号水泥砂浆浆砌片石，下设厚10cm碎石垫层。

（五）沉降缝及防水层施工

涵身沉降缝嵌塞2cm厚的石棉水泥板留作防水之用，施工期间，用电焊将石棉水泥板与涵身钢筋骨架定好位置当作模板使用。沉降缝外侧涂刷聚氨酯防水涂料并粘贴防水卷材，且相邻涵节不均匀沉降差小于5m。沉降缝内侧待涵洞施工完成后，再嵌入硫化型橡胶止水条。出入口翼墙与涵身间沉降缝内塞M20水泥砂浆15cm，中间如有空隙可填塞聚丙烯纤维网混凝土。

沉降缝防水层施工完后，经检查合格，即可进行涵洞两侧回填施工，以保证涵节稳定性。

在涵洞两侧大于两倍涵洞净宽范围内，涵背回填两侧同时进行。每层厚度不超过30cm，人工用电夯机夯实。

二、盖板涵洞工程

（一）施工安排

钢筋混凝土盖板涵洞结构，多数涵洞位于填方地段。为了尽快实现路基大面积填筑，必须优先施工涵洞工程。施工初期，先打通至涵洞的施工便道。根据涵洞的分布位置及工程量，组织涵洞施工队。

（二）盖板涵工程施工方法

1. 施工工序

施工放样→基础开挖、夯实基础→地基承载力试验→基础、铺底混凝土、台身片石混凝土→现浇盖板混凝土→帽石混凝土浇筑→板缝处理→砌筑进出水口→台背回填。

2. 施工工序说明

（1）施工放样：涵洞测量放样时，注意核对涵洞纵横轴线的地形剖面图是否与设计图相符，涵洞长度、涵底标高的正确性。对斜交涵洞、曲线上的陡坡涵洞，应考虑交角加宽、超高和纵坡对涵洞具体位置、尺寸的影响。遇到与设计图纸不符的，应及时与监理工程师沟通，适当调整位置。施工过程中，应经常检查涵洞结构浇砌和安装部分的位置和标高，并作测量记录。

（2）基坑开挖：采取人工配合反铲开挖基坑，若施工机械无法进入到涵洞施工现场时，采用人工开挖。基坑大小应满足基础施工的要求，有渗水土质的基坑坑底开挖，根据基坑排水需要及设计所需基坑大小而定。基坑壁坡度，按地质条件、基坑深度和现场的具体情况确定。

（3）基坑验收：基坑开挖并处理完毕，由施工质检人员自检并报请总承包部、监理工程师检验，确认合格后填写地基检验表。未经验收，不得进行下一道工序施工。

（4）基础、铺底：盖板涵基础、铺底采用C25钢筋混凝土，涵洞地基承载力要符合设计要求。

不能满足要求时，按照监理工程师指示进行处理，基础按图纸要求设置沉降缝，采用泡沫板，沉降缝处两端面竖直、平整，上下不得交错，不得接触，在沉降缝处加铺抗拉强度较高的卷材(如油毡)，加铺层数及宽度按图纸所示或监理工程师指示进行。

（5）台身：台身采用C20片石混凝土，台身设置沉降缝与基础一致。基础经验收合格后，方可进行台身片石混凝土施工。墙身模板采用组合钢模板立模，混凝土采用强制搅拌机拌和、人力推送或混凝土运输车运送混凝土，插入式振捣器捣固。

（6）台身及台帽混凝土施工完成后，采用ϕ50mm架子管搭设脚手架，架设现浇钢筋混凝土盖板模板，再安装盖板钢筋，验收合格后，浇筑盖板混凝土，浇筑方法与台身相同。

（7）涵洞进出口施工：浆砌用片石采用石方开挖段的合格石料；砂浆采用200L砂浆搅拌机拌制，手推车运输。石料在砌筑前浇水充分湿润，表面如有泥土、水锈清洗干净。

涵洞进出口建筑与路基的坡面协调一致。出水口的沟床整理顺直，形成顺畅的水流通道。

进出口砌体分层砌筑，砌筑时必须按要求错缝，平顺有致，砂浆饱满，外表平整。砌筑工作中断后恢复砌筑时，已砌筑的砌层表面加以清扫和湿润。外露浆砌片石部分采用M7.5砂浆勾缝，缝采用凹缝，勾缝应嵌入砌缝内不小于10mm。

（8）台背回填：当涵洞砌筑及盖板安装完成后，且混凝土强度达到设计标号的70%时，才能进行台背回填。回填时涵洞两侧对称同时填筑，按要求水平分层填筑压实，每层松铺厚度不超过15cm，压实度按照规范的要求执行。填料采用透水性良好的砂砾土或砂质土壤，不得采用含草、腐殖物的土。边角部位压路机无法压实的部位，采用小型压实机械进行压实，强度达到规范要求。

第八章

隧道工程施工

第一节 施工准备

一、技术准备

（一）施工测量工作准备

（1）施工前应根据施工图纸和有关勘测资料，对交付使用的隧道轴线桩、平面控制三角网基点桩以及高程控制的水准基桩等进行详细的测量检查和核对，不得有误，并将测量成果报送监理单位。

（2）在放线中除公里桩、平曲线基本桩外，应设置必要加密桩；在工程实施中隧道中桩最大间距直线上不得大于20m，曲线上不得大于5m，并明确标出用地界桩、路面和排水沟中心桩、辅助基准点以及其他为控制正确放线的水平和垂直标桩。

（3）隧道进出口联测已完成，且贯通误差符合规范要求；测放出进洞控制桩，并保护良好；边、仰坡开挖边线，明暗洞交界里程等测量放样已按规范完成。

（二）施工方案准备

（1）根据总体施工组织设计结合本项目的具体情况、工期要求、施工队伍、机械设备、施工中的现场监控量测等因素，正确选定施工方案，制订施工顺序，编制实施性施工组织设计。编制的施工组织设计，应包括施工方法、工区划分、场地布置、进度计划、工程数量、人员配备、主要材料、机械设备、电力和运输以及安全、质量、环保、技术等主要措施内容。

（2）实施性施工组织设计应报监理工程师及相关部门，按照程序批准后实施。在实施过程中应根据客观条件、生产资源配置变化情况及时调整施工组织设计，并呈送监理工程师批准，实行动态管理。

（3）对于长大隧道、地质复杂的隧道，如不良地质隧道、高瓦斯隧道、水底（海底）隧道等，承包人应当编制专项施工方案并组织专家论证、审查，附安全验算结果。施工方技术负责人、监理工程师审查同意签字后实施，由专职安全生产管理人员进行现场监督。

二、施工人员、材料和设备

（一）施工人员

（1）应对进场劳务分包队伍及其从业人员信息进行登记。

（2）应根据工程规模、工期和技术难度配备相应的管理、技术、测量、试验、环保、专职质量检查和安全管理人员。

（3）隧道施工的钻爆、运输、支护、模筑衬砌等作业均宜安排专业化队伍进行施工，施工前应根据施工进度计划、施工技术水平等制订详细的劳动力计划，及时组织上场，以满足施工需要。

（4）应加强现场施工人员（包括劳务人员）教育培训和考核工作。应当对管理人员和作业人员进行每年不少于2次、不低于40学时的安全生产教育培训，其教育培训情况记入个人工作档案。新进人员和作业人员进入新的施工现场或者转入新的岗位前，承包人应当对其进行安全生产培训考核。未经安全生产教育培训考核或者培训考核不合格的人员，不得上岗作业。

（5）承包人应当向作业人员提供必需的安全防护用具（如安全帽、安全带、口罩、耳塞等）和安全防护服装。

（二）材料采备

（1）隧道施工前应做好水泥、砂石料、钢筋（材）、外加剂、防水材料、透水管等各项材料的招标订购工作，并根据施工进度计划，制订材料供应计划；特别是做好隧道前期施工支护所需材料的采备工作。

（2）采购应严格按材料招投标程序进行，选择供应能力强、质量合格、价格优惠的供应厂家。

（3）进场前应严格进行检查验收和取样送检，试验合格经监理工程师认可后方可进料；杜绝不合格材料进入现场。

（三）机械设备准备

（1）隧道洞身开挖前，二次衬砌模板台车必须进场。

（2）隧道前期上场的机械设备主要有以下几种：

① 土石方施工设备：包括挖掘机、推土机、压路机和自卸汽车等。

② 隧道开挖及出渣运输设备：凿岩机、台车（架）、装载机、大吨位自卸汽车等。

③ 隧道支护设备：湿喷机、管棚钻机、注浆机等。

④ 混凝土施工设备：混凝土搅拌机、配料机、混凝土运输车、混凝土输送泵，振捣设备、衬砌台车（模板、拱架）等。

⑤ 钢筋结构加工设备：钢筋调直机、切断机、弯曲机、电焊机等。

⑥ 风、水、电供应设备：空压机、风机、水泵、变压器、发电机等。

⑦ 相应阶段配备的检测仪器和设备。

（3）机械设备按照性能优良、配套合理、工效高的原则配备，满足污染小、能耗低、效率高的要求，并根据施工进度计划安排，分阶段、分期组织上场，以满足施工需要。

三、施工供风、供水、供电

（一）施工供风

（1）风机应在洞口旁边选址修建，应有防水、降温、保温和防雷击等设施。

（2）压风站的供风能力须满足隧道正常施工需要，供风管路的布置应尽量避免压力损失，保证工作面使用风压不小于 0.5MPa。

（3）高压风管长度大于 1000m 时，应在管路最低处设置油水分离器，定时放出管道中的积油和水。

（二）施工供水

（1）在实施和维修工程期间，应按国家规定的施工和生活饮用水的有关标准，确保施工和生活用水设施的安装、保养及供水满足施工及生活需要。

（2）寻找水源，按施工需要的供水压力，合理选址修建高位水池，安装上、下水管路。

（3）对于修建高位水池困难的隧道，宜采用变频高压供水装置满足施工需要。

（4）供水管道前端至开挖面一般不超过 20m。

（三）施工临时供电

（1）对于短隧道应采用高压至洞口，低压进洞：长隧道及特长隧道应考虑高、中压进洞，以满足施工需要。

（2）隧道施工供电应采用三相五线供电系统；动力设备应采用三相 400/380V；照明电压一般作业地段不宜大于 36V，成洞段和不作业地段可采用 220V，手提作业灯为 12～24V：选用的导线截面应使低压线路末端电压降不大于 10%；36V 线不得大于 5%：高压分线部位应设明显危险警告标志：所有配电箱和开关应全部进行责任人和用途标识。

（3）洞外变电站应设置防雷击和防风装置，且宜设在靠近负荷集中地点和设在电源来线一侧。当变电站电源线需跨越施工地区时，其最低点距人行道和运输线路的最小高度应满足：电压 35kV 时 7.5m，电压 6～10kV 时 6.5m，电压 400V 时 6m。变压器容量应按电气设备总用量确定。

洞内变电站应设置在干燥的紧急停车带或不使用的横通道内，变压器与周围及上下洞壁的最小距离，不得小于 300mm，同时应按规定设置灯光、轮廓标等安全防护设施。洞内高压变电站之间的距离宜为 1000m，由变电站分别向相反两方向供电，每一方供电距离宜采用 500m，洞内高压变电站应采用井下高压配电装置或相同电压等级的油开关柜，不应使用跌落式熔断器，应有防尘措施。

（4）成洞地段固定的电线路，应采用绝缘良好的胶皮线架设；施工地段的临时电线路应采用橡套电缆；瓦斯地段的输电线必须使用密封电缆，不得使用皮线；涌水隧道的电动排水设备应采用双回路输电并有可靠的切换装置；动力干线上每一分支线，必须装设开关及保险装置；严禁在动力线路上加挂照明设施。

（5）照明和动力线路安装在同一侧时，必须分层架设。电线悬挂高度应满足：110V 以下电线离地面距离应不小于 2m，400V 时应大于 2.5m，6～10kV 时应不小于 3.5m。供电线路架设一般要求高压在上、低压在下，干线在上、支线在下，动力线在上、照明线在下。

四、弃渣场、自办料场、危险品库

（一）弃渣场

（1）隧道弃渣必须运至确定的弃渣场弃置，不得随意乱弃。

（2）隧道施工前应详细调查，和业主及当地政府配合，选择出渣运输方便、距离短的场所作为弃渣场，场地容量应可容纳隧道弃渣量。

（3）弃渣场选址应不得占用其他工程场地和影响附近各种设施的安全；不得影响附近的农田水利设施，不占或少占农田；不得堵塞河道、河谷，防止抬高水位和恶化水流条件；不得挤压桥梁墩台及其他建筑物。

（4）弃渣场应按设计要求进行防护，当设计要求不能满足实际需要或设计无具体要求时，应对弃渣场的防护进行设计并报监理工程师批复，以确保边坡的稳定，防止水土流失、泥石流、滑坡等危害。

（二）自办料场

（1）当隧道弃渣强度等指标符合规范要求、可作为结构用材料时，现场应建碎石场以充分利用隧道弃渣，加工碎石设备应采用带除尘装置的反击破碎石机并有配套的联合振动筛分设备。

（2）碎石场应专门配备锤式碎石机生产喷射混凝土骨料。日产量在100m^{3}以上的碎石场宜配置自动或半自动水冲洗设备，以提高碎石质量。

（三）危险品库

（1）火工品库房的建设及管理应符合以下要求：

① 建立健全火工用品管理制度，严格控制火工用品采购、储存、领取、使用和退库的各个环节的管理和操作，做到全程监控，全程把关。施工单位要定期对炸药库管理有关台账进行认真检查和清对，监理工程师要加强监督检查。

② 双洞中隧道及长隧道、特长隧道宜设置专用火工品库房，其他短隧道可结合其他隧道及路基、桥涵施工集中设置。

③ 应根据施工进度计划安排及月循环进尺核定火工品库库容量。

（2）其他危险品，如氧气、乙炔、油料及剧毒、放射性物品等应单独建库存储，库房建设及管理应符合相关标准建设。

第二节　洞口及明洞工程

一、边、仰坡开挖及防护

边仰坡开挖前应完成截排水工程，洞顶地表水的处理应符合下列要求：

（1）边、仰坡截、排水沟应与洞外路基排水系统良好连接；纵坡较陡时，沟身应采取设缓坡段和基座等稳定措施，沟口应采取设防冲刷措施。

(2) 对不利于施工及运营安全的地表径流、坑洞、漏斗、陷穴、裂缝等，应采取封闭、引排、截流等工程措施。洞口自然冲沟、水渠横跨隧道洞口时，应设渡槽排水。

(3) 边坡、仰坡边上可能滑塌的表土、危石应全部清除，不留后患。

(4) 洞口边仰坡工程应自上而下逐级开挖支护，及时完成洞口边仰坡加固、防护及防排水工程。

二、明洞工程

(1) 明洞位于陡峭山坡或破碎、松软地层时，宜先施作明洞衬砌轮廓外的整幅或半幅套(护)拱，必要时还应在外侧施作挡墙，然后在套拱护顶下暗挖明洞土石方，并及时支护边墙，成形后按暗挖隧道施作明洞衬砌。

(2) 明洞宜及早施作，明洞仰拱应安排在明洞拱墙衬砌施工前浇筑。隧道采用爆破开挖时，宜在洞身掘进适当距离后施作明洞；非爆破开挖时，宜先施作明洞，然后开挖隧道。

(3) 明洞基础应设置在稳固的地基上，两侧墙体地基松软或软硬不均时，应采取措施处理，防止地基不均匀沉降。

(4) 明洞衬砌结构施工应符合下列要求：

① 明洞衬砌不得侵入设计轮廓线，浇筑混凝土前应复测中线、高程和模板的外轮廓尺寸。

② 明洞混凝土的浇筑应设堵头板、外模和支架。

③ 需要及时回填的明洞，内模板支架应在回填至拱脚位置且混凝土强度达到设计强度的70%后方可拆除。

(5) 明洞防排水施工应符合下列要求：

① 明洞外模拆除后应及时施作防水层及排水盲管，并与隧道的防水层和排水盲管顺接，排水管应排水通畅。

② 明洞防排水施工应和隧道的排水侧沟、中心水沟的出水口及洞顶的截、排水设施统筹安排。

③ 明洞外侧的排水盲管设置完成后方可填土施工，确保出水口通畅。

(6) 明洞回填施工应符合下列要求：

① 明洞回填应在明洞外防水层施作完成后，且混凝土强度达到设计强度后进行。

② 明洞回填应加强对防水层及排水系统保护，不得损坏防排水系统。

③ 侧墙回填应对称进行，石质地层中岩壁与墙背空隙较小时用与墙身同标号的混凝土回填；空隙较大时用片石混凝土回填密实。回填至与拱顶齐平后，再分层满铺填筑至设计高度。

④ 应用小型机械分层进行拱顶回填，分层厚度不大于0.3m，两侧回填土面的高差不得大于0.5m。夯填超过拱顶1.0m以上后方可采用大型机械回填。

⑤ 表土层需作隔水层时，隔水层应与边、仰坡搭接平顺防止地表水下渗。

三、洞口段施工

(1) 隧道洞口段应根据地质条件、对地面建筑物的影响以及保障施工安全等因素选择施工方法，不宜采用全断面法开挖，采用台阶法时，严禁长台阶施工。

(2) 洞口段施工，应符合下列要求：

① 进洞前应按设计施作超前支护。

② 洞口段应加强初期支护，及时形成封闭结构，衬砌应尽早施作。

③ 洞口段的监控量测应适当增加量测频率

(3) 隧道洞口段处于偏压时，开挖前应按设计要求先完成洞门结构及回填施工。

(4) 洞口段位于浅埋、地表坡度较平缓时，可采用地表锚杆。地表锚杆施工应符合下列要求：

① 施工前应清除植被，夯平表土，清除危石。

② 锚杆应按设计要求布置孔位，垂直向下施钻。

③ 成孔后应及时灌浆，灌浆管插入孔底。

④ 锚杆安装前应除锈矫直，锚杆插入深度应符合设计要求。

⑤ 地面预注浆、长管棚(10~45m)等适用于洞口浅埋段、偏压段的围岩加固，施工工艺流程及要求见本技术指南相关章节内容。

四、洞门工程

隧道洞门应及早完成，施工应符合下列要求：

(1) 隧道洞门的截、排水设施应与洞门工程同步施工，当洞门顶部水沟置于填土上时，填土应夯填密实，必要时应铺砌。

(2) 隧道洞门端墙和翼墙、挡护墙的反滤层、泄水孔、变形缝设置应符合设计要求，泄水孔排水应通畅。

(3) 隧道洞门拱墙应与洞内相邻的拱墙衬砌同时施工，连成整体。

(4) 施工放样位置应准确、墙面应平顺，浇筑混凝土时应杜绝漏浆、跑模。

(5) 基底不得有虚渣、杂物、积水、软层，基底承载力应符合设计要求，超挖部分应采用同级混凝土与基础同步浇筑。

(6) 模板及支(拱)架应根据洞门结构形式、荷载大小、地基土类别、施工设备、施工工艺等条件设计。斜切式洞门内外模板和堵头板应专门设计和制作，配套使用。

(7) 隧道洞门采用端墙式时，浇筑与回填应两侧对称进行，不得对衬砌产生偏压。斜切式洞门混凝土达到设计强度后，及时回填边坡、仰坡超挖部分，恢复自然地形坡面。

第三节　洞 身 开 挖

一、开挖方案选择

(一) 开挖方案

开挖方案应具有较大适应性，且必须与支护、衬砌施工相协调。如需变换开挖方法时应有过渡措施。

（二）全断面开挖

（1）适用于Ⅰ～Ⅲ级围岩和较好的Ⅳ级围岩的双车道隧道和Ⅰ～Ⅲ级围岩的三车道隧道。

（2）施工顺序说明：全断面开挖→初期支护→全断面二次衬砌。

（3）施工要点：循环进尺宜控制在3～4m。采用大型机械配套作业；超前开挖导洞时，应控制好开挖距离。

（三）台阶法开挖

（1）适用于Ⅲ～Ⅳ级围岩和较好的Ⅴ级围岩双车道隧道和Ⅳ级围岩三车道隧道。

（2）施工顺序说明：上台阶开挖→上台阶初期支护→下台阶开挖→下台阶初期支护→全断面二次衬砌。

（3）施工要点：

① 台阶不宜多分层，上下台阶之间的距离尽可能满足机具正常作业，并减少翻渣工作量；当顶部围岩破碎，需支护紧跟时，可适当延长台阶长度。

② 施工亦应先护后挖，宜采用超前锚杆或超前小钢管辅助施工措施。开挖应尽量采用微震光面爆破技术。

③ 初期支护应紧跟开挖面；上台阶施工时，钢架底脚宜设锁脚锚杆和纵向槽钢托梁以利下台阶开挖安全。下台阶在上台阶喷射混凝土强度达到设计强度的70%后开挖。

④ 隧道两侧的沟槽及铺底部分应和下台阶一次开挖成型。

⑤ 台阶分界线不得超过起拱线，上台阶长度应不大于30m，下台阶马口落底长度不大于2榀钢拱架的长度，应一次落底，并尽快封闭成环。

（四）预留核心土开挖

（1）适用于Ⅴ级围岩双车道隧道以及Ⅳ级围岩三车道隧道。

（2）施工顺序说明：上弧形导坑开挖→拱部初期支护→预留核心土开挖→下台阶中部开挖→下台阶侧壁部开挖→仰拱超前支护→全断面二次衬砌。

（3）施工要点：

① 环形开挖留核心土法，将开挖断面分为上、中、下及底部四个部分逐级掘进施工，核心土面积应不小于整个断面面积的50%。上部宜超前中部3～5m，中部超前下部3～5m，下部超前底部10m左右。为方便机械作业，上部开挖高度控制在4.5m左右，中部台阶高度也控制在4.5m左右，下部台阶控制在3.5m左右。

② 核心土与下台阶开挖应在上台阶支护完成后、喷射混凝土强度达到设计强度的70%后进行。为防止上台阶初期支护下沉、变形，其底部宜加设槽钢托梁，托梁与钢架连为一体，钢架底部应按设计要求设置锁脚锚杆，并与纵向槽钢焊接，锚杆布设俯角宜为45°。

③ 每一台阶开挖完成后，及时喷射混凝土对围岩进行封闭，设立型钢钢架及锁脚锚杆，分层复喷混凝土到设计厚度，必要时各台阶设临时仰拱加强支护，完成一个开挖循环。

④ 对土质的隧道应以核心土为基础设立临时钢架竖撑以支撑拱顶和拱腰，核心土应根据围岩量测结果适当滞后开挖。

（五）中隔壁法（CD 法）

（1）CD 法是在软弱围岩大跨度隧道中，先分部开挖隧道的一侧，并施作中隔壁，然后再分部开挖另一侧的施工方法。

（2）施工顺序说明：先行导坑上部开挖→先行导坑上部初期支护→先行导坑中部开挖→先行导坑中部初期支护→先行导坑下部开挖→先行导坑下部初期支护→后行导坑上部开挖→后行导坑上部初期支护→后行导坑中部开挖→后行导坑中部初期支护→后行导坑下部开挖→仰拱超前浇筑→全断面二次衬砌。

（3）施工要点：

① 上部导坑的开挖循环进尺控制为每榀钢架间距 0.5~1.0m，下部导坑的开挖进尺可依据地质情况适当加大。

② 中隔壁法或交叉中隔壁法施工时，初期支护完成后方可进行下一分部开挖，地质较差时，每个台阶底部均应按设计要求设临时钢架或临时仰拱；各部开挖时，周边轮廓应尽量圆顺；应在先开挖侧喷射混凝土强度达到设计要求后再进行另一侧开挖；左右两侧导坑开挖工作面的纵向间距不宜小于 15m；当开挖形成全断面时，应及时完成全断面初期支护闭合。

③ 导坑开挖孔径及台阶高度可根据施工机具、人员等安排进行适当调整。应配备适合导坑开挖的小型机械设备，提高导坑开挖效率。

④ 中隔壁的拆除应滞后于仰拱，并应于围岩变形稳定后才能进行，一次拆除长度应根据量测数据慎重确定，拆除后应立即施作二次衬砌。

（六）交叉中隔壁法（CRD 法）

（1）CRD 法是在软弱围岩大跨度隧道中，先分部开挖隧道一侧，施作中隔壁和横隔板，再分部开挖隧道另一侧并完成横隔板施工的施工方法。

（2）施工顺序说明：左侧上部开挖→左侧上部初期支护→左侧中部开挖→左侧中部初期支护→右侧上部开挖→右侧上部初期支护→右侧中部开挖→右侧中部初期支护→左侧下部开挖→左侧下部初期支护→右侧下部开挖→右侧下部初期支护→仰拱超前浇筑→全断面二次衬砌。

（3）施工要点：

① 为确保施工安全，上部导坑开挖循环进尺控制为每榀钢架间距 0.5~0.8m，下部开挖可依据地质情况适当加大，仰拱一次开挖长度依据监控量测结果、地质情况综合确定。

② 应在先开挖侧喷射混凝土强度达到设计要求后再进行另一侧开挖。

③ 左右两侧导坑开挖工作面的纵向间距不宜小于 15m。中间支护系统的拆除时间应考虑其对后续工序的影响，当围岩变形达到设计允许的范围之内，方可拆除。中隔壁混凝土拆除时，要防止对初期支护系统形成大的振动和扰动，并根据二次衬砌段的长度逐段拆除。

（七）双侧壁导坑法

（1）分部开挖隧道两侧的导坑，并进行初期支护，再分部开挖剩余部分的方法。

（2）施工顺序说明：左（右）导坑开挖→左（右）导坑初期支护→右（左）导坑开挖→右（左）导坑初期支护→上台阶开挖→上台阶初期支护、导坑隔壁拆除→下台阶开挖→仰拱初期支护→仰拱超前浇筑→全断面二次衬砌。

（3）施工要点：

① 围岩开挖应尽量采用挖掘机和人工配合无爆破施工，局部需爆破施工时，宜弱爆破施工，以尽量减少对地层的扰动。

② 开挖应严格按规范做好监控量测工作，随时掌握围岩及支护的变形情况，以便及时修正支护参数，改变施工方法；同时，应有较准确的超前地质预报。

③ 开挖时的排水工作要认真做好，在保证排水畅通的同时，重点要对两侧临时排水沟铺砌抹面，防止钢支撑基底软化。

④ 侧壁导坑开挖后，应及时进行施工初期支护并尽早形成封闭环；侧壁导坑形状应近于椭圆形断面，导坑跨度宜为整个隧道跨度的1/3；左右导坑施工时，前后拉开距离不宜小于15m；导坑与中间土体同时施工时，导坑应超前30~50m。

二、超欠挖控制

（1）严格控制欠挖。当围岩完整、石质坚硬时，允许岩石个别突出部分侵入衬砌不大于5cm；拱脚、墙脚以上1m范围内断面严禁欠挖。

（2）应尽量减少超挖，要符合不同围岩地质条件下的允许超挖值规定，平均超挖值按“平均超挖值=超挖面积/爆破设计开挖断面周长（不包括隧道底）”计算。

（3）隧道开挖轮廓应按设计要求预留变形量，预留变形量大小宜根据监控两侧信息进行调整。

（4）超挖部分必须回填密实。

三、钻爆与出渣

（一）机械设备选型配套

（1）机械设备应本着“性能先进、配套合理、着重工效”的原则，按大断面（长）隧道机械化施工技术要求选型配套。

一般隧道大断面开挖可采用多层钻孔平台配12~18台风动凿岩机钻孔；对于长大隧道宜采用性能先进的液压钻孔台车进行施工，宜配备专用炮泥机加工炮泥，保证装药堵塞质量。

（2）出渣运输设备的选型配套应保证机械设备充分发挥其功能，并应使出渣能力、运输能力与开挖能力相适应，应使装运能力大于最大的开挖能力。

长隧道无轨运输出渣，宜配备大功率、大容量、性能先进的装运机械设备，加快施工进度。

（3）装渣应选用在隧道断面内能发挥高效率的机具，装渣能力应与运输车辆的容积相适应。运输方式根据隧道长度、机具设备和施工条件，选用有轨或无轨的运输方式。在施工过程中承包人必须严格执行批准的运输方案，切忌二次倒运。

（二）施工工序

钻爆作业施工工艺流程：爆破设计→放样布眼→定位开眼→钻眼→清孔→装药→联起爆网络→起爆→通风→出渣。

（三）施工要点

（1）测量放样布眼。钻眼前应定出开挖断面中线、水平线，用红油漆准确绘出开挖断面轮廓线，并标出炮眼位置（误差不超过50mm），经检查符合设计要求后方可钻眼。当开挖面凸凹较大时，应按实际情况调整炮眼深度，并相应调整装药量，除掏槽眼外的所有炮眼眼底宜在同一垂直面上。

（2）钻眼。按照不同孔位定点定位。钻工应熟悉炮眼布置图，能熟练地操作凿岩机械，特别是钻周边眼，一定要由有较丰富经验的老钻工钻，有专人指挥，确保周边眼有准确的外插角，使两茬炮交界处台阶不大于15cm。同时，根据眼口位置岩石的凹凸程度调整炮眼深度，保证炮眼底在同一平面上。施工质检员和监理工程师应加强对炮眼角度、深度、密度和垂直度的检验，尤其要加强对边墙周边眼钻孔质量的控制。炮眼精度应严格控制在《公路隧道施工技术规范》（JTG/T 3660—2020）规定之内。

（3）装药前，用高压风将炮眼内泥浆、存水及石粉吹洗干净。装药需分片分组，按炮眼设计图确定的装药量自上而下进行，雷管要“对号入座”，要定人、定位、定段别，不得乱装药。已装药的炮眼应及时堵塞密封，周边眼的堵塞长度不宜小于200mm。严格控制周边眼的装药量，应使药量沿炮眼全长合理布置，宜采用小直径药卷和低爆速炸药。

（4）联结起爆网路施工应按《爆破安全规程》（GB 6722—2014）的有关规定执行。

（5）非点炮人员撤至安全地点后才能引爆。爆破后必须经过通风排烟，其相距时间不得少于15min，且洞内空气质量符合相关规定，并经过以下各项检查和妥善处理后，其他工作人员才准进入工作面：①检查有无瞎炮及可疑现象；②检查有无残余炸药或雷管；③检查顶板、两帮有无松动石块；④检查支护有无损坏与变形。

爆破后必须立即进行安全检查，如有瞎炮，必须由原爆破人员按《爆破安全规程》（GB 6722—2014）的有关规定进行处理，确认无误后才能出渣。

第四节　初期支护

一、喷射混凝土

（一）一般要求

（1）喷射混凝土不宜采用干喷工艺，应采用湿喷工艺进行施工，鼓励采用混凝土喷射机组进行喷射混凝土施工，液体速凝剂应采用环保无碱速凝剂。

（2）喷射混凝土配合比应通过试验确定并满足设计强度和喷射工艺的要求。

(3) 隧道开挖后应及时初喷，软岩地段初期支护应紧跟掌子面。

(二) 施工要点

1. 喷射混凝土作业前应做好下列准备工作

(1) 岩面有渗水出露时，应先引排处理。当局部出水量较大时，可采用埋管、凿槽、树枝状排水盲沟等措施，将水引导疏出后再喷射混凝土。混凝土中可根据试验结果增添外加剂以确保喷射混凝土质量。

(2) 应埋设标志或利用锚杆外露长度以控制喷射混凝土的厚度，以确保最小厚度满足设计要求。

(3) 检查材料、机具、劳力的准备情况，检查风、水、电等管线路，并试运转，作业面具有良好的通风和照明条件。

喷射设备应能连续均匀混料并喷射。混料设备应严格密封，以防外来物质侵入。在混合料中添加钢纤维时，宜采用钢纤维播料机。

2. 混凝土原材料

水泥：宜选用硅酸盐水泥或普通硅酸盐水泥。特殊情况下可采用特种水泥，采用特种水泥时应进行现场试验，指标应满足设计要求。

粗集料：应采用连续级配、坚硬耐久的碎石，最大粒径应不大于13.2mm，其压碎值应≤16%，针片状颗粒含量≤25%，含泥量≤2.0%。

细集料：要求采用连续级配、坚硬耐久、颗粒洁净、粒径小于4.75m的河砂或机制砂，细度模数宜大于2.5，其含泥量≤5.0%。

外加剂：应对混凝土的强度及围岩的黏结力基本无影响，对混凝土和钢材无腐蚀作用，易于保存，不污染环境，对人体无害。外加剂使用前必须进行相应性能试验。凡喷射混凝土拟用于堵塞漏水灌浆，或要求支撑加固尽快达到强度值，可掺加早强剂于混合料中。为使喷射混凝土在喷射后达到速凝，可掺加速凝剂于混合料中。

速凝剂：应根据水泥品种、水灰比等，根据不同掺量的混凝土试验选择掺量，使用前应做好速凝效果试验，要求初凝应不大于5分钟，终凝应不大于10分钟。应采用液体速凝剂，严禁采用粉体速凝剂。

水：应采用清洁的饮用水，pH不小于4，硫酸盐含量(以SO_4^{2-}计)不超过1%的清水(按重量计)。在喷射混凝土的用水中，含有的有机物和无机物应以不损害混凝土的质量为准。

外掺料：外掺料剂量应通过试验确定，加外掺料后的喷射混凝土性能必须满足设计要求。

3. 喷射作业

(1) 隧道开挖后应立即对岩面喷射混凝土，以防岩体发生松弛。

(2) 喷射作业应分段、分片依次进行，喷射顺序自下而上进行。

(3) 喷射混凝土作业需紧跟开挖面时，下次爆破距喷射混凝土作业完成时间的间隔不小于 4 小时。

（4）喷射混凝土混合料应随拌随喷，回弹物不得重新用作喷射混凝土材料。

（5）一次喷射厚度应根据设计厚度和喷射部位确定，初喷厚度不小于 40～60mm。复喷一次喷射厚度拱顶不得大于 100mm、边墙不得大于 150mm。首层喷混凝土时，要着重填平补齐，将小的凹坑喷圆顺。

（6）喷射作业应以适当厚度分层进行，后一层喷射应在前一层混凝土终凝后进行。若终凝后间隔 1h 以上且初喷表面已蒙上粉尘时，受喷面应用高压风水清洗干净。

（7）喷射混凝土作业时喷嘴应垂直岩面；喷嘴距岩面距离以 0.6～1.2m 为宜，喷射料束与受喷面垂线成 5°～15°夹角时最佳；喷射时，应使喷射料束螺旋形运动；喷射机工作压力应控制在 0.1～0.15MPa。

（8）钢架与壁面之间的间隙应用混凝土充填密实；喷射混凝土应由两侧拱脚向上对称喷射，并将钢架覆盖、保证将其背面喷射填满，黏结良好。拱脚基础喷射混凝土要密实，严禁悬空。

（9）喷混凝土终凝 2 小时后，应喷水养护，养护时间不少于 7d；隧道内环境温度低于 5℃时，不得喷水养护。

（10）冬季施工时，喷射混凝土作业区的温度应不低于 5℃，混合料进入喷射机的温度应不低于 5℃，在结冰的岩面上不得进行喷射混凝土作业。混凝土强度未达到 6MPa 前不得受冻。

二、锚杆

（一）一般要求

锚杆类型、规格、技术性能应满足设计要求。

（1）为保证拱部锚杆的施作质量，要求对特殊锚杆采用专门锚杆机进行施作，锚杆机性能必须适合硬岩条件下的钻孔要求，一般锚杆可采用一般气腿式凿岩机钻孔。

（2）锚杆施作位置用红漆进行标识。

（3）隧道现场监理人应准备锚杆验收专用记录本。对每次锚杆的检查验收，应详细注明锚杆施作的里程桩号、围岩等级、锚杆施作情况、设计数量、实做数量等。每期锚杆计量必须附隧道现场监理人签认的锚杆验收记录复印件。

（4）垫板、螺母应在砂浆初凝后安装，垫板应与喷射混凝土紧密接触。Ⅳ、Ⅴ级围岩系统锚杆的垫板可在复喷完成后安装，以便于锚杆质量检测。

（5）全长黏结式锚杆安设后不得敲击，其端部 3 天内不得悬挂重物。

（二）施工要点

（1）钻孔深度应不小于锚杆杆体有效长度，但深度超长值应不大于 100mm。

（2）钻孔宜保持直线，系统锚杆钻孔方向宜与开挖面垂直，当岩层层面或主要结构面明显时，应尽可能与其成较大交角；局部锚杆应尽可能与岩层层面或主要结构面呈大角度相交。

（3）空位允许偏差为±15mm，钻孔数量符合设计规定。

（4）锚杆材料应满足设计及规范要求。

（5）安装垫板时，应确保垫板与锚杆轴线垂直，确保垫板与喷射混凝土层紧密接触。当锚杆孔的轴线与孔口面不垂直时，可采用两种方法进行调整：一是在螺帽下安装楔形垫块；二是在垫板后用砂浆或混凝土找平。锚杆砂浆凝固前不得加力。

6. 普通水泥砂浆锚杆

（1）普通水泥砂浆锚杆与中空注浆锚杆施工顺序不同，施工顺序为成孔后先注浆再安装锚杆。

（2）普通水泥砂浆锚杆宜选用螺纹钢筋作锚杆。

（3）砂浆配合比应符合设计要求，设计无要求时为，水泥：砂：水宜为1：(1~1.5)：(0.45~0.5)，砂的粒径不宜大于3mm。

（4）砂浆应随拌随用，一次拌和的砂浆应在初凝前用完，已初凝的砂浆不得使用。

（5）采用单管注浆工艺，灌浆管应插至距孔底50~100mm处，开始注浆后反复将注浆管向孔底送，使砂浆将孔内多余的水挤压出孔外，之后随水泥砂浆的注入缓慢匀速拔出。灌浆压力不宜大于0.4MPa。

（6）注浆开始或中途暂停超过30分钟时，应用水润滑灌浆罐及其管路。

（7）砂浆灌注后应及时插入锚杆杆体，锚杆杆体插到设计深度时，孔口应有砂浆流出，若孔口无砂浆流出，则应将杆体拔出重新灌浆。全长黏结锚杆应灌浆饱满。

7. 中空注浆锚杆

（1）对中空锚杆的注浆，监理必须要有旁站记录。

（2）中空注浆锚杆施工时应保持中空通畅，并留有专门排气孔。螺母应在砂浆初凝后拧紧，并使垫板与喷射混凝土面紧密接触。

（3）中空注浆锚杆应有锚头、垫板、螺母、止浆塞等配件。

（4）注浆过程中，注浆压力应保持在0.3MPa左右，待排气口出浆后，方可停止灌浆。

8. 水泥砂浆药包锚杆

（1）应对药包做泡水检验，药包包装纸应采用易碎纸。

（2）药包不应有受潮结块现象，药包宜在清水中浸泡，随用随泡。

（3）药包应用专用工具推入钻孔内，防止中途破裂。

（4）锚杆宜采用手送插入并转动锚杆，也可锤击安装，但不得损伤锚头螺纹。

（5）锚杆插到设计深度时，孔口应有砂浆流出，无流出时应补灌砂浆。

（6）砂浆的初凝不得小于3分钟，终凝不得大于30分钟。

（7）应使垫块与喷射混凝土面紧密接触。

三、钢筋网

（1）钢筋网材料应满足设计要求，钢筋在使用前应调直、清除锈蚀和油渍。

（2）应在初喷一层混凝土后再进行钢筋网的铺设。钢筋网宜随受喷面起伏铺设，并在锚杆安设后进行，与受喷面间隙宜控制在20~30mm之间。

（3）钢筋网应与锚杆或其他固定装置连接牢固，在喷射混凝土时不得晃动。

（4）钢筋搭接长度不得小于35倍钢筋直径，并不得小于1个网格长边尺寸。

四、钢架

（一）钢架加工要点

（1）钢架应分节段制作，每节段长度应根据设计尺寸及开挖方法确定。每片节段应编号，注明安装位置。型钢钢架宜采用冷弯法制作成型。钢架节段可采用工厂化加工制作方案，亦可在现场加工制作。现场加工的格栅钢架应按1∶1胎模控制尺寸，所有钢筋节点必须采用焊接，焊接长度应不小于40mm，对称焊。

（2）拱架接头钢板厚度及螺栓规格必须符合设计要求；接头钢板螺栓孔必须采用机械钻孔，孔口采用砂轮机清除毛刺和钢渣，要求每榀之间可以互换，严禁采用气割冲孔。

（3）钢架加工尺寸应符合设计要求，其形状应与开挖断面相适应。

（4）不同规格的首榀钢架加工完成后，应放在平地上试拼，周边拼装允许偏差为±30mm，平面翘曲应小于20mm。当各部尺寸满足设计要求时，方可批量生产。

（5）工字钢钢架的连接方式：工字钢通过A3连接钢板和4个M20螺栓进行连接。

（6）钢格栅钢架的连接方式：采用A3角钢通过4个M20螺栓进行连接，同时钢格栅之间用符合设计要求的纵向连接筋焊接牢。

（7）U型钢的连接分两种：一种是滑缩接头，即用ϕ20mm U型螺栓加U型连接板进行连接（A型接头）；另一种连接方式是通过A3钢板和M20螺栓进行连接（B型接头）。

（二）钢架安装施工工艺

钢架安装施工工艺流程：施工准备→放大样→型钢制作→焊接→试拼装→质量检验（合格）→→锚杆施工→钢筋安装→钢架安装→连接→结束。

（三）钢架安装施工要点

（1）钢架安装前应检查开挖断面轮廓、中线及高程。

（2）钢架安装应确保两侧拱脚必须放在牢固的基础上。安装前应将底脚处的虚渣及其他杂物彻底清除干净；脚底超挖、拱脚标高不足时，应用喷射混凝土填充；拱脚高度应低于上半断面底线15~20cm，当拱脚处围岩承载力不够时，应向围岩方向加设钢垫板、垫梁或浇筑强度不低于C20的混凝土以加大拱脚接触面积。

（3）钢架应分节段安装，节段与节段之间应按设计要求连接。连接钢板平面应与钢架轴线垂直。

（4）相邻两榀钢架之间必须用纵向钢筋连接，连接钢筋直径应不小于18m，连接钢筋间距应不大于1.0m。

（5）钢架立起后，根据中线、水平将其校正到正确位置，然后用定位筋固定，并用纵向连接筋将其和相邻钢架连接牢靠。钢架安装时应垂直于隧道中线，竖向不倾斜、平面不错位，不扭曲。上、下、左、右允许偏差±50mm，钢架倾斜度应小于2°。

（6）钢架在初喷混凝土后安装，应尽可能与围岩或初喷面密贴，有间隙时应采用混凝土垫块楔紧，严禁采用片石回填。

（7）钢架应严格按设计架设，间距必须符合设计要求，拱架安装位置采用红油漆进行标注，并编写号码。

（8）下导坑开挖时，预留洞室的位置也要按设计要求进行支护，只有在施工二衬时方可拆除，以确保安全。

（9）钢架安装就位后，钢架与围岩之间的间隙应用喷射混凝土充填密实，并使钢架与喷射混凝土形成整体。喷射混凝土应由两侧拱脚向上对称喷射，并将钢架覆盖，临空一侧的喷射混凝土保护层厚度应不小于20mm。

（10）钢架应经常检查，如发现破裂、倾斜、弯扭、变形以及接头松脱填塞漏空等异状，必须立即加固。

第五节　辅助工程

一、超前锚杆支护

（1）测量开挖面中线、标高，画出开挖轮廓线，并点出锚杆孔位，孔位允许偏差为±20m。

（2）钻孔台车或凿岩机就位，对正孔位钻孔，达到设计要求后，用吹管、掏勺将孔内碎渣和水排出。

（3）超前锚杆安装注浆或填塞锚固药卷：将早强锚固剂药卷放在水中，泡至软而不散时取出，再人工持炮棍将药卷塞满至孔深1/3～1/2处。注浆施工按照相关规定执行。

安装锚杆：用人工持铁锤将锚杆打入，以锚杆达孔底且孔口有浆液流出为止。

（4）将锚杆的尾部和系统锚杆的环向钢筋或钢架焊连，以增强共同支护作用。

（5）超前锚杆搭接长度应大于1m，锚杆插入孔内的长度不得小于设计长度。

（6）超前锚杆宜和钢架支撑配合使用，外插角宜为5°～20°。锚杆长度宜为3～5m，并应大于循环进尺的2倍。锚杆沿开挖轮廓线周边均匀布置，尾端与钢架焊接牢固，锚杆人孔长度符合要求。

（7）当超前锚杆和钢架配合使用时，宜先安装钢架，再穿过钢架腹部钻孔、安装锚杆，以利于钢架顺利安装。

二、超前小导管预注浆支护

（1）超前小导管直径应按设计要求选用和加工，长度应满足设计要求，纵向搭接长度应不小于1.0m。和钢架联合支护时，应从钢架腹部穿过，尾端与钢架焊接。

超前小导管沿隧道纵向开挖轮廓线向外以10～30°的外插角钻孔，将小导管打入地层。亦可在开挖面上钻孔将小导管打入地层，小导管环向间距宜为200～500mm。

（2）钻孔、安装小导管后，管口用麻丝和锚固剂封堵钢管与孔壁间空隙，管口安装封头和孔口阀，并能承受规定的最大注浆压力和水压。

（3）注浆前，应对开挖面及5m范围内的坑道喷射厚为50～100mm混凝土或用模筑混凝土封闭，以防止注浆作业时，发生孔口跑浆现象。

(4) 注浆压力应为0.5~1.0MPa，注浆按由下至上的顺序施工，浆液先稀后浓、注浆量先大后小。

(5) 结束标准：以终压控制为主，注浆量校核。当注浆压力为0.7~1.0MPa，持续15分钟即可终止。

(6) 注浆后至开挖的时间间隔，应视浆液种类决定。当采用单液水泥浆时，开挖时间为注浆后8小时，采用水泥-水玻璃浆液时为4小时左右。开挖时应保留1.5~2.0m的止浆墙，防止下一次注浆时孔口跑浆。

(7) 对小导管注浆要有旁站记录，记录内容必须包含以下内容：施作里程范围、小导管根数、长度、最大单根注浆量、最小单根注浆量、总注浆量、注浆控制压力。(注浆量以使用水泥袋数或kg为单位)。同时对小导管、管棚的安装和注浆必须要有影像资料。严禁未注浆行为。

三、超前管棚支护

(1) 超前管棚支护的长度和钢管外径应满足设计要求。纵向搭接长度应不小于3m。在钢架上沿隧道开挖轮廓线纵向钻设管棚孔，其外插角以不侵入隧道开挖轮廓线越小越好。

孔深不宜小于10m，孔径比管棚钢管直径大20~30mm，钻孔顺序由高孔位向低孔位进行。

(2) 管棚钢管外径宜为ϕ70~180mm，单根长度宜为4~6m。接长管棚钢管时，接头应采用厚壁管箍，上满丝扣，丝扣长度应不小于150mm。接头应在隧道横断面上错开。钢花管上按设计要求钻孔。

(3) 管棚定位：以套拱内预埋的孔口管定向、定位，严格控制其上抬量和角度。

(4) 钻孔施工采用管棚钻机，利用套管跟进的方法钻进、长管安装一次完成。为保证长管棚施工质量，在拱脚部位，选2个孔作为试验孔，找出地层特点，并进行注浆和砂浆充填试验。

(5) 安装钢管时，先打有孔钢花管，注浆后再打无孔钢管。每钻完一孔便顶进一根钢管。

(6) 为确保注浆质量，在钢花管安装后，管口用麻丝和锚固剂封堵钢管与孔壁间空隙，钢管自身利用孔口安装的封头将密封圈压紧，压浆管口上安装三通接头。

(7) 用双液注浆泵按先下后上，先单液浆、再双液浆，先稀后浓的原则注浆。注浆量由压力控制，初压0.5~1.0MPa，终压为2.0MPa。达到结束标准后，停止注浆。

(8) 注浆后，扫排管内胶凝浆液，用水泥砂浆紧密充填，增强管棚的刚度和强度；对于非压浆孔，直接充填即可。

四、超前预注浆

(一) 注浆材料

(1) 注浆材料及浆液配合比运营根据地质条件、注浆目的、注浆工艺等因素确定。

(2) 一般情况下注浆材料应选用水泥系浆材，不宜采用化学浆材，水泥一般选用普通硅酸盐水泥。

(3) 在细小裂隙岩层、断层泥、砂层中，可采用超细水泥类浆液或渗透性好、无毒及遇水膨胀的化学类浆液。

(4) 在富水和动水条件下，可采用普通水泥—水玻璃双液浆。

(5) 采用水泥浆液时，水灰比可采用0.5∶1~1∶1，采用水泥-水玻璃浆液，应根据胶凝时间配制。一般水泥浆液的水灰比为0.5∶1~1∶1，水玻璃浓度为25~40波美度，水泥浆与水玻璃的体积比宜为1∶1~1∶0.3，注浆过程中应根据浆液扩散情况、注浆量、注浆压力等参数调整注浆材料和配合比。

(二) 施工要点

(1) 超前预注浆施工应符合下列规定：

① 注浆段的长度应满足设计要求。

② 注浆管的布置角度及深度应符合设计要求。

③ 注浆孔的布置角度及深度应符合设计要求。

④ 注浆管应根据设计要求选用相应规格的钢管加工或袖阀管。

⑤ 注浆压力应根据岩性、施工条件等因素在现场试验确定。

⑥ 注浆方式可选用前进式、后退式或全孔式，注浆顺序宜为先内圈孔、后外圈孔，先无水孔、后有水孔，从拱顶顺序向下进行。

当钻孔遇到较大涌水时，应暂停钻孔，待压浆后钻孔，重复钻孔、注浆，这种注浆方式称为前进式注浆。

当钻孔中涌水量较小时，则钻孔可直接钻到设计深度，然后从孔底向孔口分段注浆，这种注浆方式称为后退式注浆。

当钻孔直到孔底，然后一次注浆完毕，这种注浆方式称为全孔式注浆。

(2) 钻孔施工8~15m的浅孔可采用钻孔台车或重型风钻钻孔，当孔深超过15m时，则应采用地质钻机钻孔。

(3) 注浆作业：

① 注浆机具设备应性能良好，满足使用要求。

② 注浆前应进行压水或压入稀浆试验，判断地层的吸浆和扩散情况，确定浆液种类、浓度和注浆压力，发现与设计不符时，应立即调整。

③ 在涌水量大、压力高的地段钻孔时，应先设置带闸阀的孔口管；当出现大量涌水时，拔出钻具、关闭孔口管上的闸阀，做好准备后进行注浆；当掌子面围岩破碎时，应先设置止浆墙和孔口管。孔口管埋入止浆墙深度应根据最大注浆压力而定；孔口管应为无缝钢管，直径不宜小于90mm。

安装注浆管时，应在注浆管孔口处用胶泥和麻丝缠绕，使之与钻孔孔壁充分挤压塞紧，实现注浆管的止浆与固定。胶泥凝固到有足够强度后方可进行注浆。

④ 分段注浆时，应设置止浆塞，止浆塞应能承受注浆终压的要求。

⑤ 注浆过程中应做好施工记录，施工记录应包括孔位、孔径、孔深、浆液配合比、注浆压力、注浆量、跑浆、串浆等情况的说明。发现问题应及时处理。

⑥ 浆液的浓度、胶凝时间应符合设计要求，不得任意变更。

⑦ 注浆结束条件单孔结束条件：注浆压力达到设计终压并稳定10分钟，且进浆速度小于开始进浆速度的1/4，或注浆量不小于设计注浆量的80%。全段结束条件：所有注浆孔均

已符合单孔结束条件，无漏注情况。

⑧ 注浆后必须对注浆效果进行检查，如未达到要求，应进行补孔注浆。注浆效果的检查方法通常有 3 种：

分析法：分析注浆过程，查看每个孔的注浆压力、注浆量是否达到设计要求；注浆过程中漏浆、跑浆是否严重，从而以浆液注入量估算注浆扩散半径，分析是否与设计相符。

检查孔法：用地质钻机按设计孔位和角度钻检查孔提取岩芯进行鉴定，同时测定检查孔的吸水量(即钻机漏水量)，单孔时应小于 1L/(min·m)；全段应小于 20L/(min·m)。

物探无损检测法：用地质雷达、声波探测仪等物探仪器对注浆前后岩体声速、波速、振幅及衰减系数等进行无损探测来判断注浆效果。

五、处理涌水措施

(一) 处理涌水的原则

隧道涌水处理应符合“预防为主、疏堵结合、注重保护环境”的原则。涌水处理措施主要包括：超前围岩预注浆堵水、开挖后补注浆堵水、超前钻孔排水、坑道排水、井点降水等。下面介绍常用的集中处理涌水措施。

(二) 超前钻孔排水

(1) 超前钻孔排水或坑道排水一般用于开挖面前方有高压地下水或有充分补给源的涌水，且排放地下水不会影响围岩稳定及隧道周围环境条件。

(2) 超前钻孔排水和坑道排水是防止承压水突然袭击的措施。为了达到较好的效果，应对地质和水文地质进行详细调查分析，判明地下水流方向，估计可能发生的涌水量，然后布置钻孔位置、方向、数目和每次钻进深度。应备足抽水设备，在钻口预先埋管设阀，控制排水量，以防承压水冲击人身及机械设备，以及淹没坑道等意外险情发生。必要时施工人员撤出危险区。

(3) 应保证钻孔排出的水迅速排至洞外。

(4) 应使用轻型探水钻机或凿岩机钻孔。

(5) 钻孔孔位(孔底)应在水流上方。

(6) 超前钻孔深度不宜小于 10m，一般宜在 20~50m 之间，且满足孔底超前开挖面 1~2 倍循环进尺。

(三) 井点降水

(1) 当降水深度为 3~6m 时，可采用井点降水；深度小于 5m 时，可采用单排井点。

(2) 井点降水的方法、设备应满足降水要求，并编制降水施工方案。滤水管应深入含水层，各滤水管的高程应相同。

(3) 降水后水位线应低于隧底开挖线 0.5~1.0m。

(4) 降水过程中应设水位观测井，及时测定动水位。调整降水参数，保证降水效果。

(5) 重视降水影响范围内地表环境的保护，建立监控量测体系，制订回灌措施，防止地表超限下沉。

第六节　二次衬砌

一、衬砌模板台车

（一）台车制作

（1）二次衬砌施工（含加宽段）应采用全液压自动行走的整体衬砌台车。衬砌台车应结构尺寸准确，各种伸缩构件、液压系统、电气控制系统运行良好，合理设置各支承机构并应满足自动行走要求，并有闭锁装置，保证定位准确。

（2）二衬台车必须在隧道进洞前进场，连拱隧道、小净距隧道一端必须要有两部二衬台车，以确保左右线开挖、二衬的合理步距，确保结构安全。

对加宽段处在Ⅳ、Ⅴ级围岩段落的，应专门配备加宽段整体衬砌台车，以确保加宽段二衬及时施作。

（3）台车整体模板板块由面板、支撑骨架、铰接接头、作业窗等组成。当衬砌断面较大，所承受荷载较大时，支撑骨架应制成桁架结构，并尽量减少板块接缝数量。模板及支架应具有足够的强度、刚度、稳定性和抗上浮能力，能安全地承受所浇筑混凝土的重力、侧压力以及在施工中可能产生的各项荷载。模板不凹凸、支架不偏移、不扭曲，满足多次重复使用不变形。台车设计应便于整体移动、准确就位。

（4）台车模板支撑桁架门下净空应满足隧道衬砌前方施工所需大型设备通行要求；桁架各层平台的高度要满足混凝土施工要求，利于工人进行安管、混凝土捣固等施工作业，必须要有上下行的爬梯。

（5）为保证衬砌净空，模板外径应考虑变形量适当扩大，作为预留沉降量。

（6）两车道二次衬砌台车面板钢板厚应不小于10mm；三车道隧道二次衬砌台车面板钢板厚应不小于12mm；四车道的二次衬砌台车必须经过计算，邀请有关专家研究审查后定制。为减少二次衬砌模板间痕迹，外弧模板每块钢板宽度推荐采用2m，但应不小于1.5m，板间接缝按齿口搭接或焊接打磨。

（7）应在3m处、5.3m处、拱顶处设置作业窗，作业窗口间距纵向不宜大于3m，横向不宜大于2.5m，窗口尺寸50cm×50cm，且应整齐划一；作业窗周边应加强，防止周边变形，窗门应平整、严密、不漏浆。

（8）二次衬砌台车的长度应根据隧道的平面曲线半径、纵坡合理选择，长度一般为912m，对曲线半径小于1 200m的台车长度应不大于9m。

（9）衬砌台车应工厂制造、现场拼装。现场拼装时应检查其中线、断面和净空尺寸等。

衬砌前对模板表面进行彻底打磨，清除锈斑，涂油防锈。对模板板块拼缝进行焊联并将焊缝打磨平整，抑制使用过程中模板翘曲变形而影响混凝土表面质量，避免板块间拼缝处错台。

（10）对已使用过的二次衬砌台车，对各种伸缩构件、液压系统、电气控制系统运行状况进行严格的调试，确保使用状态良好，否则应予更换。必须更换新的外弧模板，并经专业模板厂家整修合格。

（二）台车拼装调试及施工过程加固要求

台车拼装后调试对二次衬砌混凝土外观质量十分重要，要求如下：

（1）二次衬砌台车现场拼装完成后，必须在轨道上往返走行3~5次后，再次紧固螺栓，并对部分连接部位加强焊接以提高其整体性。

（2）检查台车模板尺寸要求准确，其两端的结构尺寸相对偏差宜不大于3m，否则需进行整修。

（3）衬砌前对钢模板表面采用抛光机进行彻底打磨，清除锈斑，涂油防锈。

（4）堵头模板应满足承受混凝土压力的刚度，厚度应适当加厚，安装稳固、严密。

（5）施工过程中出现二次衬砌错台，应暂停二次衬砌施工，全面查找原因，重点查找台车就位加固措施是否有效、混凝土输送管是否固定、堵头模板或两边模板是否变形等，要及时整修加固，经监理人同意后方可继续二次衬砌施工。

（6）每施作衬砌500~600m，台车应全面校验1次，校验可在隧道加宽带进行。

（三）台车的审批验收

台车的审批验收共分为两阶段，由总监办组织成立专门的审批验收小组，对每座隧道的隧道二次衬砌台车进行审批验收。

第一阶段(二次衬砌台车进场前报批)：承包人进场后应立即着手进行二次衬砌台车进场前的准备工作，进场前两个月内向总监办上报拟进场二次衬砌台车的数量、台车长度、外观几何尺寸、新旧程度、面板厚度及每块板的宽度，每台台车重量等主要台车参数，经总监办批准许可后方可组织进场。

第二阶段(二次衬砌台车验收)：二次衬砌台车进场后，由承包人填写验收表，并报总监办。

总监办应在7个工作日内依据批复的二次衬砌台车进场许可对承包人进场的二次衬砌台车进行验收。验收合格后，承包人进行二次衬砌台车的拼装调试。调试成功后，报总监办组织验收。若验收发现问题承包人应及时整改，待整改并验收合格后才能移入洞内进行二次衬砌施工。

二、二衬混凝土的性能要求及配合比设计要点

（一）性能要求

（1）各种原材料及外加剂满足规范要求，满足设计强度要求。

（2）流动性好、坍落度衰减慢、初凝时间相对较长、终凝时间相对较短，以满足泵送混凝土施工要求，减少裂纹出现。

（3）干缩性小，满足抗渗性要求。

（4）水化热低且水化热高峰值发生在混凝土达到一定强度之后，以承受由于水化热产生的温度应力。

（5）混凝土有早强性能，特别是拱肩部位，以利于模板早拆，满足衬砌快速施工需要。

（二）配合比设计要点

（1）配合比根据原材料质量及设计混凝土所要求的强度、耐久性、抗渗指标、施工和易性、凝固时间、运输灌注和环境温度条件通过试配确定，推荐采用“双掺”技术。

（2）混凝土坍落度一般控制在13~18cm，根据混凝土灌注部位不同，墙部混凝土坍落度宜小，拱部混凝土坍落度宜大。在保证混凝土可泵性的情况下，宜尽量减小混凝土的坍落度，并提高混凝土的和易性、保水性，避免混凝土泌水。

（3）配合比设计时应采取措施以使反弧部位混凝土减少气泡、麻面等质量通病的发生。

（三）矮边墙施工

（1）矮边墙顶面标高按台车侧模底部标高确定；施工时按规范预埋连接钢筋或榫石，并对与二次衬砌混凝土接触面进行凿毛，在围岩变化处设置好沉降缝；二次衬砌混凝土浇筑前用水将其表面湿润，清除杂物。边墙模板应采用一次成型的弧形钢模。

（2）如二次衬砌与矮边墙同时浇筑，要求二次衬砌台车下增加矮边墙模板。

（3）对设计有二次衬砌钢筋的段落，预埋的接地扁铁应与钢筋焊接，无衬砌钢筋的也应尽量与锚杆头进行焊接，以确保接地电阻满足设计要求。

（4）注意按设计布设纵向透水盲管及其与沉砂井的连接管，预留环向软式透水盲管和防水板接头，以及设置预埋件和预留洞室等。

三、二次衬砌钢筋

（1）应严格按《关于规范高速公路拌和站、预制场、钢筋加工厂建设的通知》的要求，执行“三个集中”的原则，钢筋集中加工、统一配送。

（2）钢筋安装应满足：

① 横向钢筋与纵向钢筋的每个节点均必须进行绑扎或焊接。

② 钢筋焊接搭接长度应满足设计及规范要求，受力主筋的搭接应采用焊接，焊接搭接长度及焊缝应满足规范要求。

③ 相邻主筋搭接位置应错开。

④ 同一受力钢筋的两个搭接距离应满足设计要求。

⑤ 箍筋连接点应在纵横向筋的交叉连接处，必须进行绑扎或焊接。

⑥ 钢筋其他的连接方式应符合相关规范的规定。

⑦ 安装钢筋时，钢筋长度、间距、位置、保护层厚度应满足设计要求。

（3）钢筋制作必须按设计轮廓进行大样定位。

（4）为确保二次衬砌钢筋定位准确、钢筋保护层厚度符合要求，需采取以下措施：

① 先由测量人员用坐标放样，在调平层及拱顶防水层上定出自制台车范围内前后两根钢筋的中心点，确定好法线方向，确保定位钢筋的垂直度及与仰拱预留钢筋连接的准确度。钢筋绑扎的垂直度采用三点吊垂球的方法确定。

② 用水准仪测量调平层上定位钢筋中心点标高，推算出该里程处圆心与调平层上中心点的高差，采用自制三脚架定出圆心位置。

③ 圆心确定后，采用尺量的方法检验定位钢筋的尺寸是否满足设计要求，对不满足要

求位置重新进行调整，全部符合要求后固定钢筋。钢筋固定采用自制台车上由钢管焊接的可调整的支撑杆控制。

④ 定位钢筋固定好后，根据设计钢筋间距在支撑杆上用粉笔标出环向主筋布设位置，在定位钢筋上标出纵向分布筋安装位置，然后开始绑扎此段范围内钢筋。各钢筋交叉处均应绑扎。

(5) 钢筋保护层应全部采用高强砂浆垫块来控制，不得使用塑料垫块。

(6) 要求主筋纵向间距、分布筋环向间距、内外层横向间距、保护层厚度符合设计要求。

四、预留洞室和预埋件

(1) 预留洞室模板及预埋件在钢筋混凝土衬砌地段，宜固定在钢筋骨架上；在无筋衬砌地段采取在衬砌台车模板上钻孔，用螺栓固定。

(2) 预留洞室模板宜采用钢模，承托上部混凝土重量时应加强支撑、确保混凝土成型质量合格。

五、台车就位

(1) 台车模板就位前应仔细检查防水板、排水盲管、衬砌钢筋、预埋件等隐蔽工程并做好记录；台车就位后应检查其中线、高程及断面尺寸等并做好记录。

(2) 台车模板定位采用五点定位法，即：以衬砌圆心为原点建立平面坐标系，通过控制顶模中心点、顶模与侧模的铰接点、侧模的底脚点来精确控制台车就位。曲线隧道应考虑内外弧长差引起的左右侧搭接长度的变化，以使弧线圆顺，减少接缝错台。

(3) 台车模板应与混凝土有适当的搭接(≥10cm，曲线地段指内侧)，撑开就位后检查台车各节点连接是否牢固，有无错动移位情况，模板是否翘曲或扭动，位置是否准确，保证衬砌净空。为避免在浇筑边墙混凝土时台车上浮，还须在台车顶部加设木撑或千斤顶。同时检查工作窗状况是否良好。

(4) 衬砌台车必须由经培训过的台车司机专人操作，对控制面板、油路、顶缸等重点部件要加强管理维修。

(5) 风水电管路通过衬砌台车时，应按规范架设，并布置整齐；照明应满足混凝土捣固等操作需要；管线台车施工区域内的临时改移，要加强洞内外的联系，班组间密切配合，提高操作人员安全教育，设专人巡查，严防触电及管路伤人事故。

(6) 台车作业地段进行吊装作业时，应有专人监护，统一指挥，并设标志，禁止通行。

六、安装堵头模板、止水带等

(1) 台车端部的堵头模板应按衬砌断面制作以保证设计衬砌厚度，并可适当调整以适应其不规则性，其单片宽度不宜小于300mm，厚度不小于30mm。

(2) 堵头模板结构应能保证衬砌环接缝榫接，以保证接头处质量，增强其止水功能。

(3) 堵头板应定位准确、安装牢固，其与岩壁间隙应嵌堵紧密。

(4) 堵头板顶部应留有观察小窗口，以观察封顶混凝土情况。

(5) 止水带等安装见“防水与排水”的相应内容。

七、混凝土施工

1. 衬砌混凝土灌注前应重点检查以下几点：

(1) 复查台车模板及中心高是否符合要求，仓内尺寸是否符合要求。

(2) 台车及挡头模安装定位是否牢靠。

(3) 衬砌钢筋、防水板、排水盲管、止水带等安装是否符合设计及规范要求。

(4) 模板接缝是否填塞紧密。

(5) 脱模剂是否涂刷均匀。

(6) 基仓清理是否干净，施工缝是否经过适当处理。

(7) 预埋件、预留洞室等位置是否符合要求。

(8) 输送泵接头是否密闭，机械运转是否正常。

(9) 输送管道布置是否合理，接头是否可靠。

2. 混凝土浇筑采用泵送浇筑工艺，机械振捣密实。

(1) 混凝土拌制前，应测定砂石含水率并根据测试结果调整材料用量，提出施工配合比。

拌制混凝土拌和物时，水泥质量偏差不得超过±1%，集料质量偏差不得超过±2%，水及外加剂质量偏差不得超过±1%。

(2) 混凝土浇筑前，必须将基底石渣、污物和基坑内积水排除干净，严禁向有积水的基坑内倾倒混凝土干拌和物。

(3) 泵送混凝土前应采用按设计配合比拌制的水泥浆或按骨料减半配制的混凝土润滑管道。

(4) 混凝土应采用混凝土搅拌运输车运输，确保在运送过程中不产生离析、洒落及混入杂物。

(5) 混凝土由下至上分层、左右交替、从两侧向拱顶对称灌注。每层灌注高度、次序、方向应根据搅拌能力、运输距离、灌注速度、洞内气温和振捣等因素确定。为防止浇筑时两侧侧压力偏差过大造成台车移位，两侧混凝土灌注面高差宜控制在50cm以内，同时应合理控制混凝土浇筑速度。

(6) 浇筑混凝土应尽可能直接入仓，混凝土输送管端部应设接软管控制管口与浇筑面的垂距，混凝土不得直冲防水板板面流至浇筑位置，垂距应控制在1.2m以内，以防混凝土离析。

(7) 施工过程中，输送泵应连续运转，泵送连续灌注，宜避免停歇造成“冷缝”。如因故中断，其中断时间应小于前层混凝土的初凝时间或能重塑时间，当超过允许时间时，应按施工缝处理：应在初凝以前将接缝处的混凝土振实，并使缝面具有合理、均匀稳定的坡度。凡是未振实又超过该水泥初凝时间的混凝土，应予清除。

(8) 当混凝土浇至作业窗下50cm，作业窗关闭前，应将窗口附近的混凝土浆液残渣及其他杂物清理干净，涂刷脱模剂，将其关紧，防止窗口部位混凝土表面出现凹凸不平的补丁甚至漏浆现象。

(9) 隧道衬砌起拱线以下的反弧部位是混凝土浇筑作业的难点部位，应对混凝土性能、坍落度及捣固方法进行有效控制，以减少反弧段气泡，有效改善衬砌混凝土表面质量。

(10) 混凝土的入模温度，在冬季施工时应不低于5℃，夏季施工时应不高于32℃。

(11) 混凝土应采用振动器振捣密实，并应采取确实可靠的措施确保混凝土密实。振捣时，不得使模板、钢筋、防排水设施、预埋件等移位。

(12) 封顶采用顶模中心封顶器接输送管，逐渐压注混凝土封顶。当堵头板上观察孔有浆溢出，即标志封顶完成。

(13) 拱部混凝土衬砌浇筑时，应在拱顶预留注浆孔，注浆孔间距应不大于3m。

拱顶注浆填充，宜在衬砌混凝土强度达到100%后进行，注入砂浆的强度等级应满足设计要求，注浆压力应控制在0.1MPa以内。

(14) 每次混凝土浇筑完成后，应及时清理场地的废弃混凝土及垃圾，保持施工现场整洁。

八、拆模

按施工规范采用最后一盘封顶混凝土试件达到的强度来控制。不承受外荷载的拱、墙混凝土强度应达到5MPa或在拆模时混凝土表面和棱角不被损坏并能承受自重时拆模；当衬砌施作时间提前，拱、墙承受有围岩压力及封顶、封口的混凝土强度应满足设计要求，一般应在混凝土强度达到设计强度70%以上。

九、养护

应配备养护喷管，在拆模前冲洗模板外表面，拆模后用高压水喷淋混凝土表面，以降低水化热。在寒冷地区，应做好衬砌的防寒保温工作。

养护时间要求：洞口100m养护期不少于14天，洞身养护不少于7天，对已贯通的隧道二次衬砌养护期不少于14天。

十、缺陷处理

拆模后，若发现缺陷，不得擅自修补，经监理人批准后方可处理。

(1) 气泡：采用白水泥和普通水泥按衬砌表面颜色对比试验确定的比例掺拌后，局部填补抹平。

(2) 环接缝处理：采用弧度尺画线，切割机切缝，缝深约2cm，不整齐处进行局部修凿或经砂轮机打磨后，用高标号水泥砂浆修饰，用钢镘刀抹平，使施工缝圆顺整齐。

(3) 对于表面颜色不一致的采用砂纸反复擦拭数次。

(4) 预留洞室周边还应先行清理干净，然后喷水湿润，采用高标号与二次衬砌颜色相统一的砂浆，抹平压光。

十一、紧急停车带及车行、人行横洞二次衬砌施工

(一) 紧急停车带

(1) 紧急停车带的开挖与衬砌，及与洞身衬砌相连接的一段，应制订专项的施工方法和程序。

(2) 紧急停车带衬砌两端与洞身衬砌以喇叭口形式连接，应圆顺平整。

(二) 车行、人行横洞

(1) 应按图纸所示位置与正洞同时进行开挖与衬砌。

(2) 交叉段衬砌结构构造，应制订专门的施工方法和程序。

(3) 对车行横洞、人行横洞等特殊洞室，宜采用移动式模架和拼装模板施工。

边墙基础应与边墙一次浇筑完成，分次浇筑时应处理好接缝。

拱、墙模板拱架的间距，应根据衬砌地段的围岩情况、隧道宽度、衬砌厚度及模板长度确定。

架设拱、墙支架和模板安装时，应位置准确，连接牢固，严防移位。围岩压力较大时，拱架、墙架应增设支撑或缩小间距。

移动式模架或拼装模板重复使用时，应注意检查，如有变形应及时修整。

在拱架外缘应采用沿径向支撑与围岩顶紧，以防混凝土浇筑时拱架变形、移位。

拱架、支架应于隧道中线垂直方向架设。拱架的螺栓、拉杆、斜撑等应安装齐全。拱架(包括模板)高程应预留沉落量，施工中应随时测量、调整。

(4) 交叉段衬砌混凝土应连续浇筑，不得中断。交叉段的钢筋应相互连接良好，绑扎牢固使之成为整体。

第七节　防水与排水

一、施工防、排水

(一) 地表防、排水

(1) 隧道洞口及辅助坑洞(井)口应及时做好排水系统，完善防排水措施。

(2) 隧道进洞前应做好洞顶、洞口、辅助坑道口的地面排水系统，防止地表水的下渗和冲刷。对于覆盖层较薄和渗透性强的地层，地表水应及早处理。

(3) 边坡、仰坡坡顶的截水沟应结合永久排水系统在洞口开挖前修建，其出水口应防止顺坡面漫流，洞顶截水沟应与路基边沟顺接组成排水系统，应防止水流冲刷弃渣危害农田和水利设施。

洞外路堑向隧道内为下坡时，路基边沟应做成反坡，向路堑外排水。必要时还应在洞口外适当位置设横向截水沟。

应做好防止洞口仰坡范围内地表水下渗和冲刷的防护措施。

(二) 洞内顺坡排水

洞内顺坡排水一般采用临时排水沟。临时排水沟断面应满足隧道中渗漏水和施工废水的需要，并经常清理排水设施，防止淤塞，确保水路畅通。水沟位置应远离边墙，宜距边墙基脚不小于 1.5m。

在膨胀岩、土质地层、围岩松软地段等特殊或不良地质地段隧道中，排水不宜直接接触围岩，宜根据需要对排水沟进行铺砌或用管槽代替，排水沟中不得有积水。

台阶法施工时，上台阶应在下台阶开挖前架槽（管）将水引排至下台阶排水沟内，横向分幅开挖时应挖横向排水沟将水引至未开挖一侧，严禁漫流浸泡下台阶基坑。

（三）洞内反坡排水

对于反坡排水的隧道，可根据距离、坡度、水量和设备等因素布置排水管道，或一次或分段接力将水排出洞外。接力排水时应在掌子面设置临时集水坑，通过水泵逐级抽排至洞口。

抽水机功率应根据排水量大小选用，并应有备用抽水机；做好停电时的应急排水准备工作；集水坑容积应按实际排水量确定，其设置的位置不得影响洞内运输和安全。

（四）洞内水量较大时的处理措施

（1）洞内有大面积渗漏水和股水时，宜集中汇流引排。

可采用钻孔集中汇流引排，并将钻孔位置、数量、孔径、深度、方向和渗水量等作详细记录，在确定衬砌拱墙背后排水设施时应考虑上述因素。

在地下水发育的易溶性岩层中施工，为防止水囊、暗河及高压涌水的突然出现，开挖工作面上应布设超前钻孔，并制订防止涌水的安全措施。

明挖基坑和隧道洞口处，应保持地下水位稳定在基底开挖线0.5m以下，必要时采取降水措施。如洞内涌水或地下水位较高时，可采用井点降水法和深井降水法处理。

（2）承压水的排放

当预计开挖工作面前方有承压水，而且排放不会影响围岩稳定，或进行注浆前排水降压，可采用超前钻孔或辅助坑道排水。

超前钻孔及辅助坑道应保持一定的超前距离，最短亦应超前1~2倍掘进循环长度。

（3）地下水的处理

地下水不大时可引入临时排水沟内排出。

地下水较丰富，无法排出或排水费用昂贵，以及不允许排水的情况下，经技术、经济比选，可采用注浆堵水措施。根据隧道埋深，或采用地面预注浆，或开挖工作面预注浆。

（4）高压涌水的处理

隧道施工中遇有高压涌水危及施工安全时，宜先采用排水的方法降低地下水的压力，然后用注浆法进行封堵。

封堵涌水注浆应先在周围注浆，切断水源，然后注浆，将涌水堵住。

（五）其他情况下的施工防排水措施

（1）隧道施工有平行导坑或横洞时，应充分利用辅助导坑排水，降低正洞水位，使正洞水流通过辅助道坑引出洞外。必要时设置永久排水沟，使坑道封闭后能保持水流畅通。

（2）隧道通过不透水和透水性强的岩层时，应根据设计文件和调查资料提供的情况，在可能进入滞水带前，用深孔钻机钻孔穿入透水层，以利预探和排水。当涌水量很大，用钻孔不能满足排水需要时，应在衬砌完成地段或围岩坚硬稳定地段开挖迂回侧洞，排除滞水带内储水。泄水洞施工前，应参照设计文件提供的水文资料和涌水处理措施确定施工方法。

（3）松散破碎含水地层中，洞内工作面可采用人工降水法；浅埋隧道可采用地表深井降水法减小水压，降低地下水位。当含水率大且地段超长时，可采用超前预注浆堵水。围岩注浆堵水应根据工程地质和水文地质条件，通过试验设计，再进行压浆。在施工过程中应修正各项注浆参数，改进工艺操作，提高堵水效果。

（六）防涌水安全措施

隧道施工前应制订涌水的安全措施。

制订防涌水的安全措施时，应在开挖面布置超前钻孔，预防水囊、暗河、高压涌水等的危害。应对工程地质和水文地质作详细的调查分析，先判明地下水流方向，再确定钻孔位置、方向、数目和钻孔深度，并应采取下列措施：

（1）非施工人员必须撤出危险区。

（2）应及时测算水量、水压、流速、含泥量等，备足配套的抽水设备。

（3）在钻孔前预先埋管设阀，控制排水量，防止承压水冲击及淹没坑道等意外险情发生。

（4）水平钻孔钻到预期的深度尚未出水时，可会同设计单位进一步进行地质和水文的勘测工作，重新判定地下水情况。

二、结构防、排水

（一）防、排水结构原材料的选择

防、排水结构原材料应符合国家、行业标准，满足设计要求，并有出场合格证明，不得使用有毒、污染环境的材料。

（1）为确保隧道营运期间有良好的防水效果，所有在建高速公路隧道防水卷材不得使用复合片，要求采用均质片+无纺土工布的防水层结构形式或者直接采用点粘片。

（2）均质片、点粘片的母材厚度必须满足设计要求。

（3）对第一次进场的防水卷材，厂家必须提供合格的型式检验证书。采用均质片或点粘片的防水板性能必须符合《高分子防水材料 第1部分：片材》(GB 18173.1—2012)标准，无纺土工布性能必须符合《土工合成材料 短纤针刺非织造土工布》(GB/T 17638—2017)标准。

（4）防水板宜选用高分子材料，耐刺穿性好、柔性好、耐久性好。

（5）由于隧道存在基面凹凸不平的特殊性，对隧道防水卷材的指标要求高于其他工程，各项目业主在选材时应优先选择物理性能指标高的防水卷材。应具有耐老化、耐细菌腐蚀、有足够强度及延伸率、易操作、易焊接且焊接时无毒气的特点。

（6）防水板、土工布、止水带、塑料排水盲沟、PVC排水管等特殊材料应由项目业主统一现场抽检，执行“盲样”送检的制度。送检的检验项目应至少包括：规格尺寸、外观质量、常温拉伸强度、常温扯断伸长率、撕裂强度、低温弯折、不透水性能。

（二）衬砌背后防、排水设施施工要点

（1）衬砌背后防排水设施施工总要求：衬砌背后防排水设施有纵、横、环向盲管、中心排水管(沟)等。应配合衬砌进行施工，施工时既要防止因漏水而造成浆液流失，还要注意灌注混凝土或压浆时，浆液不得浸入沟管内，确保预埋的透水盲沟不被堵塞，并注意排水孔道的连接，以形成一个有机、通畅的排水系统。

(2) 衬砌背后防排水设施施工应注意:

① 排水盲管的材质、直径、透水孔的规格、间距应符合设计及有关标准规范的规定。

② 环向排水盲管的间距应符合设计要求，在地下水较大的地段应适当加密。

③ 环向排水盲管应紧贴支护表面或渗水岩壁安设，排水盲管布置应圆顺，不得起伏不平。

④ 排水管系统应按设计连通形成完整的排水系统。管路连接宜采用变径三通方式，连接牢固、畅通，安装坡度符合设计要求。

⑤ 中心排水管(沟)直径符合设计要求。中心排水管(沟)基础的总体坡度、段落坡度、单管坡度应协调一致，并符合设计要求，不得高低起伏。

⑥ 中心排水管(沟)设在仰拱下时，应和仰拱、铺底同步施工。

(3) 衬砌背后防排水设施施工要点:

① 环向盲沟：严格按照设计间距设置洞内环向盲沟，环向盲沟的底部要插入“三通接头”并与拱脚纵向排水管相连。

② 拱脚纵、横向排水管：纵向排水管与三通接头连接后，要用土工布进行包裹。

③ 用防水板将纵向排水管进行反包，并在防水板上剪一圆孔，将三通接头的出水口穿过该孔。要做好纵向排水管的标高控制，确保排水通畅。

④ 将横向排水管与三通接头的出水口相连，横向排水管的出水口直通隧道排水边沟。

⑤ 拱脚的横向排水沟要能够及时有效地将二衬背后的水排入边沟，施工过程要经常检查，以确保整个排水系统的通畅。

⑥ 隧道排水边沟：排水边沟的几何尺寸和沟底纵坡要严格按设计施工，以使洞内水顺利排出。

⑦ 中心排水管(沟)坡度应符合设计要求，管路埋设好后，应进行通水试验，发现积水、漏水应及时处理。

(三) 防水板铺设施工要点

(1) 防水板的拼焊及铺挂采用热合焊接吊环铺挂工艺。

(2) 施工要点：防水板铺设应超前二次衬砌施工 1~2 个衬砌段，并应与开挖掌子面保持一定距离，在爆破的安全距离以外。其铺设应采用专用台架，铺设前进行精确放样，画出标准线后试铺，确定防水板每环的尺寸，并尽量减少接头。防水板应采用木螺钉或无钉铺设，并留有余量，表面应保证圆顺。

(3) 基面处理。防水板施工前，应复核中线位置和高程，检查断面尺寸，保证衬砌施工后的衬砌厚度和净空满足规范和设计要求。防水板铺挂前应进行的基面检查及处理的主要内容包括:

① 初期支护表面应平整，无空鼓、裂缝、松酥，对于初支表面外露的锚杆头、钢筋网头等坚硬物应采用电焊或氧焊将齐根切除，并用 1 : 2 水泥砂浆抹平，以防止顶破排水板。

② 对局部凹凸部分，应修凿、喷补，使其表面平顺，对超挖较大的部位必须挂网喷锚。

③ 基面明水应提前设盲管引排，对于洞顶的大面积渗水，可用防水板配合盲管集中引

排到临时排水边沟。

④ 初期支护表面平整度应满足拱脚 $D/L\leq1/6$，拱顶 $D/L\leq1/8$（D 为初期支护表面相邻两凸面间的距离，m；L 为该两凸之间凹进去的深度，m）。

（4）防水板的挂前拼焊。在洞外据拟铺挂面积的大小将 2~3 幅幅面较窄的成卷防水板下料，然后将其平铺在地面上拼焊成便于运输、铺挂的大幅面防水板，减少洞内作业的焊缝数量，以提高焊接质量。防水板应减少接头。防水板拼接采用热合机双焊缝焊接，要求搭接宽度不小于 100mm，控制好热合机的温度和速度，保证焊缝质量。焊缝应严密，单条焊缝的有效焊接宽度应不小于 12.5mm。焊接前焊接头板面应擦净，并应根据材质通过试验确定焊接温度和速度。焊接时应避免漏焊、虚焊、烤焦或焊穿。沿隧道纵向一次铺挂长度宜比本次二次衬砌施工长度多 1.0m 左右，以使与下一循环的防水层相接。同时可使防水层接缝与衬砌混凝土接缝错开 1.0m 左右，有利于防止混凝土施工缝渗漏水。

（5）铺挂防水板。为保证防水板铺挂质量，应先进行试铺定位。固定点间距的控制：尺量检查，固定点间距拱部 0.5~0.7m，侧墙 1.0~1.2m，在凹凸处应适当增加固定点，布置均匀。松弛率：防水板吊环间距需根据其铺挂松弛率要求来确定，环向松弛率经验值一般取 10%，纵向松弛率一般取 6%。根据初期支护表面平整程度适当调整，以保证灌注混凝土时板面与喷混凝土面能密贴。防水板洞内铺挂宜由下至上、环状铺设，将预先焊接在防水板上的吊环用木螺钉固定在膨胀管上固定。防水板铺设应超前二衬施工 1~2 个衬砌段，形成铺挂段→检验段→二衬施工段，流水作业。

（6）铺后续接。防水板的“铺后续接”是指前后两幅大幅面防水板之间的连接，应先用热合焊机焊接环向接缝。施工应将待焊的两块板面接头擦净、对齐，保证搭接长度，严格控制焊接温度、焊机行走速度，保持焊机与焊缝良好接触，做到行走平稳。热合焊机焊完，应加强检查，对个别漏焊处用电烙铁补焊。对丁字焊缝因焊接困难、易漏焊或焊缝强度不足，采取用焊胶打补丁的方法补强处理。

（7）焊缝检查。防水板的接头处不得有气泡、褶皱及空隙，接头处应牢固，焊缝强度应不低于母材，通过抽样试验检测。防水板的搭接缝焊缝质量采用“充气法”检查，当压力达到 0.25MPa 时停止充气，保持压力 15 分钟压力下降在 10%以内，焊缝质量合格。

（8）成品防护。当衬砌紧跟开挖时，衬砌前端的防水板要采取保护措施，防止爆破飞石砸破防水板。开挖、挂防水板、衬砌三者平行作业时，铺设防水层地段距开挖面应不小于爆破安全距离，并在施工中做好防水板铺挂成形地段防水板的保护：绑扎钢筋时，钢筋头加装保护套；焊接钢筋时在焊接作业与防水板之间增挂防护板；防水层安装后严禁在其上凿眼打孔；振捣混凝土时，振捣棒不得接触防水板。在浇筑二次衬砌混凝土前，应检查防水层铺设质量和焊接质量，如发现有破损情况，必须进行处理。防水板需要修补时，修补防水层的补丁不得过小，补丁形状要剪成圆角，不应有长方形、三角形等的尖角。防水层修补后一般用真空检查法检查。

（9）铺设防水层安全保护和记录。铺设防水层地段距开挖工作面应不小于爆破安全距离。二次衬砌时，不得损坏防水层。防水层应按隐蔽工程办理，二次衬砌前应检查质量，并认真填写质量检查记录。

（四）施工缝的处置

（1）混凝土应连续浇筑，尽量减少施工缝，拱圈及仰拱不应留纵向施工缝。墙体若有预留孔洞时，施工缝距孔洞边缘不宜小于 300mm。

（2）水平施工缝。墙体水平施工缝不应设在剪力和弯矩最大处或铺底与边墙的交接处，宜设置在高出铺底面不小于 300mm 的墙体上。拱墙结合的水平施工缝，宜设置在拱墙接缝线以下 150~300mm 处。水平施工缝在混凝土浇筑前，应将其表面清理干净。涂刷混凝土界面处理剂，或先刷不低于结构混凝土强度等级的净浆，再铺 25~30mm 厚的 1∶1 水泥砂浆，及时浇筑混凝土。

（3）垂直施工缝。垂直施工缝设置宜与变形缝相结合。垂直施工缝施工时，应将其表面浮浆和杂物清除，刷不低于结构混凝土强度等级的净浆或涂混凝土界面处理剂，及时浇筑混凝土。端头模板应支撑牢固，严防漏浆。端头应埋设表面涂有脱模剂的楔形硬木条(或塑料条)，形成预留浅槽，其槽应平直，槽宽比止水条宽 1~2mm，槽深为止水条厚度的 1/2~1/3，将遇水膨胀止水条牢固地安装在预留浅槽内。

（4）应采取有效措施确保止水带位置准确，固定牢固。

（5）根据拱圈、边墙和仰拱等各自不同长度的施工环节，设置施工缝，允许各部位的施工缝互相错开，不必贯通；施工缝应近于水平或垂直，并用模板或其他措施，形成预定的形状，以保证与后续工程紧密地连接。施工缝一般不设键槽。

（五）变形缝的处置

变形缝应满足密封防水、适应变形、施工方便、检修容易等要求。变形缝的施工应注意：

（1）沉降变形缝的最大允许沉降差值应符合设计规定，设计无规定时，应不大于 30m。当计算沉降差值大于 30mm 时，应采取特殊措施。

（2）沉降变形缝的宽度宜为 20~30m。伸缩变形缝的宽度宜小于此值。

（3）变形缝处的混凝土结构厚度应不小于 300mm。

（4）缝底应设置与嵌缝材料无黏结力的背衬材料或遇水膨胀止水条。

（5）变形缝嵌缝施工时，缝内两侧应平整、清洁、无渗水；缝内应设置与嵌缝材料无黏结力的背衬材料，嵌缝应密实。

（6）变形缝的设置位置应使拱圈、边墙和仰拱在同一里程上贯通。

（六）止水带施工

（1）止水带常设在衬砌沉降缝、施工缝或伸缩缝处。二衬止水带按设计提供的型号购买和安装，一般采用中埋式橡胶止水带，现场分段安装固定在堵头板上，其接头根据现场情况，可采用热接或冷接方法。

（2）止水带施工时应注意：

① 止水带的接头不得设在结构转角处，并尽可能不设接头。

② 止水带埋设位置准确，其中间空心圆环应与变形缝的中心线重合；止水带定位时，应使其在界面部位保持平展，防止止水带翻滚、扭结，如发现有扭结不展现象应及时进行调整。在固定止水带和灌注混凝土过程中应防止止水带偏移，以免单侧缩短，影响止水效

果。可采用钢筋认真定位。

(3) 止水带先施工一侧混凝土时，其端头模板应支撑牢固，严防漏浆。

(4) 隧道断面变化处或转角处的阴角应抹成半径不小于 50m 的圆弧，以便止水带施工。止水带在隧道断面变化处或转角处应做成弧形，橡胶止水带的转角半径应不小于 200mm，钢片止水带应不小于 300mm，且转角半径应随止水带的宽度增大而相应加大。

(5) 不得在止水带上穿孔打洞固定止水带。在固定止水带和灌注混凝土过程中应注意保护止水带不被钉子、钢筋和石子等刺破。如发现有刺破、割裂现象，必须及时修补。

(6) 宜加强混凝土振捣控制，排除止水带底部气泡和空隙，使止水带和混凝土紧密结合，应注意防止振捣造成止水带偏位或破损。

(7) 止水带的长度应根据施工需要事先向生产厂家定制，尽量避免接头。如确须接头，应连接牢固，宜设置在距铺底面不小于 300mm 的边墙上。根据止水带材质和止水部位可采用不同的接头方法。橡胶止水带的接头形式应采用搭接或复合接：塑料止水带的接头形式应采用搭接或对接。止水带的搭接宽度应不小于 100mm，冷粘或焊接的缝宽应不小于 50mm。

第八节 不良地质地段施工

一、瓦斯隧道施工

(1) 瓦斯隧道施工应根据瓦斯工区的级别及施工长度采用相应的通风、检测、电器设备及作业机械、开挖爆破等措施。

(2) 瓦斯隧道施工工区分为瓦斯工区和非瓦斯工区，其中瓦斯工区分为微瓦斯工区、低瓦斯工区、高瓦斯工区、瓦斯突出工区四种。瓦斯隧道和瓦斯工区的类型按隧道穿越瓦斯地层的最高级确定。

① 微瓦斯地层、低瓦斯地层、高瓦斯地层可按隧道内绝对瓦斯涌出量进行判定。

② 瓦斯工区内只要有一处瓦斯地层有突出危险，该工区即为瓦斯突出工区。在勘察和施工过程中满足下列条件之一时可确定为瓦斯突出工区。

a. 隧道区穿越同一煤层的煤矿部门曾发生过突出或鉴定为突出。

b. 在打钻过程中如果出现喷孔、顶钻等突出预兆时。

c. 当采用煤层突出危险性指标进行突出煤层鉴定时，应将实际测定的煤层瓦斯压力 P、煤的破坏类型、煤的瓦斯放散初速度 ΔP 和煤的坚固性系数 f 作为鉴定依据。全部指标均处于规定临界值范围的，确定为突出煤层。

二、高地应力(大变形、岩爆)

(一) 断层破碎带大变形段施工

隧道出口端洞身一般所遇断层破碎带为构造破碎带和断层破碎带。断层破碎带岩体呈随时压碎状结构，一般断层破碎带内节理裂隙发育，岩石破碎，完整性差，局部含水，成洞性较差，易产生掉块和坍塌以及大变形。若两断层破碎带前后地段的围岩受断层破碎带的影响，其地质特性一般为裂隙发育，完整性差，洞顶易产生掉块，裂隙中有地下水分布。

针对断层及前后受其影响岩体破碎、裂隙中有地下水的特点，在施工中坚持“早预报、先治水、管超前、短进尺、弱爆破、强支护、紧封闭、勤量测”的原则，步步为营，稳步前进，并采取如下技术措施：

1. 采用地质超前预报

对断层的地质超前预报主要采用 TSP203 型地质探测仪进行地质超前预报，以准确掌握前方断层破碎带的详细情况以及围岩节理裂隙、破碎的发育程度。

2. 做好断层地段施工的防排水

对于由地表水补给的断层地下水，在地表设置截、排水系统。对断层承压水，在每个掘进循环中，向隧道前进方向钻凿不少于 2 个深度在 4m 以上的超前钻孔，以探明地下水的情况。随工作面的向前推进，挖好排水沟，并根据岩质情况，必要时加以铺砌。

通常在构造破碎带采用“周边深孔注浆”；而断层破碎带采用“开挖后周边注浆”。

3. 大变形地段施工方法及要求

（1）一般地段采用上半断面弧形导坑开挖法。上部台阶采用环形开挖预留核心土，下部台阶左右错开紧跟，爆破采用预裂光面爆破。特别断层破碎带、有水地段，可采用三台阶七步流水开挖法开挖。

（2）通过断层带的各施工工序间的距离尽量缩短，并尽量使全断面衬砌封闭，减少岩层的暴露、松动和低压增大。

（3）严格掌握炮眼数量、深度及装药量，尽量减少爆破对围岩的扰动。

4.“短进尺，分步开挖，强支护，仰拱紧跟成环，信息化施工”。充分利用监控量测数据分析反馈修正支护参数与施工工序。

5. 开挖时加大预留变形量。一级大变形预留径向变形量 15cm，二级大变形预留径向变形量 30cm。

6. 变形量大于 30cm 时，根据量测结果逐步增加支护强度与刚度。在钢支撑、锚喷网基础上，关键是调整锚杆的长度，如由原来的 3.5m 增长为 4.0~8.0m。采用自进式锚杆代替中空注浆锚杆，提高注浆加固固结能力，又有先锚固，部分预应力，允许变形，后注浆，稳定变形，提高后期锚固力，达到既允许变形又逐步提高锚固力的作用。

7. 二次衬砌采用钢筋混凝土，喷混凝土采用 C25 喷钢纤维混凝土，预留纵向变形缝，钢架采用 U25 可缩式钢架构成强大的初期支护体系，开挖及初期支护后仰拱及填充紧跟。在量测资料反映围岩初步稳定后及时进行二次衬砌施工，确保施工安全。

8. 采用双层 ϕ42mm 超前小导管、钢拱架、网喷混凝土等多种支护手段，构成强支护体系，宁强勿弱。

9. 开挖后立即喷混凝土封闭岩面，有必要时施作仰拱(临时仰拱)，及早封闭成环。

10. 及时进行量测反馈，根据位移量测结果，评价支护的可靠性和围岩的稳定状态，及时调整支护参数，确保施工安全。

（二）岩爆段施工

1. 岩爆发生的条件

岩爆是坚硬、脆性和整体性强的岩层在深埋段或高地应力段开挖后应力突然释放的结果。

2. 岩爆的预报方法

在岩爆段加强观测，并根据观测结果采取喷、锚、网的加强措施。另外，对掌子面前方可能发生岩爆的程度进行预报。预报主要采用以下方法综合预报：

（1）试验分析法预报

在进入设计岩爆范围时，对不同岩石取样试验，计算出相关指标；根据其大小判别可能发生岩爆的程度，再结合 TSP203 超前地质预报或其他物探方法，用对比的办法对前方可能发生岩爆的具体地段进行预报。

（2）经验预报

① 根据地质素描和数码相机拍照，结合施工经验进行预报。

② 岩体完整，极少或看不出明显裂隙的围岩容易发生岩爆；相反岩体节理松散破碎，一般岩爆不会发生。

③ 岩石表面干燥，具有似烘干样的光泽容易发生岩爆。

④ 水平、薄层岩石容易发生岩爆。

⑤ 岩爆发生前的声响特征进行预报，当听到围岩内部有闷雷似的响声时，尽快撤离人员及设备。

（3）用工程类比法进行预报在施工过程中根据隧道已发生经历的岩爆情况进行分析，找出除一般岩爆规律外的特殊规律，用工程类比的方法，对之后地段的岩爆进行预报。

（三）制订针对岩爆的施工方案

根据岩爆的严重程度，分别采用以下施工方法和对策。

1. 预先释放部分能量

对于微弱岩爆地段，采取加水软化围岩面，直接在开挖外露面上喷洒高压水以软化表面，促使岩层原始应力的释放调整。

对于中等岩爆地段采用在开挖断面上超前钻孔后在孔内喷灌高压水以释放岩体内的部分能量。

2. 用超前锚杆锁定围岩

在岩爆强烈地段，为防止洞室周边及掌子面岩体壁裂、剥落、岩块塌落，在开挖断面外的拱顶向前设置超前锚杆，长 3.5m，间距 0.5~1.0m。

3. 采用正确的开挖方法

（1）在岩爆严重地段采用台阶法开挖，使应力逐步释放以减轻岩爆灾害。

（2）采用光面爆破，提高光面爆破效果。选用与硬岩相匹配的高猛度、高威力的水胶炸药。

周边眼间距较无岩爆地段适当加密，周边眼采用 ϕ20mm 小药卷不偶合装药，以尽可能减少爆破对围岩的影响。加强光面爆破技术管理，以达到开挖周边轮廓线圆顺光滑，避免表面凹凸不平造成应力集中。

（3）采用短进尺、弱爆破。控制炮眼深度严禁超过2m，减少同一段起爆炸药出量，以减少爆破振动和应力叠加作用使围岩内部微裂隙的扩展效应形成岩爆诱发因素。

4. 加强喷锚支护

在岩爆地段进行支护，其目的是：第一，改善围岩的应力状态，不仅要改变大小及其分布，还要使洞室周边岩体从单向应力状态变为三向应力状态；其二，起防护作用，防止岩石弹射与塌落等破坏事故发生。

5. 调整衬砌时间

在岩爆严重地段尽快进行模筑混凝土施工，并适当延长拆模时间。

6. 岩爆频繁发生地段的加固措施

（1）喷混凝土：在清除拱顶部位由于岩爆产生的松动石块之后，施作5cm厚喷混凝土；在局部地段，当喷射混凝土支护不能满足要求时，可采用喷射钢纤维混凝土；锚杆施工后再二次喷混凝土5cm厚。岩爆严重发生地段则进行第三次喷混凝土5cm厚。

（2）锚杆：采用22mm早强药卷锚杆，锚杆长度$L=2.5$m，间距1.2m×1.2m，呈梅花形布置。

（3）在岩爆严重地段增设钢筋网，这样可以避免大规模的滞后、重复型岩爆的发生。

（四）施工采取的安全措施

（1）对每次发生的岩爆进行观察记录。记录包括岩爆发生在开挖后的时间、里程、地质、断面部位、岩爆前的声响、爆破数量、弹射的速度及距离等，进行统计分析，找出隧道岩爆的一般规律和特殊规律，据此以指导其他岩爆段的施工。

（2）根据岩爆发生的规律，放炮后一定待岩爆稳定后才能进入工作面。如工作时发生岩爆，撤人，至岩爆稳定后，方可工作。

（3）在岩爆频繁发生段采用防护设备：(1)在掌子面及其附近岩爆地带加挂铁丝帷幕，可增加作业场所的安全，保护凿岩人员和机具。(2)在凿岩台车、装载机、绞车等机械上设防护顶棚。

（4）加强监视警戒：(1)洞内作业时设专人值班警戒，重点是易爆地段、人员密集或人员常来回地段。在岩爆危险段增加照明，并设警告牌。(2)每次放炮派专人到掌子面监听岩爆发生前的声响，以此来分析其岩爆的可能性和严重性，决定是否停工撤人。

（5）洞内管线设备和人行道布置在岩爆危害小的一侧。

（6）对进洞施工人员进行岩爆普及知识和安全须知的教育；对临时进洞人员也向其交代注意事项。

三、岩溶段施工

（一）岩溶溶洞的处理

（1）溶洞在隧底。小型溶洞最深处距隧底小于3m时均可挖除换填（C10片石混凝土），超过3m时，可采用挖孔桩支撑，或根据溶洞跨度的大小，采用梁跨处理。

（2）溶洞在侧墙。可局部挖除溶洞充填物后在衬砌以外砌筑M10浆砌片石挡墙（墙后通过预埋压浆管充填注浆）。

（3）溶洞在隧顶。溶洞体积不大时可在拱顶以上浇筑1m混凝土护拱（或2m厚浆砌护拱）。拱护之上用轻质泡沫混凝土灌注充填，溶洞较大时，应视具体情况处置。

（二）岩溶水的处理

对岩溶水的处理原则是宜疏不宜堵。为防岩溶水突然袭击，施工中可采取超前钻孔探测，预备足够的抽水设备，以保障施工安全。排水设施应结合具体情况可选用排水沟、涵洞、泄水洞等建筑物；设有横洞、平行导坑的隧道可视需要兼作运营期排水设施。对岩溶水的整治，以采取截、堵、排、防综合措施为宜，在设计及施工中，应对邻近隧道的水利设施予以保护，并对由于施工可能引起水资源漏失的程度做出评价，同时应对当地生产、生活用水采取适当的保证措施。

四、流沙段隧道施工

（1）隧道通过流沙地段，处理地下水的问题，是解决隧道流沙、流泥施工中的首要关键技术，施工时按照“防水与排水”中的相关要求进行。

（2）开挖时必须采取自上而下分步进行，先护后挖，密闭支撑，边挖边封闭，遇缝必堵，严防砂粒从支撑缝隙中逸出。也可采用超前注浆，以改善围岩结构，用水泥浆或水泥玻璃为主的注浆材料注入或用化学药液注浆加固地层，然后开挖。

在施工中应观测支撑和衬砌的实际沉降量的变化，及时调整预留量。架立支撑时应设底梁并纵横、上下连接牢固，以防止箱梁断裂倾倒。拱架应加强刚度，架立时设置梁底并垫平楔紧，拱脚下垫铺牢固。支撑背面用木板或槽型钢板遮挡，严防流沙从支撑间逸出。在流沙逸出口较干燥围岩处，应尽快打入锚杆或施作喷射混凝土，加固围岩，防止逸出扩大。

（3）流沙地段，拱部和边墙衬砌混凝土的浇筑应尽量缩短时间，尽快与仰拱形成封闭环。

第九章

沿线设施施工

第一节　高速公路的交通安全设施

为保证高速公路行车安全，设置的交通安全设施有：路基护栏(或称防护橱，有路侧护栏及中央分隔带护栏)、桥梁护栏、隔离设施、防眩设施、视线诱导设施、防噪声设施、照明设施以及交通标志、交通标线等。

一、路基护栏

护栏是一种吸能结构，在阻止车辆越出路外的同时，还需通过变形来吸收碰撞能量，改变车辆方向，最大限度地减少对乘员的损伤。护栏设于公路两侧及中央带，用以防止高速公路车辆驶出公路或闯入对向车道，使对乘客的伤害及对车辆的损坏减少到最小限度，并使车辆恢复到正常行驶方向，便于诱导驾驶员的视线。

(一) 结构与类型

护栏的结构要求坚固(能经得起碰撞、最大限度地减少车辆损失和恢复正常行驶)、经济、美观以及有良好的视线诱导功能，并使司机能得到行驶的安全感、瞭望的舒适性，与周围的环境协调。护栏按其强度可分为柔性护栏、半刚性护栏和刚性护栏。

1. 柔性护栏

柔性护栏是一种具有较大缓冲能力的韧性护栏结构。缆索护栏是柔性护栏的主要代表形式，它是一种以数根施加初张力的缆索固定于立柱上而组成的结构，它主要依靠缆索的拉应力来抵抗车辆的碰撞，吸收碰撞能量。

2. 半刚性护栏

半刚性护栏一般指的一种连续的梁柱式护栏结构。这是一种用支柱固定的梁式结构，依靠护栏的弯曲变形和张拉力来抵抗车辆的碰撞。梁式护栏按不同的结构可分为 W 形波形梁护栏、管梁护栏、箱梁护栏等数种。它们均具有一定的刚度和韧性，通过横梁的变形吸收冲撞能量，损坏部件容易更换，具有一定的视线诱导作用，外形美观，用支柱支承连续的横导轨，具有一定的刚性和韧性，车辆冲撞变形较大，有利视线诱导，易于修复。

3. 刚性护栏

刚性护栏一般指的是一种基本不变形的护栏结构。这是一种具有一定断面形状的水泥混凝土墙式结构，依靠汽车爬高、变形和摩擦来吸收碰撞能量。刚性护栏在碰撞时不变形，几乎不会被损坏，维修费用很低，但对车辆行驶有压迫感，在寒冷地区使用容易积雪。多用混凝土、石料等制成防护壁形式。

（二）设置原则

公路路侧安全净区的宽度得不到满足时，应按护栏设置原则进行安全处理。路侧护栏应位于公路土路肩内，中央分隔带护栏宜以公路中心线为轴对称设置。护栏的任何部分不得侵入公路建筑限界内。

（三）护栏的设计要求

（1）阻止车辆越出路外，对于中央分隔带护栏而言，它阻止车辆穿越中央分隔带而闯入对向车道；同时，还要防止车辆从护栏板下钻出，或将护栏板冲断；

（2）护栏应能使车辆恢复到正常行驶方向；

（3）发生碰撞时，对乘客的损伤为最低程度，并减少二次事故的发生；

（4）能诱导驾驶员的视线。

二、桥梁护栏

一般情况下，车辆越出桥外的事故严重程度比越出路基外的事故严重程度高，因此桥梁应选择比路基段防撞等级高的护栏，有些国家建立了路基护栏和桥梁护栏两套防撞等级体系。但从护栏体系而言，对于某些种类的护栏桥梁和路基是通用的。

桥梁护栏与路基护栏相衔接处为不同防撞等级，或不同结构形式时，应设置过渡段，使护栏的刚度逐渐过渡，并形成一个整体。高速公路上的特大桥、大中桥均应设置桥梁护栏。高速公路上的小桥通道应设置与路基相同形式的护栏，其最小设置长度同样为70m。

其构造形式可有金属制梁式、钢筋混凝土梁柱式、钢筋混凝土诱导式及组合式等。

栏杆可根据美观、装饰和保障行人安全的需要，设置承受碰撞受力构件以外的辅助构件（如竖向杆件，行人扶手护栏等）。

混凝土墙式桥梁护栏作为永久性构造物，一方面受气候变化的影响，另一方面受车辆碰撞的摩擦，常使其表面剥落，摩擦系数值增大，降低其改变失控车辆方向的能力，并且影响美观。近几年的工程实践中，特别是有冻融的地区，混凝土护栏表面发生啃边和脱皮的现象较为严重，因此《公路交通安全设施设计规范》（JTG D81—2017）规定了高速公路、一级公路桥梁护栏的混凝土强度等级以及其他公路桥梁护栏的混凝土强度等级。

三、隔离设施和防护网

（一）隔离栅

隔离栅的作用是阻止人、畜进入高速公路或其他禁入区域，防止非法侵占公路用地。它可有效地排除横向干扰，避免由此产生的交通延误或交通事故，保障高速公路效益的发挥。

除特殊路段外，高速公路沿线两侧均应设置隔离设施。凡符合下列条件之一者，可不设置隔离栅：

（1）高速公路的路侧有水渠、池塘、湖泊等天然屏障的路段；

（2）高速公路路侧有高度大于1.5m的挡土墙或砌石等陡坎的路段；

（3）桥梁、隧道等构造物，除桥头、洞口需与路基隔离栅连接以外的路段。

隔离栅遇桥梁、隧道时，应在桥头锥坡或端墙处围封。隔离栅遇尺寸较小、流量不大的涵洞时可直接跨越。隔离设施的中心线，一般沿公路用地界限以内20~50m处设置。当设置隔离设施处地形起伏较大时，设施可设计成阶梯式。安装高度一般1.60~1.80m。隔离设施根据养护管理的需要，在适当地点开口，并在开口处设门，以控制出入。

隔离设施内由立柱、斜撑、隔离网、连接件、基础等组成。隔离网可有金属网、钢板网、刺铁网等。

（二）防护网

高速公路上一旦发生跨桥和人行天桥上抛扔物品、大风把桥上的杂物刮到高速公路上、或桥上行驶车辆装载的物品散落到高速公路上的情况，往往会使在高速公路上正常行驶的车辆猝不及防甚至引发交通事故。因而在上述构造物的两侧设置防护网是非常必要的。

桥梁防护网的设置高度为1.8~2.1m。在交通量大、行人密度高、临近城镇厂矿地点可取上限，反之则取下限。防护网宜与桥梁横断面比例协调，避免给人以憋闷压抑感。如桥梁两侧设置混凝土护栏时，网面可从护栏顶部设计，如果两侧为桥梁栏杆时，防护网应从桥面起算。在空旷的原野，上跨高速公路的跨线桥往往是周围地物的最高点，在桥上设置金属防护网后，则其遭雷击的危险性大大增加，因而桥梁防护网应做防雷接地设计。另外，在可能落石的挖方路段，也应设置防护网。

四、防眩设施

防眩设施的目的在于降低对向行车眩光对驾驶员的影响。通常规定对下列情况，宜设置防眩设施：(1)夜间交通量较大，大型车混入率较高的直线较长路段或中间带宽度小于或等于2m的路段；(2)平曲线半径小于一般最小半径路段；(3)竖曲线对驾驶人员有严重眩目影响的路段；(4)从互通式立交、服务区、停车场的匝道或连接道进入主干道时，对对向驾驶人员有严重眩目影响的路段。与相邻公路或交叉公路有严重眩光影响的路段；(5)地形起伏变化较大的路段。当中间带宽度大于或等于12m时，或上下行车道中心线高差大于2m或路段有连续照明的路段，可不设置防眩设施。

防眩设施一般安装在中央分隔带，设置方式：与波形梁护栏相连接，埋置在土中、埋置在混凝土中、设置在混凝土护栏上。防眩板材料可采用钢材、塑料或其他不易变形、不易老化、不易褪色的材料。

五、视线诱导设施

连续设置的视线诱导标的作用为：标明公路几何线形走向、线形突变或车流交织，诱导驾驶员视线并予以警示。连续设置的视线诱导标使用路者能明了前方公路情况，从而能快速、舒适地行驶，增加行车安全，有效避免交通事故。高速公路车辆行驶速度很高，为提高行车的安全性和舒适性，指示道路前方线形非常重要，在夜间视线诱导标的作用就更加明显。

视线诱导设施可分为：轮廓标、分流诱导标、合流诱导标、指示性线形诱导标、警告性线性诱导标。

高速公路的主线以及互通立交、服务区、停车场等进出匝道或连接道，均全线连续设置轮廓标，轮廓标在公路左、右侧对称设置，直线段设置间隔为50m，曲线段间距依曲线半径大小确定，埋设于土中的轮廓标由柱体、反射器和基础组成，柱体为三角形，顶面反射体面向交通流，其法线方向与公路中心线成0~25°角度。反射体中心线距路面一般高度为60~70cm。轮廓标上方的黑色标记处有一块尺寸约18cm×4cm的反射器，反射器为定向反光材料。反射器安装在波形梁护栏中的槽内时可为梯形，安装于波形梁上缘时可为圆形，反射器的安装角度无论在直线或曲线上，应尽可能与驾驶员视线方向垂直。

分流诱导标设在互通式立交分流端部前方适当地点，合流诱导标设在合流端部前方适当地点。高速公路诱导标的底为绿色，诱导标的符号为白色。

指示性线形诱导标，应设置在一般最小半径或通视较差，对行车安全不利的曲线外侧，为白底蓝图案。

警告性线形诱导标，应设在公路局部施工或维修作业等需临时改变行车方向的路段，为白底红图案。

线形诱导设施应具有优良的识别性能，特别是夜间的反射性能。

六、交通标志标线

（一）交通标志

交通标志是用图形、符号、颜色和文字向交通参与者传递特定信息，预示前方道路交通设施、气候、环境情况，表示交通管理指令设施的状况，是道路交通法规的组成部分与交通管理的重要手段，在公路与城市道路交通管理中占有重要的地位。交通标志的形状、图案、尺寸、构造、材料、反光、照明、制作，以及设置要求，均需按国标《道路交通标志和标线》(GB 5768—2009)的规定执行。

交通标志按其作用分为主标志和辅助标志。

1. 主标志

（1）警告标志：警告驾驶员、行人注意前面危险地点的标志，如急转弯标志、陡坡标志等；

（2）禁令标志：禁止或限制车辆、行人交通某种行为的标志如禁止通行、车辆限制标志等；

（3）指示标志：指示车辆与行人的前进方向、停止、禁鸣以及转向的标志；

（4）指路标志：传递道路方向、地点、距离信息的标志；

（5）旅游区标志：提供旅游景点方向、距离的标志；

（6）作业区标志：告知道路作业区通行的标志；

（7）告示标志：告知路外设施、安全行驶信息以及其他信息的标志。

2. 辅助标志

辅助标志是在主标志下辅助说明的标志。凡主标志无法完整表达或指示其规定时，为了维护行车安全和交通畅通的需要，应设辅助标志。辅助标志主要起辅助说明时间、种类与属性、方向、区域或距离、警告或禁令理由等作用。辅助标志的颜色为白底、黑子(图形)、黑边框、白色衬边，其形状为矩形。如果主标志下需要安装两块以上辅助标志时，但组合图形应不多于3种。

为使公路交通标志和标线的设置科学、规范、系统，更好地满足公路使用者的出行需求。促进公路交通的安全与畅通，制定了《公路交通标志和标线设置规范》(JTG D82—2009)。

公路交通标志和标线的设置，应以不熟悉周围路网体系的公路使用者为设计对象，为其提供清晰、明确、简洁的信息，并使其具有足够的发现、认读和反应时间。公路交通标志和标线应在路网分析的基础上，综合考虑公路条件、交通条件、气象和环境条件等因素，根据各种交通标志和标线的功能、驾驶人的行为特征和交通管理的需要进行设置。交通标志的设置应全面、系统、连续、均衡、避免信息过载、信息不足或内容相互矛盾、有歧义。

（二）交通标线

路面标线是标画于路面上的各种线条、箭头、文字，立面标记、突起路标和路边轮廓标等所组成的交通安全设施。它的作用是确保车流分道行驶，导流交通行驶方向，加强车辆行驶纪律和秩序，增加公路通行能力，更好地组织交通，引导用路者视线，管制用路者驾驶行为的重要手段，它可以有效地指引车辆在汇合或分流前进入合适的车道。下面将按照设置方式、功能性质和功能形态对标线分类做简单的介绍，具体的设置标准和细节请参阅《公路交通标志和标线设置规范》(JTG D82—2009)和《道路交通标志和标线》(GB 5768—2009)。

1. 标线设置方式可分为以下3类

(1) 纵向标线。系沿道路行车方向平行中心线设置，如车行道分界线、潮汐车道线、车行道边缘线、左弯待转区线、路口导向线、导向车道线、禁止停车线、路面宽度渐变线、接近障碍物标线和铁路平交道口标线等；

(2) 横向标线。系与道路行车方向垂直或成角度设置，如人行横道线、车距确认标线、停止线、停让线和减速标线等；

(3) 其他标线。字符标记或其他形式标线，如公路出入口标线、停车位标线、港湾式停靠站标线、减速区标线、导向箭头、路面文字标记、路面图形标记、非机动车禁驶区标线。

2. 按标线的功能性质划分主要分为3类

(1) 指示标线。指示车行道、行车方向、路面边缘、人行道等；

(2) 禁止标线。告示交通参与人遵守禁止限制等特殊的规定，驾驶员、行人均须严格遵守；

(3) 警告标线。促使车辆驾驶员、行人了解道路交通情况，提高警觉，准备防范应变等措施。

3. 按道路交通形态分为4类

(1) 线条。标画于路面，线石或立面上的实线与虚线；

(2) 字符标记。书写于路面上的文字、数字及符号标记；

(3) 突起路标。安装于路面上标示车道分界、边缘、分流、合流、弯道、危险路段、路宽变化、路障位置的反光或不反光体；

(4) 路边轮廓标。安装于道路两侧，指明道路方向、车行道轮廓的反光标交通标志和标线一起构成公路立体交通语言，两者相辅而成，不应相互冲突。

第二节　高速公路的服务设施

服务设施包括服务区(加油站、休息室、小卖部、食堂、厕所)、停车区(停车场、电话)、辅助设施(养路站、园地)以及公共汽车停靠站等。

高速公路服务设施应该按照A级来进行设计：(1)A级服务设施应为连续行驶的用路者提供解除疲劳、紧张，以及满足生理要求的场所，或为汽车加油，或对车辆做出必要检查、维修等需求，以确保行驶安全、舒适；(2)A级服务设施应每间隔一定距离，在适当位置设置服务区、停车区、公共汽车停靠站。

一、服务区

高速公路一般规定：服务区间距为5(标准)~60km(最大)。服务区用地面积和建筑规模，应根据交通量、交通组成、沿线城镇布局、用地条件等因素确定。其用地面积4.0000~5.3333hm^2/处，建筑面积5 500~6 500m^2/处。

高速公路服务区的基本布置形式为分离式外向型。分离式是将停车场布置在主线的两侧，与主线分离，而不是集中布置在干线一侧或两车行道的中央，后者为集中式。另根据食堂是紧靠车道的内侧还是外侧，而划分为内向型及外向型。具体服务区的形式选择应当根据服务区所处的地形条件、交通量分布，以及中央分隔带宽度(只有在采用宽中央分隔带的美国郊外高速公路中才能出现中央聚集型)。

休息服务设施设计时，应对人和汽车交通的安全舒适作充分的研究，务必使各设施之间能有机而有效地相互配合。通常可分为车辆服务设施和乘客服务设施2类：(1)车辆服务设施，指加油站、修理所、停车场等：(2)乘客服务设施，指食堂、小卖部、厕所、休息处、公用电话、园地、广场、人行道等。

二、停车区

停车区可在服务区之间布设一处或多处，其间距为15(标准)~25km(最大)。停车区内应设置停车场、公共厕所、长凳，只给用路者提供最低限度的服务。停车区的布设宜采用分离式，但无须对称布置。停车区的建筑规模，应根据交通量、交通组成、公路用地条件等因素确定。其用地面积1.0000~1.2000hm^2/处，建筑面积60~110m^2/处。

三、公共汽车停靠站

(一) 公共汽车停靠站布置规划

公共汽车停车站的布置规划，必须充分考虑车道的安全性、便于使用与经济性等。公共汽车停靠站的布置可根据公路沿线城镇布局、城镇人口、公共交通状况与客流量、自然和地形条件等确定。公共汽车停靠站宜与服务区、互通式立体交叉合并设置。独立设置的公共汽车停靠站，应结合主线平面、纵断面设计，确保公共汽车出入停靠站的运行安全，并必须采取相应措施严格保证乘客上下以及等候时的安全。上下行线的公共汽车停靠站，易于识别。

相互间的联络必须利用行人通道或设置专用联络通道。公共汽车停靠站必须设置防止乘客等进入高速公路的设施，以确保车辆、人员的安全。

(二) 公共汽车停靠站设计

1. 单独设置

为保证干线公路车流畅通，对沿途乘客集中路段所设置的公共汽车停车带，应与主线分开布设。停靠站一般在立交处、换乘车辆方便处，并应选定在线形良好、纵坡平缓的直线段或大半径的曲线段。相邻停靠站的间距通常为 15~20km。

当减速车道处于下坡，加速车道处于上坡时，应增加长度。一般纵坡为 2%~3%时，减速车道乘以 1.1，加速车道乘以 1.2。变速车道宽度为 3.5m，公共汽车停车道宽度为 5.5m，利用二次变速车道在两者之间缓和。站台宽度以 3m 为标准。

2. 在互通立交或收费站处设置

为便于人流和车辆的转换，常在互通式交替交叉处布置公共汽车停靠站。此时要利用专门的辅道将公共汽车引导到直行车道以外的车道进行减速、停靠和加速。在直行车道与停靠站间设置栅栏分隔，形成港湾式停靠站。高速公路停靠站处应设有桥梯、盘道、自动扶梯等设施。作为高速公路与相交干道高程之间的乘客通道，结构应注意实用、安全与美观。对于全苜蓿叶立体交叉，公共汽车停靠站可以设置在高速公路右转出入口楔形端和左转出入口段所组成的区域。

第三节　高速公路的交通控制及管理系统

高速公路管理设施系统作为高速公路管理设施的一部分，是以电子、电气、控制、通信机械和交通工程等技术为基础的综合性系统，是对高速公路实施现代化管理的主要工具，主要包括监控系统、收费系统和通信系统(简称三大系统)，以及供配电、照明和隧道管理设施等系统。

一、监控系统

(一) 监控系统的定义

高速公路监控系统是将先进的信息技术、数据通信传输技术、电子控制技术以及计算机处理等技术综合运用于地面运输管理体系，从而建立起一种在大范围内、全方位发挥作用的实时、准确、高效的公路运输综合管理系统。应用监控系统对高速公路进行全面的监视和控制，对高速公路的正常运行和效益发挥起着极为重要的作用。

所谓“监视”，就是指利用路面、路旁的数据采集、检测设备和人工观察，对道路交通状况、路面、天气状况和设备工作状况等参数进行实时观察和测量，并通过通信系统传送至监控中心控制室。

所谓“控制”就是依据监视所得到的各种数据，由监控中心控制计算机或监控员按照一定的模式进行分析、判断和决策，并将最终的决策结果和下达的控制命令通过通信系统传送到信息发布设备(可变情报板或可变限速标志)、收费口控制设备或匝道控制设备，将路况及各种控制信息提供给驾驶人员，以促进行车安全，提高行车效率。对于引起延误的事件，迅速响应，提供紧急服务，并快速排除事件，把事件引起的延误控制到最小值，从而达到调节和控制道路交通状况的目的。

(二) 监控系统的设计原则及目标

1. 设计原则

在监控系统的设计中应遵循以下原则：

(1) 遵循集中管理、统一规划、分期实施的原则；

(2) 遵循技术先进、安全可靠、经济实用、兼容性强、易扩容和升级，便于维护管理的原则；

(3) 系统技术标准统一，严格执行国际标准、国家标准和专业标准；

(4) 应满足分期建设的需要，预留接口，便于升级、扩展，避免由于技术的发展、路网的变化而带来的投资浪费。

除此之外，在高速公路监控系统设计中还应注意几个关键性的问题：a. 监控系统体系结构的确定；b. 监控策略的选择；c. 外场设备的合理布置；d. 信息的传输和控制方式。其中，监控系统体系结构的确定，监控策略的选择起着至关重要的作用。

2. 设计目标

安全和交通事故相关联，事故不仅造成经济损失，也使车道堵塞，车速降低，行车延误时间加长，无法保持道路的畅通。因此，高速公路监控系统设计的主要目的为：

(1) 最大行车安全

从总体上讲，由于高速公路是全封闭、全立交，供机动车辆分向行驶，因此其安全性优于普通公路。但是，高速公路交通量大，车速高，一旦出现交通事故，车辆的排队长度、堵塞时间、车辆损坏和人员伤亡程度都较普通公路严重，即恶性事故多。大雾天气的偶然驾驶差错，能造成很多车辆尾撞。因此，对高速公路的行车安全应有更高的要求，监控系统将行车安全作为主要工作目标之一。

(2) 道路畅通

道路畅通是指没有堵塞现象，车辆能够持续以理想车速运行的状态。这是公路运输最基本也是最重要的条件。实际运行环境存在着各种各样影响道路畅通的干扰因素，交通监控就是通过对交通流量状态的监视来预防事故发生、减轻拥挤程度、排除堵塞、恢复道路的畅通。

(3) 交通设施状态完好

公路交通设施由路、桥、隧道等土木建筑物和各类管理设备组成。任何设施失效都将使公路运输系统丧失部分功能，影响正常运行。设备失效大都有一个从量变到质变的过程，即存在征兆，采用针对性强的检测器可以探测出来。监控系统应该通过各种检测设备轮回采集主要设施的工作状态，做出评价。当设备发生故障时，系统能够快速做出诊断和报警，并及时进行相应的抢修维护。

3. 其他目标

为了向用户提供优质服务，使得高速公路获取更大的社会和经济效益，对监控提出若干目标：如用户总旅行时间最小、车辆总行驶距离最大、油耗量最小和对环境的污染最小等。

二、通信系统

（一）概述

高速公路通信系统是高速公路现代化管理的支撑系统，它要实现监控系统和收费系统的数据、语音和图像等信息准确而及时的传输，保持高速公路各管理部门之间业务联络通讯的畅通，并为高速公路内部各部门和外界建立必要的联系。同时高速公路通信系统作为交通专用通信网的重要组成部分，是交通信息的主要传输载体，为网络服务及会议电视系统提供传输通道。

随着计算机技术、网络技术和通信技术的迅速发展，高速公路通信技术也从简单的无线对讲系统发展到800MHz无线集群系统，从小容量微波通信发展到SDH系列数字光纤传输系统，从单纯的电话业务发展到包括语音、数据和图像等多种信息的综合通信，并从模拟通信向数字通信演变，开始组建先进的宽带综合业务数字通信系统。

近年来，我国的高速公路建设发展非常迅速，高速公路网正在逐步形成。在某些高速公路建设发达的省份已经开始着手进行区域内高速公路网交通机电工程（通信、收费、监控）的方案论证及工程实践。这样，高速公路通信系统已开始从单条路的内部通信向路网环境的广域通信转变，其组网技术也会有很大提高。

（二）通信系统的特点

根据高速公路建设的实际情况和交通管理的特殊要求，高速公路通信系统有以下特点：

（1）高速公路的各级管理机构及沿线设施一般均建筑在公路两侧，沿公路呈线状分布。

一般通信站都设置在收费站或管理所的所在地，所以通信站的地理位置实际上在公路建设时已基本确定，不能随意选址设站。

（2）高速公路的管理体制一般采取分级管理、集中控制调度，高速公路通信网的网络结构为树形结构。此外，各级管理机构与公路沿线各地有关部门及上级机关也必须保持通信联络的畅通，因此高速公路通信系统是以内部通信为主，并进入电信公用网。

（3）在高速公路管理处、管理所、服务区、收费站、收费（分）中心、监控（分）中心等机构之间以及外场监控设备与监控（分）中心之间需进行话音、数据、图像等各类信息的传输和交换。此外，为及时处理交通事故，进行交通调度指挥，有关部门必须与行驶在路上的巡逻车等保持通信联络，因此高速公路通信系统应该是以有线通信为主，并采用移动通信为补充的多种综合型通信系统。

三、收费系统

（一）收费系统的定义

高速公路收费系统通常是指从进入高速公路的车辆缴纳通行费，直到费额安全进入存储点以及能提供各种相关信息的设备和人员的集合体。收费系统是一种系统框架体系，由人员、活动、数据、网络和技术五部分集成为一个整体。在这个集合体中几部分协同工作完成资金流、数据流、信息流的控制与管理。

人员：人员是收费系统中必不可少的一环，是收费系统的主要参与者。主要包括收费人员、管理人员、维护人员、司乘人员和协调服务机构人员。这里所说的司乘人员是指收费系统的用户，而服务人员则是指配套收费系统所参与的其他部门人员，如银行系统人员和交通警察等。

活动：即实现收费功能。由业务活动和数据信息活动构成。

数据：一是收费过程中产生的数据；一是收费中心下发的数据。

网络：网络是收费系统重要的载体，是实现数据资源共享、传输的重要手段。特别是在联网收费系统中，网络安全与稳定关系到整个系统的性能。

技术：是收费系统的基础，是支持收费系统的硬件和软件运作的保障。

（二）收费系统的设计原则及目标

为了发挥高速公路快速、安全、舒适、经济等特性，最大限度地吸引交通量，在高速公路建设之前，需要对高速公路收费系统的设计、实施和营运有一个充分、合理的规划和设计。

这种规划和设计的合理性是决定高速公路收费系统设计合理与否的关键，将对今后收费系统的营运效率和建设成本的回收产生很大的影响。

1. 设计原则

高速公路收费系统设计一般应遵循以下原则：

（1）对通过的车辆（除军车、警车、路政车辆等外）进行正确合理收费，利用其先进可靠的监测设备，合理规范地运行操作，最大限度地避免逃、漏通行费的现象发生；

（2）所有的收费记录必须全部入账，所有记录完整、准确，最大限度地避免收费过程及后期管理的财务漏洞；

（3）车道控制系统应精确、可靠，保证各级收费业务的正常执行；

（4）收费系统应具备较高的服务水平，从而体现出收费处理的实用、易操作等特点，尽量减少由于收费系统的介入所产生的交通延误；

（5）高速公路收费系统应能够向监控系统提供必要的交通数据，为高速公路交通管理提供帮助；

（6）应充分考虑到收费系统未来的扩充需要，留有余地，以便系统升级，兼容及功能的扩充；

（7）应具有高可靠性及防止人为和自然事故损害收费系统的能力，系统在运行时有完备的自愈功能，对非法操作进行监测及记录，系统具有故障处理诊断和后备功能；

(8) 收费操作过程应简明、实用，有助于减轻收费员的工作强度，应加强对军车、紧急车公务车等特殊车辆的管理；

(9) 所有收费记录实现计算机化，统计报表准确、及时，有助于实现办公自动化；

(10) 与相关路段的拆账要准确无误，严防作弊。

2. 设计目标

收费系统设计的目的是高速公路建设资金的回收、还贷或建设资金的再投入，以及对提供服务劳动的回报。从资金回收的角度看，收费系统应能保证收费员在收费过程中尽可能少地出现漏收行为。对收费系统设计的总体目标一般为：

(1) 保证收费最多(即失误最小)；

(2) 保证驾驶人和收费员间的欺骗性行为可能性最小(即漏收最少)；

(3) 保证最大的车辆通过量；

(4) 保证最高的工作可靠性(例如无故障运行小时数最长)；

(5) 保证最小的操作费用；

(6) 保证最少的维修工作量。

四、供配电系统

(一) 概述

机电系统的运行，依靠供配电照明系统提供电能支持，随着机电系统建设的逐步完成，高速公路供配电系统已发展成为电力供电系统的一个重要分支。因此，结合高速公路机电系统的特点，研究高速公路供配电系统是十分必要的。

(二) 供配电系统的基本要求

供配电系统是交通机电系统(包括收费系统、通信系统、监控系统和供配电照明系统)的重要组成内容之一，供配电设施是高速公路附属工程配套设施。其目的在于确保其用电的安全、合理和可靠性，满足高速公路管理部门生产、生活的需要，确保高速公路安全、通畅、经济、快速和舒适等综合效益最大限度地发挥，实现高速公路运营与管理过程的现代化。为此，供配电系统必须达到以下基本要求：

(1) 安全——在电能的供应、分配和使用中，不应发生人身事故和设备事故；

(2) 可靠——应满足用户对供电可靠性的要求；

(3) 优质——应满足用户对电压质量和频率等方面的要求；

(4) 经济——系统的投资要少，运行费用要低，并尽可能地节约电能和减少有色金属的消耗量。

此外，在工作中，应合理地处理局部和全局、当前和长远的关系，既要照顾局部和当前的利益，又要有全局观念，能顾全大局，适应发展。

五、救援系统

根据危机管理理论，对紧急事件的响应，一是如何争取更多时间，二是如何获得更多信息，三是如何降低资源或损耗。如何降低资源损失或损耗是结果，争取更多时间或缩短响应时间是其必要条件之一，获得更多信息是制定决策、实现快速响应的重要手段。响应时间的延长往往伴随损失的增大。

高速公路紧急救援体系的形成，取决于两个方面：其一，救援的机构组织及其管理职责，既管理体制构造；其二，机构所具备先进的响应、处置技术手段，即现代信息化技术的合理应用。

所谓管理体制是指相互联系、相互制约的各组织机构之间的格局、配置和管理权限划分的制度。高速公路的管理体制，是指高速公路管理机构设置及管理权限划分的制度。通过实践证明，封闭的高速公路要求有一个集中、统一、高效、特管的指挥管理系统，对避免一路两制、政出多门是非常必要的。

机构化的组织管理不应有根本性的变化，应当对于原管理机构及部门进行重新“赋权”，即重新明确各部门之间责任及权利，确定新的工作流程，使之在信息平台上承载新要求与新业务。

由平台缔造的业务信息系统应具有以下目标：

（1）道路数据的即时采集、及时传输、系统存储与预处理、信息的快速发布、调度指令下达，实现对交通事件的早期监护、早期发现、快速救援；

（2）建立高速公路的快速高效语音交换系统，从事件报警、信息咨询、指令调度、业务协同等多个环节实现即时响应，完善救助手段；

（3）建立有效的视频检测与监测系统，填充事件发现空白，辅助调度指挥的决策过程。

第十章 高速公路养护管理

第一节 路基维修保养管理

路基是路面的基础，是高速公路的重要组成部分，它与路面共同承担车辆荷载，并把车辆荷载通过自身传递到地基。路基的强度和稳定性直接影响路面的强度和平整度，是保证路面结构稳定、路用性能良好的基本条件。

一、路基维修保养

（一）路基维修保养的内容

路基部分维修保养的内容包括：1. 整修路肩、边坡、清除杂物，保持路容整洁。2. 疏通边沟和修理路缘石，保持排水系统畅通。3. 小段开挖、铺砌边沟。4. 清除路基塌方，填补缺口。5. 局部整修挡墙、护坡、泄水槽等圬工构造物。6. 加固路肩。

（二）路基维修保养的要求

为保证路基各部分完整，满足对路基的使用要求，使路基发挥正常有效的作用，路基养护工作必须符合如下要求：

（1）路基各部分经常保持完整，各部尺寸保持设计的标准要求，不损坏变形，使之经常处于完好状态。

（2）路肩无车辙、坑洼、隆起、沉陷、缺口，边缘顺适，路肩平整坚实，与路面结合良好平顺，衔接处不透水。

（3）边坡稳定、坚固、平顺，无冲沟、松散，保持边坡无垃圾等杂物。

（4）排水沟、截水沟、跌水井、浅水槽等排水设施无淤塞、无蒿草，纵坡符合要求，排水畅通，进出口维护完好，保证路基及边沟内不积水。

（5）挡土墙、护坡及防雪等设施保持完好无损坏，泄水孔无堵塞。

（6）对翻浆路段应及时治理，对坍方应及时清除，做好翻浆、坍方、山体滑坡等病害的预防和抢修。

（7）路基边沟边坡应每年在秋季末整修一次，在春融后、汛期前检查一次，发现问题及时处理。

（8）坚持雨中、雨后巡查制度，对排水系统重点检查及时排除堵塞，保持水流畅通，对路基水毁等采取果断措施进行处理，确保路基安全稳定。

(9) 对有病害出现的，墙高大于4m的挡土墙和墙高大于6m的护面墙，应设永久测量点。除作经常检查外，每年应在春秋两季各进行一次定期检查，主要检查挡土墙在冰冻融化后墙身及基础的情况，以及冰冻前所采取的保护措施。另外在反常气候或重型车辆通过等特殊情况后，应及时进行检查，如发现裂缝、断缝、倾斜、鼓肚、滑动、下沉或表面风化、泄水孔堵塞、墙后积水、周围地基错台等情况，应及时查明原因，并观察其发展情况，采取相应的修理、加固等措施。

(10) 挡土墙发生裂缝、断缝并已停止发展，可将缝隙凿毛，必要时可适当扩大缝隙，清除碎碴和杂物，然后用水泥砂或沥青砂填塞。

(11) 挡土墙的泄水孔应保持畅通，如有堵塞应及时疏通，如无法疏通，应另行选择适当位置增设泄水孔，或在挡土墙背后沿挡土墙增设墙后排水设施，一般可增设盲沟将水引出路基以外，以防止墙后积水，引起土压力增加而挤裂，甚至挤倒墙身。

二、路肩、边坡和排水设施的维修保养

(一) 路肩的维修保养管理

路肩的功能是保护路面边缘、加强整体稳定性、排除路面流水、设置防撞护栏等。

高速公路通常铺设硬路肩，一般为水泥混凝土或沥青混凝土路肩，其具体的养护管理可以参考同类型路面的养护方法。日常养护中应注意以下问题：

(1) 路肩应保持适当横坡，比路面的横坡大1%~2%以利于排水，路肩外缘应整齐成线。

(2) 路肩应经常保持平整、坚实，对于土路肩由于各种原因引起的车辙、坑槽及因行车道罩面，加铺保护层与路面产生错台等现象应及时整修或清除，并用与原路肩相同的土填平压实，使其顺适，也可根据实际情况进行加固。

(3) 土路肩过高妨碍排水时，应铲除整平。对不影响排水的路肩草应予保留，以利于保护路肩土，但草要及时修剪，草的高度不得超过15cm，如草中积存沙泥等杂物影响排水时，应清除整理。及时清除路肩上的垃圾杂物，不得堆积在路基范围内。

(4) 当路肩的横坡过大或过小、路肩宽度不足时应及时整修，宜用良好的沙土填补并夯实，但不得用清沟挖出的淤泥或含有草根的土填补。填土厚度大于15cm时，应分层夯实。填补前应清除杂草，刨松表面，使之结合牢固。也可根据情况选择合适的加固形式进行加固，以减轻路肩养护的工作量。

(5) 路肩设挡水路缘石地段，路缘石与泄水槽应顺接。汛期前后，检查缘石与泄水槽的衔接处，应无缝不透水；检查缘石与泄水槽的完好程度，并及时维修。

(6) 对于已硬化的路肩，应定期检查是否有缺损、松动和裂缝。交通事故造成的路肩破损，以及路肩与路面之间有裂缝和渗水现象，应高度重视，及时采取措施进行修复。

(二) 边坡的维修保养管理

边坡包括路堑边坡和路堤边坡，是保护路基的重要组成部分。边坡养护的要求是保持坡面平顺、坚实、无裂缝、无冲沟，保持坡度符合设计要求。

(1) 路基边坡的坡面应保持平顺、坚实、无冲沟，其坡度应符合设计。特别是深挖路

堑边坡的稳定更为重要，如发现问题，应及时处理。在整修加固边坡时，严禁从坡脚取土。边坡上的杂物应及时清除。使路基边坡清洁美观。

（2）高填土路基边坡因雨水冲刷，易形成冲沟和缺口，应及时用黏结性良好的土填塞捣实，层厚不大于15cm，宽度大于1m，对较大的冲沟和缺口修理时，应将原边坡挖成台阶形，然后分层填筑捣实，并注意与原坡面衔接平顺。特别是对流沙土和膨胀土路基边坡的冲沟、缺口，修理时应掺入生石灰或粉煤灰填筑。必要时利用片石混凝土或浆砌片石进行加固，以保证路基边坡的强度和稳定。

（3）边坡、护坡道等易出现缺口，冲沟、沉陷、塌落或受洪水及边沟流水冲刷，浸水松软，应根据水流、土质等情况采取下列措施进行加固：

① 对土质边坡容易出现少量坍塌的路堑、路堤边坡，一般可采用种草，铺草皮的加固方法，或采用空心六角块内种草的方法加固。

② 边坡坡度不陡于1：1.5。如出现局部滑坡现象，可在边坡上分排打入长30~50cm的木桩，然后恢复铺平原草皮。也可视情况采用六角块内种草或砌石加固。

③ 路基临近河边或常被水位淹没部位可以采用浆砌片石护坡，护坡脚设基础。对于已设有的路基防护工程，应检查有无勾缝脱落、砌石松动和沉陷现象，对出现的病害和新出现的问题应采取措施进行加固维修和完善。

④ 对经常有浮石下落和土块坍落的路堑高边坡，应采取砌石挂网喷浆、锚固，设防落网等方式进行加固。

⑤ 路基高度大于4m以上，边坡种草仍不稳定的路段，采取拱形方格或棱形的浆砌片石（预制块）的护坡措施，同时应注意与路肩、坡脚的连接，以免冲空损坏边坡。

⑥ 对加固后的边坡应加强养护和检查，如损坏，应及时修理加固。

⑦边坡防护除具有加固边坡、稳定路基的作用外，还具有环境美化的作用，在边坡防护时应注意与周围环境的协调。

（4）对于石质路堑边坡，应经常注意观察坡面岩石风化情况，以及危岩、浮石、滑塌体等的变动，发现问题及时采取处理措施，如清除、抹面、喷浆、勾缝、嵌补、锚固等。

目前土工合成材料的发展为边坡防护、加固路提供了新材料、新技术和新方法。常用于边坡防护、加固的土工合成材料有：土工网、土工格栅、防老化的塑料编织布、土工膜袋等，这些新材料的突出优点是施工简便、进度快、造价低、质量好。

（三）排水设施的维修保养管理

路基排水设施分为地面排水设施和地下排水设施两大部分。地面水包括雨水、雪水及大小河沟溪水等，这些是路基排水的主要方面，也是对路基造成危害的主要水源。地下水包括气滞水、潜水及层间水等。为了最大限度地减轻水对高速公路的危害，应该重视对排水设施的检查和维修，确保排水设施的正常使用功能。

对边沟、泄水槽、截水沟，跌水及急流槽、拦水带等地面排水设施，应该经常检查，及时清除杂草，疏通淤积。对于结构损坏如沟壁塌陷、裂缝等，及时修复，确保在雨季来临前恢复正常的排水功能。

对明沟、暗沟、渗沟、盲沟等地下排水设施应经常进行检查，如发现堵塞、淤积，及时进行冲洗清除，保证水流畅通。对于渗沟、盲沟应及时清除沟口杂草，排除堵塞；对有管渗沟经常检查疏通，保证管内水流畅通。对中央分隔带上的集中排水设施如泄水孔、集水井、横向排水管和其他排水通道，应及时清淤及维修，确保水流畅通。

高速公路的路面局部积水，应该针对积水原因，采取及时清扫、整平路面及增设排水设施的措施，予以清除；雨后，互通式立交桥范围内的积水，应采取措施，及时排水。

特殊时期应更加注意排水设施的检查和维护。例如在春融前，应该对高速公路的排水设施进行全面的检查疏通，及时维修损坏部分。暴雨后，更应重点检查，如有冲刷、损坏，及时维修、加固。

三、防护与支挡工程的维修保养

一般来说，把用作防止路基被冲刷和风化，主要起隔离作用的设施，称为防护工程，把防止路基或山体因重力作用而滑塌，主要起支承作用的结构物称为支挡工程。

（一）防护工程的维修保养

1. 植物防护

植物防护主要有种草、铺草皮、植树，采用植物覆盖层对坡面进行防护，工序简单，效果好。它可以减缓地面水流速度，调节表层水温状况，植物根系深入土层，在一定程度上对表层土起到固结作用。植物防护适用于适宜植物生长的土质边坡。

① 种草：土质路堤、路堑有利于草类生长的边坡，或河面较宽、主流固定、流速小、路线与水流方向接近平行、路堤边坡段受季节性浸水或冲刷轻微、土质适于草类生长的，均可种草，它可以防止雨水冲刷坡面。

② 铺草皮：坡度不陡于1：1.5，且浸水时水流速度在0.6m/s以下，可用平铺草皮护坡，坡度陡于1：1.5，且浸水时水流速度在1.5m/s以下，可用叠铺草皮护坡。

③ 植树：在路基斜坡上和沿河路堤之外河漫滩上植树，能加固路基和河岸，并使水流速度降低，防止和减少水流对路基和河岸的冲刷。林带既能够防风防砂防雪，还能够美化路容，调节气候，增加木材产量。

④ 植物防护的养护：主要是植物的养护，对草和树要经常进行浇水、施肥和除虫，保证植物正常生长。为了达到美化的效果，还应经常进行修建、整形。

对于草皮死亡、树木缺株，应针对情况进行补植；如果由于水流作用，植物根部被冲空，坡面及坡顶裂缝、隆起，坡面局部冲沟，应针对情况，进行维护或改变防护形式。如，由于水流速度较大，植物经常被冲毁，可改为抛石、护岸等其他防护形式；对于坡面水流作用，可针对坡面大小、水流情况，在坡面上设置截、排水沟，正确引导水流，防止地表水过度冲刷植被；对于地下水的作用，由于植被堵塞地下水出口，引起坡面隆起，边坡失稳，应注意地下水情况，正确引导地下水排出地面。

2. 圬工防护

圬工防护包括石砌护坡、坡面处置、导流构造物等。圬工防护是利用抹面、锚固、砌石、混凝土块、花格砌体和护面墙等形式保护边坡，防止边坡风化、破坏，保证路基的稳定。日常养护中，应经常检查此类结构物有无裂缝、腹部隆起、滑动、倾覆等现象，护面墙的沉降缝有无变形，泄水孔有无堵塞，如有异常情况发生，应及时采取维修措施。

此外，落石防护网、落石护栏，透水式桩等边坡防护物，也应经常检查，如有损坏应及时维修更换，确保其正常使用功能。

（二）支挡工程的维修保养

支挡工程主要是挡土墙，挡土墙是用来支撑天然边坡或人工填土边坡，以保持土体稳定的构造物。其常见的破坏形式有：泄水孔不通，墙身裂缝、倾斜、鼓肚、滑动、下沉、表面风化，地基错台或空隙，砌体断裂或坍塌等，针对这些情况，要分析其原因，并观察其发展情况，根据结构类型及损坏情况，采取合理的养护加固措施。

1. 泄水孔堵塞，墙后积水

泄水孔排不出水，孔内被杂物堵塞；或泄水孔进水口处反滤材料被堵塞，填土进入反滤层。如条件许可，可开挖墙后填土，重新填筑反滤材料。如果泄水孔设置位置不当，不起排水作用，需要针对地下水情况增设泄水孔，同时还应加做墙后排水设施，严防降雨积水，引起土压力增加或冻胀，挤坏挡土墙。

2. 砖石、混凝土或钢筋混凝土挡土墙裂缝、断裂

对裂缝、断裂进行观察，如发现其停止发展，应立即进行修理、加固，其方法是将裂缝缝隙凿平，用水泥砂浆填塞；对混凝土挡土墙裂缝，可采用环氧树脂凝固；对裂缝较宽、较深，墙内形成空洞的，可先用细石混凝土封堵外围，预留孔洞，然后进行压浆处理。

3. 锚杆及加筋挡土墙的维修保养

锚杆及加筋挡土墙，如有墙身变形、倾斜，肋柱、挡板损坏、断裂等情况，应及时进行维修和加固；暴露的锚头、螺母垫圈等应定期除锈、刷漆，螺母如有松动、脱落，应及时加以紧固和补充。

4. 浸水挡土墙的维修保养

浸水挡土墙，除经常检查其有无损坏外，还应在洪水前后详细观察、检查。汛前检查的目的是确定其作用、效果是否完整稳定，能否承受洪水的袭击和应采取的防护、加固措施；汛后检查的目的是观察其有无损坏，如有损坏，应及时维修和加固。

5. 其他

挡土墙与边坡的连接处，易被水流冲刷成沟槽或缺口，因此需加强检查，发现情况及时填补夯实，恢复边坡原状。

四、特殊地区的路基养护

（一）盐渍土地区路基养护

盐渍土是一种含盐量较高的盐碱地，当距地表 1m 内含有的容易溶解的盐类超过 0.3% 时即属于盐渍土。由于盐渍土含盐类型(如氯化盐、硫酸盐碳酸盐)和含盐量、含硝量以及其他因素的不同，对路基的破坏也有所不同。

因盐类有胶结和吸湿作用，固盐渍土在干旱季节和干旱地区，有利于路基的稳定；一旦受到雨水、冰雪融化的淋溶，含水量急剧增加，则会出现路基湿化塌陷、溶陷、发软，致使强度降低，丧失稳定，甚至失去承载力，导致路基出现下列病害：道路泥泞、加重路基翻浆及冻胀病害；受水浸时，强度显著下降，发生沉陷；硫酸盐发生盐胀作用，使土体

表面结构破坏，导致路面鼓包、破裂以及路肩、边坡疏松等。在养护时应注意以下要点：

1. 保持排水良好

排水沟要保持0.5%~1%的纵坡。在低矮平坦、水困难的地段，应加宽加深边沟或在边沟外增设横向排水沟，其间距不宜大于500m，沟底应有向外倾斜2%~3%的横坡。

对加宽加深边沟的弃土，可堆筑在边沟外缘，形成护堤，以保持路基不被水淹。

2. 路肩、边坡加固

对硫酸盐渍土路基，根据需要与可能，宜采用卵石、砾石、黏土、废砖头铺在路堤的边坡上，以防边坡疏松、风蚀和人畜踩踏而破坏。

3. 及时处理隆起及翻浆

秋冬季节或春融时期，路肩容易出现盐胀隆起，甚至翻浆。对隆起的应予铲去，使地面水及时排出。

4. 选植物稳定边坡

为防止边坡水土流失，应结合当地的土质和植物生长情况，选耐盐性的树木或草本植物，予以稳定。

5. 合理选择路基高度、宽度及边坡度

路基边缘高出地面的最小高度、高出地下水位的最小高度应符合一定的要求。

为保证路基的有效宽度，当路基容易遭受雨水冲刷、淋溶和松胀时，在取土无困难，不占用农田的地方，对强盐渍土及过盐渍土的路基宽度，可按标准路基宽度增加0.5~1.0m。

6. 封闭式隔断层

对道路翻浆或盐胀病害的处治，近年来有不少地区采用不透水材料，铺于路基下或中部，以完全隔断地下水上升到路基上部，保持路基干燥、稳定。

（二）黄土地区路基养护

黄土具有疏松、湿陷及遇水崩解、膨胀等特性。常见的病害有路堤沉陷，路肩坑凹，边坡出现剥落、塌方、大小沟槽、洞穴，边沟水流冲深、蚀宽等。

具体要针对不同的病害，采取相应的加固措施。

（1）对于路基沉陷和陷穴，首先要查清水的来源、水量、发展情况等，采取灌砂、灌泥浆或挖开填塞孔道后，再回填夯实，但事先应做好导水或排水措施。

（2）对于黄土边坡采取以下措施：

① 对疏松的坡面应拍打密实，如坡度缓于1∶1，雨量适宜草类生长的，可用种草、铺草皮等方法加固。

② 雨量较小，冲刷不严重的，采用黏土掺拌侧草进行抹面，并每隔30~40cm打入木楔，增加草泥与坡面的结合。

③ 雨量较大的地区，应用石灰、黄土、细砂三合土或加炉渣的四合土进行抹面加固。

④ 对坡脚易受雨水冲刷或坡面剥落严重地段，应根据水流、土质等情况，选用种草、铺草皮、栽灌木丛、铺柴束、篱格填石、投放石笼、干砌或浆砌片石护坡等措施，进行加固。

(3) 对边沟纵坡达到或超过：新黄土3%、老黄土4%、红色黄土6%时，即需要加固，加固可采用浆砌片石、砖砌加固，也可采用跌水消力池式加固。

(三) 泥沼、软土地带路基养护

泥沼、软土地带的路基，多因地面低洼、降雨充足、地下水位高、含水饱和、透水性小、压缩性大、抗剪强度低，在填土荷载和行车作用下，容易出现沉降、冰冻膨胀、弹簧、沉陷、滑动、基底向两侧挤出淤泥等病害。处治时，采取下列方法：

1. 置换法

对软土路基沉降等病害可采用换填土层法，即将路基一定深度范围的湿软土层挖去，换以强度较大的砂、碎(砾)石、灰土或素土，以及其他性能稳定、无侵蚀性的土类，并予以压实，填至路基标高。

2. 挡墙、木排桩反压护道法

软土路基沉陷，可采取先在坡脚处修筑块、片石挡墙或木排桩，然后填土，恢复到路基标高，这样可以限制基底软土的挤动，从而保持基底的稳定。或在路堤两侧填筑一定宽度和高度的土石反压护道，使路堤下的淤泥或泥炭向两侧隆起的趋势得到平衡，然后填土，恢复到路基标高。

3. 挤密法

在软土路基中采取冲击或振动等方法造成一定直径的钻孔，在孔中灌以砂、石、灰土或石灰等材料，捣实而成直径较大的桩体，利用横向挤紧作用，使路基土粒彼此靠紧，孔隙减少，而且孔被填满和压紧，形成桩体。

4. 抛石挤淤法

当泥沼及软土厚度小于3.0m，表面无硬壳，呈流动状态，排水困难，采集石料方便时，可采用抛石挤淤。所抛片石，应是不易风化的大块石，其尺寸不小于0.30m。

5. 化学加固法

利用化学溶液或胶结剂采用压力灌注或搅拌混合等措施，使土颗粒胶结起来，达到对土基加固的目的。常用化学溶液和胶结剂如下：

① 以水玻璃溶液为主的浆液。

② 以丙烯酸氨为主的浆液。

③ 水泥浆液，由高标号的硅酸盐水泥，配以速凝剂而组成的常用浆液。

④ 以纸浆溶液为主的浆液，如重铬酸盐木质素和木铵，加固效果好，但有毒性，易污染地下水。

6. 土工布法

土工布在高压下具有较大的空隙率，透水性好，有优越的垂直、水平排水能力，很高的抗拉强度及隔水作用，能提高路基的整体强度，重新分布土基压力，增强路基的稳定性。

五、典型路基病害的处理

(一) 路基翻浆

路基翻浆主要发生在季节性冰冻地区的春融时节。因地下水位高、排水不畅、路基土质不良，经行车的反复作用，路基会出现弹簧、鼓包、裂缝、冒浆、车辙等现象，称为翻浆。

翻浆是一个四季都在发生变化的过程。秋季，水分开始积聚；冬季，水分在路基中重新分布；春季，水分使路基上部过分潮湿；夏季，水分蒸发、下渗，路基处于干燥状态。因此，根据各个季节的不同现象，采取适当的养护措施，加强预防性的防治工作，以防止或减轻翻浆病害。

1. 秋季养护

秋季养护的中心内容是排水，尽可能防止水分进入路基，保持路基处于干燥状态，以减少冬季冻结过程中由于温差作用向路面下土层聚流的水分，这是一项最根本的措施，所以养护要做好以下工作：

① 随时整修路面、路肩、边坡。路面应维护好路拱和平整度，如有裂纹、松散、车辙、坑槽、搓板等病害，应及时处理，避免积水。路肩应保持规定的排水横坡，边坡要保持规定坡度，要排压密实，防止冲刷和坍塌阻塞边沟，造成积水。

② 修整地面排水设施，保证地面排水畅通。

③ 检查地下排水设施，保证地下水能及时排出。

2. 冬季养护

冬季养护的主要内容，是采取措施减轻路基水分在温差作用下向路基上层聚积的程度，同时防止水分渗入路基。主要工作有：

① 及时清理翻浆路段的积雪。防止路基下层水分大量聚积到路基上层，致使翻浆加重。

② 经常上路检查，发现路面出现裂缝、坑槽等，要及时修补，及时排除融化雪水。

③ 对往年有翻浆而尚未根治的路段和发现翻浆苗头的路段，应在翻浆前做好准备工作。

3. 春季养护

春季是翻浆的暴露期，在天气转暖的情况下，翻浆发生得很快，主要是做好抢、防工作。一旦发现路面有潮湿斑点，发生龟裂、鼓包、车辙等现象，表明路基已发软，翻浆已经开始露头。此时应对其长度、起始时间、气温变化、表面特征等进行仔细的调查分析，找出原因，及时采取养护措施，防止翻浆加重。必须及时修补路面坑槽和路肩的坑洼，保持路面和路肩平整以利尽快排除表面积水。

4. 夏季养护

夏季是翻浆的恢复期，养护的中心内容是修复翻浆破坏路基，采取根治翻浆的措施。先要查明翻浆的原因，对损坏路段的长度、起讫时间、气温变化、表面特征、养护情况进行调查分析，作出记录，确定治理方法和措施。

（二）滑坡

滑坡的类型很多，且成因复杂。因此，在防治和处理滑坡时，要针对各种不同情况采取不同的防治措施。公路上的滑坡多发生于路基上边坡，这是因为修筑公路时破坏了地貌的自然平衡。因此，防治滑坡的措施应以排水疏导为主，再配合抗滑支撑措施，或上部减重，维持边坡平衡。其主要方法有以下几种：

1. 地面排水

滑坡体以外的地面水，应予拦截引离；滑坡体上的地面水要注意防渗，并尽快汇集引出。

2. 地下排水

排出滑坡地下水的工程措施，应用较多的为各式渗沟，一般包括：

① 支撑渗沟，用以支撑不稳定的滑坡体，兼起排出和疏干滑坡体内地下水的作用。

② 边坡渗沟，当滑坡前缘的路基边坡有地下水均匀分布或坡面大片潮湿时，可修建边坡渗沟，以疏干和支撑边坡，同时，也能起到截阻坡面径流和减轻坡面冲刷的作用。

③ 截水渗沟，当有丰富的深层地下水进入滑坡体时，可在垂直于地下水流的方向上设置截水渗沟，以拦截地下水，并排出滑坡体外。

3. 减重

减重就是在滑坡体后缘挖除一定数量的滑坡体，使滑坡体稳定下来。这种措施适用于推动式滑坡、坡面不深、滑床上陡下缓、滑坡后壁或两侧有岩层外露或土体稳定不可能再发展的滑坡。减重主要是减少滑体的下滑力，不能改变其下滑趋势，所以减重常与其他整治措施配合使用。

4. 支挡工程

① 抗滑垛。一般用于滑体不大，自然坡度平缓，滑动面位于路基附近或坡脚下部较浅处的滑坡。主要依靠片石垛的自重，以增加抗滑力的一种简易抗滑措施。

② 抗滑挡土墙。在滑坡下部修建抗滑挡土墙是整治滑坡常用的有效措施之一。对于大型滑坡，常作为排水、减重等综合措施的一部分；对于中、小型滑坡，常与支撑渗沟联合使用。优点是对山体破坏少，稳定滑坡收效快。抗滑挡土墙一般多采用重力式结构。

③ 抗滑桩。抗滑桩是一种利用桩的支撑作用稳定滑坡的抗滑措施。一般适用于非塑性体层和中厚度滑坡前缘，以及使用重力式支撑结构圬工量过大，施工困难的场合。抗滑桩按材料分，有混凝土桩、钢筋混凝土桩；按施工方法分，有打入法、钻孔法等。

第二节 路面维修保养管理

路面是在路基上用各种筑路材料铺筑而成直接承受行车作用和自然因素作用的结构层，其作用是满足行车安全、迅速、经济、舒适的要求。高速公路路面在车辆荷载、气候、水文等自然因素的影响下，将逐渐产生各种破损，从而降低公路服务能力，并对交通安全和环境保护等方面造成有害影响。因而必须采取预防性、经常性的保养和维修措施，使路面保持良好的技术状态。

一、路面维修保养的要求

（一）路面养护

1. 路面养护的基本要求：

① 清除路面上的杂物；

② 处理路面上的局部、轻微病害；

③ 处理桥头跳车；

④ 场院硬化维修。

2. 路面养护的目的是：

① 保持和改善路面结构性能，使其强度、刚度、稳定性、平整度、抗滑性等达到要求，以确保路面应有的耐久性。

② 保持和改善路面行车的安全和舒适性，以确保路面的行驶性能。

③ 采取预防性维修保养措施，消除路面松散、裂缝和拥包等病害，延长路面使用寿命。

④ 防止因路面的损坏和养护操作污染沿线环境。

（二）路面清扫

对高速公路路面的清扫，既是保持路面环境的需要，也是高速公路安全行车的需要。路面清扫应坚持“经常清扫”和“重点清扫”相结合、“人工清扫”和“机械清扫”相结合的原则，要求做到“预防性养护、机械化养护为主，防止中断交通”。

路面清扫的基本任务和要求：

① 路面清扫主要是清除路面上的垃圾和杂物，保持路面具有良好的卫生状况。

② 随时清、捡隔离栅以内、中央隔离带内和边坡上的白色垃圾，以保证良好的卫生环境。

③ 及时清除路面（桥面）积水，防止道路损坏。

二、沥青路面维修保养

（一）预防性季节维修保养

沥青路面对气温比较敏感，应根据各地不同季节的气候特点、水和温度变化规律，按照“预防为主，防治结合”的原则，结合成功经验，针对季节性病害根源，因地制宜，采取有效的技术措施，做好预防性维修保养。季节性维修保养应符合下列要求：

（1）春季：做好沥青路面温缩裂缝和其他裂缝的灌、封修理，快速修补坑槽、松散和翻浆等病害。

（2）夏季：气温较高，是沥青路面养护工程施工的有利季节，应抓住高温处治泛油、铲除拥包、波浪，及时修复冬寒春雨期临时修补的破损，恢复路面使用质量。

（3）秋季：由高温逐步降温，沥青路面的修补必须密切注意天气预报，抓紧完成年度养护计划，适时做好冬季病害的预防性保养，如裂缝灌封修理、冻胀松脆的防治，及时修补坑槽和乳化沥青稀浆封层等。

（4）冬季：继续做好冬季病害的防治，做好防雪、防冰、防滑、疏阻抢险及养路材料采备等工作。

由于高速公路车速100(km/h)以上，以下病害应及时处理。

(1) 路面由于行车事故产生的坑槽、油污等病害，应在清障后及时修补。

(2) 路面出现坑槽、拥包、油包应在4~10月份(以北方地区为例)列入小修保养工程中及时处理。在冬季应采取临时措施，以防破损面扩大，影响安全。

（3）路面出现纵、横裂缝处，应加强观测，及时采取封住裂缝的措施，以免雨水流入，加大破损的面积。

必须随时掌握沥青路面的使用情况，加强日常小修保养保持路面平整、路面排水良好，及时修补各种破损，做到治早、治好、治彻底，保持路面经常处于清洁状态。

沥青路面在使用过程中，要定期或不定期进行路况调查，按照路面管理系统建立数据库。对产生的各种破损现象应查明其面积、程度和主要原因，以便在养护和改善中作针对性处理。

路面材料：因路面被损坏进行维修时，采用的材料应尽量与原设计相同。如修补沥青混凝土路面，应选用符合设计要求的沥青。为提高修补速度和实效，可购置成品冷料，采取冷料冷补和冷料热补。

（二）沥青路面状况调查

（1）路面调查包括路面破损状况、路面结构强度、路面平整度及路面抗滑能力4项内容。根据其具体要求，路面调查可采用全面调查或抽样调查的方式，在定期检查前，除掌握路况检查资料以外，应参考路面技术档案以及设计、施工的资料作综合判断。

（2）路面调查频率：路面的4项指标每年进行1次全面调查。每天进行1次日常巡视。

（3）各管理处所辖路段为一调查段。以百米里程桩之间为1个调查单元，以公里桩之间为1个统计段，按左、右车道分别统计，互通立交作为1个独立调查段，每1个匝道列为1个统计段，互通立交主线仍列入主线内统计。将各个路段内各类破损数据分别统计后，计入汇总表内，汇总表应包括路线编号和起止桩号。

（4）路面破损状况调查。路面破损调查指标为综合破损率（DR）。路面破损调查方法目前采用人工调查，今后逐步过渡到路面摄影调查方法。

（5）路面强度的调查方法。路面强度的调查指标为路面弯沉值。调查设备宜采用自动弯沉仪检测，测定时按现有交通量测定上、下的行车道，互通立交匝道的测定视情况抽样进行。

（6）路面平整度的调查指标为国际平整度指数（IRJ）。全面调查采用车载式颠簸累积仪进行，小范围抽样调查可采用连续式平整度仪或3m直尺。

（7）路面抗滑能力的调查。路面抗滑能力的调查指标为轮胎与路面的摩擦系数（SFC）。宜采用横向力系数测定仪。路面受到油类物质的损坏时应局部地测定摩擦系数，以便采取应急措施。

（8）交通量调查。监控设备尚未健全之前，宜进行人工的交通量调查。调查频率为每月25日8时至26日8时，24小时分车型，按小时统计。

（9）利用4项指数检测数据，进行使用质量评价，据此确定采用的措施，有计划地进行修理和改善。

（10）推广采用“路面管理系统CPMS”，利用计算机进行综合评价，评定路面质量等级，提出养护措施，制定养护计划，提高养护决策的科学性。

（11）路面状况综合评价指标。路面状况综合评价指标采用路面养护质量指数（PQI）。具体计算方法按《公路养护工程质量检验评定标准》（JTG 5220—2020）执行。

（三）沥青路面常见破损及维修

1. 裂缝

沥青路面产生裂缝的原因及其表现形式比较复杂，根据裂缝的不同情况采取相应的维修措施：

① 轻微裂缝的处治：在高温季节可采用喷洒沥青撒料压入法修理，或进行小面积封层；在低温潮湿季节宜采用阳离子乳化沥青封层或采用相应级配的乳化沥青细浆封层。

② 严重裂缝的处治：因土基、路面基层的病害或强度不足引起的裂缝破损，首先应处理土基或基层，然后修复路面。

③ 纵向裂缝的处治：对于路段纵向裂缝宽度较大，已深至路基的，采用对纵缝压注水泥浆，封闭固结土基的方法，以防止裂缝的进一步发展。对面层进行切缝处理，沿纵缝两侧切割出 10~15cm 宽的条形槽，深度为上面层，清理槽壁，涂刷粘层油，用细粒式沥青混合料填筑，碾压成型。

2. 麻面、松散的维修

① 因低温施工的沥青面层造成麻面或松散，可收集好松散料，待气温回升至 10℃ 以上，清扫干净重新喷洒封油层，撒 3~5cm 石屑或粗砂，并用轻型压路机压实；如在低温潮湿季节，可用乳化沥青碎石混合料修理；小面积麻面可采用乳化沥青封层处理。

② 对于油温过高，粘接料老化而造成的路面松散，应挖除重新铺筑沥青混合料面层。

③ 由于基层或土层松软变形而引起的松散，应先处理基层或土基的病害，然后重做路面。

④ 由于酸性石料与沥青黏附性差造成的松散，则应在沥青中掺加抗剥落剂、增粘剂或用干燥的生石灰、消石灰粉、水泥填料，或用石灰浆处理粗集料等抗剥离措施，改善沥青与矿料的黏附力，提高沥青混合料的水稳定性。

3. 坑槽的维修

① 当路面基层完好，仅面层有坑槽时，通常按“圆洞方补”的原则在坑槽处开槽，然后喷洒沥青粘层油，摊铺沥青混合料，最后整平、压实。

② 路面基层破坏，应针对破坏原因，先处理基层病害，待基层密实、稳定后，再修复面层。

4. 拥包的维修

① 属于基层原因引起的较严重拥包，先用挖补办法处理基层，待基层稳定密实后，再重做面层。

② 因施工时操作不慎，将沥青漏洒在路面上形成的拥包，将拥包除去即可。

③ 因面层沥青用量过多或细集料集中而产生的较严重拥包，或路面连续多次出现拥包且面积较大，但路面基层仍属稳定，则可用机械或人工将拥包全部除去，并低于路表面 10mm。扫净碎屑、杂物及粉尘后用热沥青混合料重做面层。

④ 对于轻微且已趋于稳定的拥包，可在高温时直接铲平。

5. 泛油的维修

对于泛油路段，应先取样做抽提实验，求算出油石比，然后确定不同的处治措施。

① 严重泛油路段：在高温季节撒料强压处理，先撒一层 10~15mm 碎石或更粗一些的碎石，用重型压路机强行压入，达到基本稳定后，再分撒 5~10mm 的碎石，引导行车碾压成型。

② 泛油较重路段：根据情况先撒 5~10mm 碎石，待稳定后再撒 3~5mm 石屑或粗砂，引导行车碾压。

③ 轻度泛油路段：撒 3~5mm 石屑或粗砂，通过行车碾压至不粘轮为度。另外要求在撒料时，必须先撒粗料，撒布要均匀，无堆积，无空白，均匀压入路面。在行车碾压过程中，要及时扫回飞散的集料，待泛油稳定后将多余集料清扫回收。

6. 车辙的维修

车辙较轻且没有引起基层破坏时可不做处理。车辙严重时，应将引起车辙的基层或面层挖除后重做。

① 局部车辙的维修：用铣刨机或风镐翻松车辙表面一定深度（10~20mm），将废料清除干净；喷洒 0.3~0.5kg/m^2粘层沥青；采用与原路面结构相同的沥青混合料铺筑，并充分压实，恢复路面横坡；周围接茬处要烙平整合，碾压平整。

② 较严重车辙的维修：已经稳定的车辙，按局部车辙维修方法进行维修；因基层强度不足、水稳性不好等原因引起的车辙，则应对基层进行补强或将损坏的基层挖去，重新铺筑，新修补的基层应有足够强度和良好的水稳性，坚实平整。

7. 沉陷的维修

① 由于面层不均匀沉陷而引起的裂缝和轻微下沉，如路面和土基都已密实稳定，可在拉毛、洒布粘层油后，根据沉陷的程度选用不同粒径的热拌沥青混合料，填补沉陷部分至原路齐平。

② 由于土基或基层结构破坏而引起的沉陷，应先将土基或基层妥善处理后，再修复面层。

③ 桥头路面沉陷高差达到 2cm 时，应立即进行修补，填补平顺。可采用重新维修路面以及桥头搭板下压浆的办法进行维修。

8. 溜滑的维修

溜滑主要起因于路面光滑，由于路面在行车水平摩擦力的作用下表面骨料被磨光或沥青路面泛油而造成。

处治沥青路面溜滑的方法通常是加铺抗滑表层，一般采用热拌沥青混合料，其矿料级配可参考《公路沥青路面施工技术规范》（JTG F40—2019）。近年来，采用大空隙排水性沥青混合料（PAFC）和沥青玛蹄脂碎石混合料（SMA）铺筑抗滑层的技术得到了较大发展。

三、水泥混凝土路面维修保养

在良好的养护条件下，水泥混凝土路面使用寿命比其他路面都要长。不过一旦路面开始破坏，其破损会迅速向外发展，从而大大缩短使用寿命。因此，必须认真地做好预防性、经常性的养护工作，通过经常的巡视观察，及早发现缺陷，查清原因，采取适当的措施，确保路面状况的完好，从而延长其使用寿命。

（一）水泥混凝土路面养护的基本要求

（1）根据路面的实际情况和具体条件，以及水文、地质、气候、交通情况采取预防性、经常性的保养和相应的维修措施，对于较大范围的路面维修，应安排大修或专项工程，使路面处于良好的技术状况。

（2）水泥混凝土路面应以机械养护为主，积极采取新工艺、新技术、新材料。

（3）水泥混凝土路面养护必须贯彻安全生产的方针，其安全技术、劳动保护等必须符合有关规定，做到安全生产、文明施工、环境保护。

（二）水泥路面的日常保养

1. 路面的保养

① 经常清扫路面，扫除路面上的砂、石、泥土和污物，以保持路容的整洁。

② 雨季应及时清除积水，冬季及时清除冰雪。

③ 保持路面与路肩衔接平顺，横坡适度。

2. 接缝保养

① 在不同季节及时填充或铲除填缝料，保持接缝完好，表面平顺，行车不颠跳。

② 当气温下降接缝扩大有孔隙时，选择在当地气温最低时进行灌缝填料。

③ 当气温上升填缝料挤出缝口时，应适当铲除凸出填缝料，并防止砂石或泥土挤进缝内，影响板的正常伸缩。

④ 填缝料宜每隔 2~3 年更换一次。

3. 裂缝保养

① 对宽度在 3mm 以下的非扩展性裂缝，可用低黏性沥青或环氧树脂等材料灌注。

② 如为扩展性裂缝，可沿裂缝凿槽，注入灌缝材料进行处治。

③ 对于因混凝土板下有构造物或埋设硬物而产生的裂缝，也可沿裂缝凿槽后，填注灌缝料进行处治。

（三）水泥路面的维修

1. 接缝

按如下方法进行：

① 清缝。用小扁凿凿除或清缝机具清除旧填缝料和其他杂物，露出缝壁，用吹尘器吹净缝内尘土。

② 填缝。设置接缝板，灌注填缝料。

2. 裂缝

根据混凝土板裂缝的不同情况，可以分别采取如下的方法进行处理：

① 对于宽度小于 0.5mm 的早期裂缝，可采用压注灌浆法，直接将黏接剂如环氧树脂灌入缝内进行处理。

② 对于冬季修补通车路段的局部性裂缝，可采用喷嘴灌浆法。

③ 对于贯通板厚的中重程度的横向裂缝，可采用条带罩面法进行处理。

④ 当混凝土板发生脱空断裂、断角等损坏，影响行车安全时，应凿除损坏部分，处理

好基层后，用同种或异种材料进行修补。

⑤ 当混凝土板由于多条裂缝而分裂成为破碎板，且有沉降影响行车安全时，必须将混凝土板整块凿除，重新夯实基层，必要时重做基层处理并处理土基，然后浇筑新的混凝土板，进行整板的修复。

3. 板边、板角的修补

① 板边修补

对于水泥混凝土面板板边轻度剥落进行修补时，应将剥落的表面清理干净，用环氧树脂类或其他快速修补材料修补平整。当板边严重剥落时，可采用条带罩面进行修补。当板边全深度破碎，可采用全深度补块法进行修补。

② 板角修补

a. 板角断裂，应按破裂面的大小和深度，确定切割范围并放样。

b. 用切割机械切开边缘，凿除破损部分，应凿成规则的垂直面。对原有钢筋不应切断，如钢筋难以保全，至少也要保留 20~30cm 的钢筋头，且应长短交错。

c. 检查原有的滑动传力杆，如有缺陷应予以更换并在新老混凝土之间加设传力杆，传力杆间距控制在 30cm。

d. 基层不良时，可采用 C15 号混凝土浇筑基层。

e. 与原有路面板的接缝面，应涂刷沥青，如为胀缝，应设置接缝板。

f. 现浇混凝土。新混凝土与老混凝土面板之间应切缝，并灌入填缝材料。

g. 待混凝土强度达到设计强度 70%后，方可开放交通。

4. 错台处治

根据错台的程度和产生的位置，可分别采用以下方法处理：

① 对于轻微的(小于或等于 10mm)错台，可以采用机械磨平处理。

② 对于混凝土板的接缝或裂缝处的错台，以及水泥混凝土路面与沥青路面或路肩之间的错台，可用沥青砂或密级配沥青混凝土进行罩面处理，予以接顺。

③ 对于基础过于湿软引起沉降而形成的错台，可用板底灌浆的方法，加固基础，抬高板面，使其顺实。

5. 拱起处治

① 板端拱起但路面板完好时，应根据板块拱起高低程度，计算要切除部分板块的长度。先将拱起板两侧附近 1~2 条横缝切宽，待应力充分释放后切除拱起端，逐渐将板块恢复原位，在缝隙和其他接缝内应清缝，并灌接缝材料。

② 板发生破损或断裂时，可采用全深度补块法进行修补。

③ 拱起两端间因硬物夹入发生拱起，应将硬物清除干净，使板块恢复原位，应清理接缝内杂物和灰尘，灌填缝料。

④ 胀缝间因传力杆部分或全部在施工时设置不当，使板受热时不能自由伸长而发生拱起，应重新设置胀缝。

6. 坑洞处理

① 对于较浅的不大的坑洞，应清除洞内杂物，用水泥砂浆或其他快速修补材料填充，达到平整密实，并养护至规定强度。

② 对于较深的坑洞或连片的小坑槽，应放样开槽，清扫干净，在坑面均匀涂刷一层聚合物黏接剂，然后用早强混凝土进行修补，并养护至规定强度。

7. 沉陷处理

当混凝土板与基层之间出现空洞、空隙而导致路面沉陷时，可采用顶升施工法或灌浆施工法进行处理，以恢复混凝土板原来的位置。

灌浆施工法包括沥青灌注法和水泥浆灌注法，一般采用沥青灌浆法较多。灌浆施工中，灌浆孔的孔径、数量和位置，应根据混凝土板的大小、下沉量、裂缝状况以及施工机械性能等因素加以确定。具体的施工技术和要求，参考《公路沥青路面预防养护技术规范》(JTG/T 5142—01—2021)的有关内容。

水泥混凝土路面在使用中，必须对其使用质量进行定期的调查评价，有计划地进行修理和改善，以保持良好的服务状况。

第三节　桥梁与涵洞的维修保养

一、桥涵养护工作内容及要求

(一) 桥涵养护和修理工作的范围

(1) 技术检查与检验；

(2) 建立和健全完整的桥涵技术档案；

(3) 桥涵构造物的安全防护；

(4) 桥涵构造物的经常保养、维修与加固；

(5) 桥涵构造物要按规定进行检查与检验，以便系统地掌握技术状况，采取相应的养护措施；

(6) 桥涵构造物的养护，首先要保持符合载重等级要求，保证车辆安全通过。桥涵构造物在使用过程中要经常巡查，遇有缺损，应即进行修理、更换和恢复。在冰雪和洪水期间要及时采取防护措施。

(二) 桥涵维修保养的内容

(1) 日常巡视和定期检查；

(2) 清除桥涵的污泥、积雪、杂物等；

(3) 伸缩缝清理、泄水槽疏通、部分栏杆油漆；

(4) 局部更换栏杆、扶手等小构件；

(5) 局部修理泄水槽、伸缩缝、支座和桥面；

(6) 疏通排水系统；

(7) 维修防护工程；

(8) 涵洞整修与清淤。

（三）对桥涵养护管理的要求

1. 桥面的养护

(1)桥梁的护栏，标志、标线、照明等沿线设施的养护按有关规定执行。(2)伸缩缝要经常养护与检查，清除缝内杂物，调整和更换零部件，保持正常工作。(3)桥面应经常打扫保持清洁，及时排水，清除冰、雪。泄水孔要及时疏通。(4)桥面铺装出现表面碎裂、脱皮现象，应将缺损部分凿除，圆洞方补，及时修复。

2. 桥梁支座养护

桥梁支座是桥梁上、下部的结合点，一旦有损坏，将严重影响桥梁的承受能力和使用寿命，必须注意经常养护，保证其处于正常的传递功能状态。橡胶支座每月一检查，半年一清扫，冬季清除积雪，保证梁跨自由伸缩。排除墩、台帽积水，防止橡胶支座老化变形而失去梁的伸缩作用。若发现丢失或老化应立即更换。

3. 涵洞养护的要求是

保障水流能顺畅地通过涵孔，排到适当地点，保持涵洞洞身、涵底、进出水口、护坡和填土的完好、清洁、不漏水。

(4) 各管理处应建立桥梁技术档案，档案资料包括：

(1) 桥梁内业采集表(桥梁登记卡)；

(2) 桥梁设计图、施工图、竣工图及竣工验收报告等；

(3) 专项、大修工程设计文件、开工报告、竣工报告、验收报告等；

(4) 桥梁定期检查表格和报告，桥梁技术状况评定表；

(5) 历次桥梁特殊检查报告和评审报告；

(6) 历年遭受地震、水毁、超重车辆行驶的影响和损害情况；

(7) 其他有关文件和工作日志。

(5) 特殊结构的桥梁以及隧道的维修保养参照有关规范执行。

二、桥梁使用质量检测

桥梁的检查分为经常检查、定期检查和特殊检查 3 类。在桥梁的维修保养工作中，主要包括经常检查和定期检查。

（一）经常检查

主要对桥面设施和桥台附属构造的技术状况进行日常巡视检查，对及时发现的破损进行维修保养。经常检查以目测为主，配合简单的工具测量，检查频率应不低于 1 次/月，汛期应加强检查。经常检查的内容有：

(1) 桥面是否清洁，有无杂物堆积、杂草蔓生。

(2) 桥面铺装是否平整，有无裂缝、局部坑槽、碎边。

(3) 桥面泄水管有无堵塞、破损。

(4) 伸缩缝是否堵塞卡死，连结件有无松动、局部破损。

(5) 人行道、路缘石、栏杆有无撞坏、断裂、松动、错位、缺件、剥落、锈蚀等。

(6) 翼墙(侧墙、耳墙)有无开裂、风化剥落和异常变形。

（7）锥坡、护坡有无局部塌陷，铺砌面有无塌陷、缺损，有无垃圾堆积、灌木杂草丛生。桥头排水沟和行人台阶是否完好。

（8）交通信号、标志、标线照明设施是否完好。

（9）其他显而易见的破损或病害。

检查时，应填写“桥梁经常性检查记录表”，记录发现的结构破损，估计其数量及范围，并提出相应的维修保养措施。

（二）定期检查

按规定的周期，对桥梁主体结构及其附属构造物的技术状态进行全面检查。定期检查是桥梁养护管理系统中采集结构技术状况动态数据的工作，为评定桥梁的使用功能，制定养护工作计划提供基本数据。

定期检查以目测为主，辅以必要的测量仪器、望远镜、照相机、探查工具和现场用器材等设备，并且应接近或进入各部件仔细检查其功能及材料的缺损情况。

高速公路桥梁的定期检查频率宜以1次/年为妥，最少不低于1次/3年。

定期检查应按规范程序进行，检查的项目和内容有：

（1）桥面铺装：是否有坑槽、开裂、车辙、松散、不平、桥头跳车现象。栏杆：有无松动、撞坏、锈蚀、变形等。伸缩缝：有无破损、结构脱落、淤塞、填料凹凸、跳车、漏水等。排水设施：桥面横坡、纵坡是否顺适，有无积水；泄水管有无损坏、堵塞，泄水能力如何；防水层是否工作正常，有无渗水现象。

（2）上部结构：针对不同的桥型，所检查的内容有所不同。

梁式结构：主梁支点、跨中、变截面处有无开裂，最大裂缝值；梁体表面有无空洞、蜂窝、麻面、剥落、露筋；有无局部渗水；横隔板是否开裂、焊缝是否断裂；钢结构锈蚀情况、变形情况等。

圬工结构：主拱圈是否开裂、渗水、砂浆松动、脱落、变形：拱脚是否开裂；腹拱是否变形、错位；立墙、立柱有无开裂、脱落；侧墙有无鼓肚、外倾等。

（3）支座：位移是否正常；橡胶支座是否老化、变形；钢板滑动支座是否锈蚀、干涩；各种支座固定端有无松动、剪断、开裂等。

（4）桥墩：墩身是否开裂，局部外鼓，表面风化、剥落、空洞、露筋；有无变形、倾斜、沉降、冲刷、冲撞损坏情况等。

（5）桥台：是否开裂、破损。台背填土有无裂缝、挤压、受冲刷等情况。

（6）翼墙：是否开裂，有无前倾、变形等。锥坡：有无破损、沉陷、开裂、冲刷、滑移等。

（7）照明：桥上照明是否正常等。

（8）河床及调治构造物：河床是否变迁，有无漂浮物堵塞河道调治构造物是否发挥正常作用，有无损坏、水毁等。

（三）桥梁技术状况评定

检查完成以后，应该对桥梁的技术状况作出评价。《公路养护技术规范》（JTG H10—2009）将桥梁的评定等级分为4类：一类桥梁进行正常保养；二类桥梁进行小修；三类桥梁需进行中修；四类桥梁需进行大修或改善。具体的分类及评价标准详见《公路养护技术规范》(JTG H10—2009)。根据检查结果对桥梁的技术状况作出评定，由此确定相应的维修保养措施。

三、桥梁的维修保养与加固管理

(一) 桥梁上部结构的维修保养

1. 桥面铺装的维修保养

桥面应经常清扫，保持其整洁和有一定的路拱横坡；雨后及时清除桥面积水，雪后及时清除桥面积雪或结冰；严禁在桥面堆置杂物，以防影响车辆通行安全。

经常检查桥面铺装层的技术状况，如有破损或缺陷，应及时修复，以经常保持桥面完好平整。此外，桥面防水层如有损坏，也应及时进行维修。

2. 伸缩缝的维修保养

伸缩缝需经常养护，清除缝内沉积物，拧紧螺栓，保持其正常作用。对于梳型伸缩缝，应及时清除锯齿内杂物；搭板伸缩缝，有损坏，应及时修复；橡胶板伸缩缝，如有损坏和老化，要及时更换；如有早期修建的U型槽伸缩缝，可更换为橡胶伸缩缝等其他形式的伸缩缝；多孔简支梁(板)桥，在可能条件下，可改做成水混凝土或沥青混合料铺装的连续桥面，减少伸缩缝数量。维修伸缩缝前，应查明伸缩缝破损原因，以便采取行之有效的维修措施。进行伸缩缝维修或更换时，需设置交通控制区，单向半幅路面通车，半幅路面施工。

3. 支座的维修保养

(1) 支座各部分应保持完整、清洁，定期检查和清扫。冬季清除积雪与冰块，保证梁跨自由伸缩。

(2) 在滚动支座滚动面上定期涂一层润滑油，在涂油之前，需用钢丝刷将滚动面擦干净。

(3) 为了防锈，支座各部分除钢辊和滚动面外，均应涂刷油漆保护。

(4) 对固定支座应检查螺栓坚固强度，支承垫板应平整紧密，及时拧紧接合螺栓。

(5) 支座有缺陷或发生故障时，应及时进行维修或更换。

(6) 钢辊轴式支座(或摇轴)的实际纵向位移应与计算的正常位移相符，如实际纵向位移大于允许偏差或有横向位移时应加以矫正。

(7) 油毡支座因损坏、掉落而不能正常发挥作用，摆柱式支座工作不正常，有脱皮、露筋或其他异常情况发生，以及橡胶支座已老化、变质而失效时，都需进行调整或维修。

4. 排水设施

(1) 桥面的泄水管、排水槽应及时清扫、疏通。缘石的横向泄水孔如长度不够，要加以接长，避免桥面水流沿梁侧泄流。

(2) 泄水管损坏要及时修补，接头不牢已掉落的要重新安装接上，损坏严重的要予以更换。

(3) 引水槽破裂的要重新修理，长度不足时要予以接长。口太小，不能满足排水需要时应扩大槽口重新修筑。

5. 栏杆

栏杆立柱应竖立正直，水平杆件能自由伸缩。如有变形或破损影响其正常功能时，应尽快加以修复。维修期间，应采取牢固、醒目的临时防护措施，并用闪光灯、栅栏等标示栏杆破损。

钢筋混凝土栏杆如发现裂缝、剥落，轻者可灌注环氧树脂修补，严重者应凿除损坏部分重新修补完整。

钢质栏杆应经常除锈，定期油漆，锈蚀严重者应进行更换。

桥头端柱应涂以20cm宽红白相间的油漆标志，并经常保持颜色鲜明。

6. 桥跨结构

(1) 钢筋混凝土及预应力混凝土桥梁应注意其受拉区的裂缝，如裂缝宽度在允许范围内，可用水玻璃或环氧树脂涂刷，进行封闭处理。构件发生露筋、剥落等现象，如损坏面积不大，可用环氧砂浆修补。预应力混凝土的箱梁，应保持箱内通风，减少因箱内外温差过大可能引起的裂缝。

(2) 圬工拱桥应保持表面的清洁、完整，如表面产生风化剥落，可喷涂水泥砂浆保护层进行处理。圬工结构应注意灰缝的保养；如有脱落应及时修补。此外，圬工拱桥还应经常检查各部有无裂缝、空洞、剥落、缺角等局部损坏；如发现原桥未设防水层或防水层失效，可挖开拱上填料重铺防水层，防止水流渗入圬工砌体内。

(3) 钢桥的维修保养工作：保持铆钉、螺栓接合和焊接的正常使用状态；防止桥梁杆件锈蚀，定期进行油漆；经常清除节点和缝隙的积水，保持其清洁干燥；矫正杆件的局部变形；观测保养基座。

(4) 吊桥的主缆和吊杆的钢索应经常涂刷润滑脂、玛蹄脂或防锈漆，并用玻璃丝布或其他防护材料包扎，以防止钢索锈蚀。主索鞍、散索鞍、主缆索股锚头、吊杆锚头及钢索出口密封处应定期进行保养，发现有漏水、积水、脱漆和锈蚀时，应及时修理。索夹应经常检查其紧固螺栓有无松弛和锈蚀，尤其是在酷暑、寒冬季节应加强检查和养护，及时拧紧螺栓，保持设计的紧固力，防止螺帽锈死无法调整。吊桥的索洞门或锚锭的锚室门应经常打开通风，并保持良好的排水，以保持洞室内的干燥环境。

斜拉桥的拉索必须经常检查，定期保养，确保其安全可靠。拉索两端锚固处及锚头、拉索出口密封处等部位，应定期检查养护，发现有漏水、积水、脱漆和锈蚀时，应及时修理。索塔上的航空标灯和桥上照明应经常检查，及时更换损坏的灯泡，保持夜间常明。索塔的扒梯和工作电梯，一般应每季度重点检查保养一次。

此外，吊桥和斜拉桥的避雷装置应保持功能完善，如发现其防雷性能有所降低时，必须及时进行修理。

7. 其他

桥梁的路灯应经常保持完好状态，如有缺损或歪斜，应及时修复。桥上的交通标志和标线经常保持完好，色泽鲜明。反光标志的反光膜和反光漆如有缺损或污垢，应及时补漆或清洁。

桥面缘石应经常保持完好状态，如有缺损，应尽快修复或更换。

（二）桥梁下部结构的维修保养

1. 墩台基础的保养

（1）桥梁上下游各 1. 5 倍桥长，但不小于 50m 和不大于 500m 的范围内，应做到：河床要适时地进行疏浚，每次洪水过后，及时清理河床上的漂浮物，使水流顺利宣泄；不得任意修建对桥梁有害的水工建筑物，必须修建时，应采取必要的桥梁防护措施。

（2）墩台表面必须保持清洁，要及时清除青苔、杂草、荆棘和污秽。

（3）圬工砌体长期受大气影响、雨水侵蚀而发生灰缝脱落，应重新勾缝。

（4）混凝土表面发生侵蚀剥落、蜂窝麻面等病害，应及时将其周围凿毛洗净，用水泥砂浆抹平。

（5）圬工砌体镶面部分严重风化和损坏时，应予以更换。用石料或混凝土预制块补砌，要求接合牢固，色泽和质地与原砌体基本一致。

（6）梁式桥墩台顶面没有流水坡或坡面凹凸不平，有裂缝时，及时铺填水泥砂浆或混凝土，做成横向坡度以利于排水。

2. 墩台基础的维修

对砖石和钢筋混凝土墩台表层出现的缺陷以及钢筋混凝土桩和排架所出现的混凝土剥落、露筋和裂缝等病害，均应进行维修，并应根据缺陷的严重程度及工地条件的不同采取不同的维修措施。

当基础局部被冲空时，可分别情况采取下列措施：

（1）水深在 3m 以下，可筑围堰将水抽干，以砌石或混凝土填补冲空部分。顶端与基础平齐或稍高于基础顶面。

（2）水深在 3m 以上，可在四周打板桩或其他方法作坝围堰，灌注水下混凝土防护。也可用编织袋装干硬性混凝土，每袋装置量为袋容积的 2/3，通过潜水作业，将袋装混凝土分层填塞冲空部分，并注意比基础边缘宽 0. 4m 以上。

（3）当基础置于风化岩上，基底外缘已被冲空，应及时清除表面严重风化部分，在浅水时，填以混凝土，并将周围风化地基用水泥砂浆封闭。在深水时，应采取潜水作业，铺以袋装干硬性混凝土。

墩台周围河床冲刷严重，危及基础的，除修补被冲刷的基础外，还应在洪水期过后，采取必要的防护措施，以防再次被冲坏。

严寒地区冬季冰层厚度变化，容易发生浅桩冻拔、深桩环状冻裂，因此，需根据具体的冰冻情况，采取适宜的保养防护措施。

圬工砌体墩台如表面风化剥落，深度在 3cm 以内的，可用 10 号以上的水泥砂浆修补；如损坏面积较大，深度超过 3cm 的，应浇注混凝土层予以裹覆。

墩台出现变形、裂缝等破损，应查明原因，根据破损的具体情况，确定相应的维修措施。

桥台锥坡及八字翼墙在洪水冲击或填土沉降的作用下容易发生变形和铺砌层勾缝脱落。修复时应注意夯实填土，常水位以下应采用水泥砂浆砌块片石，并勾缝。

四、涵洞的维修保养

（一）检查

涵洞应进行经常检查和定期检查，特别是洪水和冰雪季节之前要对所有涵洞全面检查一次。主要检查内容是：

（1）涵洞的位置是否恰当，孔径是否足够，洞内有无淤塞、冲刷；

（2）涵洞有无开裂，填土有无沉陷，涵底涵墙有无漏水，八字墙是否完整；

（3）进水口是否堵塞，沉砂井有无淤积；

（4）涵洞内有无积水，洞内有无冻裂。

（二）保养维修

砖石涵洞的表面如发生局部风化轻微裂缝及砖灰缝剥落等现象，应用水泥砂浆勾缝或修补封面。洞顶漏水，必须挖开填土，用水泥砂浆或石灰砂浆修理其损坏部分，并衬砌胶泥防水层。

洞底铺砌层、洞口上下游路基护坡、引水沟、泄水槽、窨井和沉砂井发生变形或沉陷时，均应及时修复。

砖石、混凝土及钢筋混凝土端墙和翼墙，如有离开路堤向外倾斜或鼓肚现象，应查明原因，加以处理。如属填土未夯实而沉降挤压，或填土中水分过多土压力过大而形成的，应挖开填土更换，并仔细夯实。如属基础不均匀沉陷而发生倾斜，则需修理或加固基础。

管涵的管节如因基础沉落而发生严重错裂，应挖开填土加固基础并重做砂垫层。混凝土管的接头处和四铰管涵铰点接缝处发生填缝脱落时，应用干燥麻絮浸透沥青后填实，不宜用灰浆抹缝，以免再次碎裂脱落。四铰管涵的变形如很轻微，其变形不大于直径的1/20，并且不再继续发展时，可认为不致影响涵洞强度，如变形大于直径的1/20，则应检查发生的原因，进行修理。

压力式管涵进水口周围的路堤应保持坚固。每次被水淹过，要检查有无洞穴缺口或冲刷现象，并及时进行修补。

倒虹吸管在长期流水压力作用下容易破裂漏水，造成路基软化，应注意检查，如虹顶路面出现湿斑，应及时修理。

波纹管发生沉陷变形，必须拆除修理。管底应按土质情况做好垫层，铁管上面要加铺一层10~15cm厚的胶泥防水层，并注意回填土质较好的土分层夯实。

涵洞排水如经常出现浑浊或杂物等，可在进水口加设沉砂井以沉淀泥土杂物，并注意定期清除。

处于山谷高填土的涵洞，其出水口的跌水设施应与洞口紧密结合，尤其是在湿陷性黄土地区，应采用“远接远送”的方针设置排水沟。

洞口和洞内如有积雪应及时清除。经常积雪或积雪很深的地区，应在入冬前在洞口外加设栅栏，融雪时及时拆除。

开挖维修涵洞时，应尽量采取半幅施工，并设立标志和护栏，以确保交通安全。

第四节　隧道的维修保养管理

隧道一般位于地势险要、通行困难的地段，隧道内一旦发生事故，不仅对交通影响很大，而且会造成较大的经济损失和人员伤亡。因此，必须加强对隧道的维修保养，保证绝对安全。

隧道的养护工作包括：洞身、洞口、路面和两端路堑、防护设施、排水系统、洞口减光设施以及通风、照明、标志、标线、监控、消防、防冻、消音等设施的检查、保养、维修和加固。本节主要涉及土建结构的维修保养。

（一）隧道使用质量检测

隧道交付使用后，养护部门首先要熟悉其设计、施工资料，掌握隧道的全面技术状态，制定维修保养、大修工程和专项工程计划。在使用过程中要经常开展检查，隧道的检查可分为日常检查、定期检查、特别检查和专项检查4类。

1. 日常检查

对土建结构的外观状况进行日常巡视检查。通过日常检查，及时发现早期破损、显著病害或其他异常情况，并确定对策措施。

日常检查通常采用目测方法，配合简单检查工具，以定性判断为主。检查频率根据隧道的实际情况确定，高速公路隧道宜1次/月。在雨季或冰冻季节，需加强日常检查工作。

对日常检查中发现的结构异常情况，应及时填写“日常检查记录表”，登记所检查项目的破损类型、估计破损范围和程度以及养护工作量，对异常情况作出判定分类，并采取相应的措施。

2. 定期检查

按照规定的周期对土建结构的基本技术状况进行的全面检查。要求通过定期检查、系统掌握结构的基本技术状况，评定结构物功能状态，为制定养护工作计划提供依据。

定期检查通常以步行方式，配合必要的检查工具或设备，进行目测或量测检查。检查时，要求尽量靠近结构，注意发现异常情况或原有异常情况的发展变化；对于发现的结构异常情况，应在其适当位置作出标记。

定期检查的频率应根据隧道的实际情况考虑确定，高速公路隧道宜1次/年。检查通常安排在春季或秋季进行。

检查中应认真填写：“定期检查记录表”，详细、准确地记录各类结构的基本技术状况，判断破损或病害的成因，对各个结构物的功能状态作出判定。

定期检查完成后，应提出土建结构定期检查报告，内容应包括：

（1）对土建结构的技术状况和功能状态的评价；

（2）对土建结构的养护维修状况的评价及建议；

（3）需要实施专项检查的建议；

（4）需要采取维修措施的建议。

3. 判定分类

日常检查和定期检查的判定分为 3 类。根据不同的判定结果，采取相应的对策措施。

S：情况正常(未出现异常情况，或出现异常情况但很轻微)。

B：存在异常情况，但不明确，应做进一步检查以确定对策。

A：异常情况显著，危及行人、行车安全，应采取特别对策或处治措施。

注：日常检查的判定结果为 B 时，应做特别检查；特别检查或定期检查的判定结果为 B 时，应做专项检查。

(二) 隧道的维修保养

当日常检查或定期检查发现结构物有轻微的老化、破损或缺失时，应及时对其进行维修保养或补充，具体的内容为以下几个方面：

1. 洞口

及时清除洞口边仰坡上的危石、浮土，冬季应清除积雪和挂冰，保持洞口边沟和边坡上截水沟的完好、畅通，修复洞口挡土墙、护坡、排水设施和减光设施等结构物的轻微损坏，维护洞口花草树木的完好。

2. 洞身

出现衬砌起层或剥离，应及时加以清除或加固；对衬砌的渗漏水，可将水流引入边沟排出，冬季应及时清除洞顶挂冰等。

3. 路面

及时清除隧道内外路面上的散落物，及时修复更换损坏的井盖或其他设施的盖板，当路面出现渗漏水时，应及时处理，将水引入边沟排出，防止路面积水或结冰；冬季应及时清除洞口的积雪。

4. 人行和车行横洞

横洞内严禁存放任何物品，及时清除散落杂物，修复结构轻微破损，定期检查、保养洞口，确保横洞清洁、畅通。

5. 顶板和内装

吊板应保持整洁、完好，及时修补其破损、变形的板块，并更换老化、脏污而不能修复的破板。内装板须保持整洁、完好，当发现其有破损、脏污或掉落时，及时进行修复、更换和补充。

(三) 隧道防护、排水及通风设施维修保养

1. 隧道的防护

隧道养护中，不但要及时处治主体结构所发生的病害，还应注意隧道所处的山体及其环境的保护，以防止因山体及附近区域出现问题而引起隧道的较大破坏。

如遇山体滑动可能引起隧道破坏时，可采取下列防护措施：

(1) 修建挡土墙进行保护性填土，使山体受力平衡。

(2) 保护性开挖洞顶部分山体，减轻下滑重力。

(3) 在滑动面上的土体不厚的情况下，可在滑动面下端设置锚固桩抗滑。

采用以上防护措施时，均应定期检查其工作状态，发现问题及早处理。

隧道处山坡岩石如节理发育、风化严重或有坑洞、溶洞、裂缝现象时，应对地表做下列防护性封闭：

（1）用浆砌片石、石灰土、黏土等填补洞穴，封闭裂缝，整修地表，稳固山坡。

（2）地表岩石松散破碎时，可喷水泥砂浆固结。

2. 隧道的排水

（1）隧道洞外排水

① 有坡度的隧道，其上洞口路基边沟及两侧沉砂井，应经常清除泥沙杂物，疏导畅通。如地形条件许可，可将边沟纵坡改建成与路面纵坡方向相反，即向洞外方向倾斜，并在适当地点横向排出路基，使上洞口路基排水不流向隧道，以避免引起隧道内边沟淤塞。

隧道上洞口的路堑，如出现路面地表水来不及流入侧沟而流入洞内时，可在洞门外1m左右处设横向截水设施，并将沟水妥善引出。

② 沿河隧道在洪水季节可能进水时，可临时封闭两洞口，以保隧道安全。洪水过后，立即拆除封闭物。

③ 隧道顶山坡上的地表水，应使其迅速排出，尽可能不使水渗入洞身，可采取下列措施：

a. 隧道处山坡岩石如节理发育、风化严重或有坑洞、溶洞、裂缝现象时，应对地表做防护性封闭，修建截水沟、排水沟使水流顺势排至洞口远处。

b. 位于隧道顶山坡的水渠，应经常检查其渗漏水状况，如发现渗漏水，应及时处理。

（2）隧道洞内排水

① 治理洞内的水，应采取“以防为主，防、排、截、堵相结合”的综合治理原则。对防水层，纵、横、竖向盲沟，明、暗边沟，截水沟，排水横坡，泄水孔等。应及时修理，保持完好、畅通。

② 隧道内渗水，可采取下列措施处治：增设衬砌背面排水系统，即在边墙内加设竖向盲沟及泄水管，将渗漏水引入隧道的边沟排出。对裂缝集中处的漏水，可采取下列封闭裂缝埋管排漏的方法处治：

a. 将各漏水缝向选定的排水集中点开凿八字形沟槽。视漏水量的大小，用可透水软管嵌入八字形沟槽内，同时填抹速凝砂浆稳固。

b. 排水集中点埋入一段硬塑管，并用砂浆稳固。在硬塑管外接一排水管，并固定在侧墙上，使漏水排入边沟。

c. 工作缝处漏水，可增设工作缝环形暗槽，将漏水通过暗槽内的半圆管排入纵向边沟。

d. 对少量渗水，可抹防水砂浆封闭，也可在衬砌表面铺一层防水层。防水层外面还可喷一层水泥砂浆或水泥混凝土保护层。

e. 在围岩与衬砌间压注防水水泥砂浆或水泥浆，可掺入早强速凝剂，形成封闭层以防渗漏。

f. 设表层导流管，即将漏水量大的裂缝顺走向开凿成喇叭形沟槽，嵌入半圆管接水，管底用水泥砂浆稳固，用引水管将漏水排入边沟。

③ 对地下涌水，可采取下列方法处治：

a. 设横向盲沟并加深纵向排水沟。当涌水量大时，必要时加修路中心排水沟。

b. 修建水泥混凝土路面，并在路面下设隔水层，以阻断地下涌水。

c. 在路面与围岩之间，压注防水水泥砂浆或水泥浆，可掺入早强速凝剂，形成封闭层以防渗漏。

3. 隧道的通风设施

通风设施包括轴流风机离心风机、射流风机及其配套设施。对于通风设施中的通风设备，这里不做介绍，下面主要介绍通风设施的检修。

(1) 利用竖井，边窗通风者，应随时检查，清除井内杂物，保护井口及窗下不得灌进风雪，影响通风。

(2) 对各式通风机、管道、动力设备等，每月进行一次运转情况检修，每年进行一次检查。

第五节　交通设施维修保养

沿线设施是公路交通安全、管理、服务、环保设施等的总称。范围包括：交通安全设施、公路标志、路面标线，通信、监控、收费设施、建筑房屋以及其他设施等。

沿线设施是高速公路的重要组成部分，它对提高公路服务性能、保障行车安全和交通畅通具有重要意义。沿线设施的维修保养就是要及时对其进行清洁和修复局部缺损，使其处于良好的技术状态。

一、交通安全设施维修保养

交通安全设施包括跨线桥、地下通道、护栏、标注、安全岛、防护栅、遮光栅、隔音墙、平曲线反光镜、震颤设施和分隔带等。

(一) 跨线桥

(1) 每年定期检查 1~2 次，如遇暴风雨、大雪等严重自然灾害或被车辆碰撞，进行临时检查；

(2) 发现桥面、台阶损坏，油漆剥落、磨损、褪色，及时修复，结构部分损坏应按设计补修；

(3) 及时清理桥面杂物、积水积雪，做好日常保洁工作；保持照明设施绝缘良好，工作正常；

(4) 其结构性的修理养护工作同桥梁养护。

(二) 地下通道

(1) 每月定期检查有无渗漏水等异常情况，排水道及排水机械是否完好，照明、通风、消防、安全等设施有无损坏；

(2) 经常清扫地下通道．保持其整洁；

(3) 墙体应定期整饰，一般每年一次；

（4）通道地面与踏步应保持完好状况；
（5）照明、排水、通风及消防设施应定期进行保养。

（三）护栏

（1）日常检查与定期检查结构有无损坏变形，有无脱漆、锈蚀、有无拉索松弛、护柱缺失；
（2）经常清除护栏周围的杂草及其他杂物；
（3）护栏表面镀层损坏时应及时维修；
（4）由于交通事故或自然灾害造成的护栏缺损或变形要及时补充或更换；
（5）由于路面补强或调整路基纵断面，使护栏标高发生显著变化的，对护栏的高度做相应调整；
（6）锈蚀严重的护栏应予以更换。

（四）隔离栅

（1）结构部分有无损坏或变形；
（2）有无污秽或未经交通主管部门批准的广告、告示等；
（3）钢板网或编织网及其连件的锈蚀情况。

（五）标注

经常检查有无缺损、歪斜，并保持位置正确油漆鲜明，缺失应及时补缺。

（六）中央分隔带

日常巡查时，注意及时清除中央分隔带的杂物和高草；如排水通道堵塞，应及时疏通；修复变形的路缘石，更换损坏的路缘石。

（七）遮光栅

日常巡视时应注意遮光栅有无缺损、歪斜，钢质遮光栅有无油漆剥落、锈蚀，支柱有无变形等。遮光栅应定期油漆。发现破损及时修复，歪斜的应加以扶正，锈蚀和变形严重的予以更换。

（八）隔音墙

在日常养护中，应经常检查其排水通道是否堵塞，墙体有无变形或损坏等情况。经常清理隔音墙周围的杂草、垃圾和泥土等，疏通排水设施，对变形或损坏的隔音墙应及时修复。

（九）震颤设施

（1）日常养护中，应检查震颤设施与固定路面的固定有无松动，设施本身有无裂缝、损坏；
（2）经常清扫设施上的杂物；
（3）震颤设施因损坏或磨损而影响其性能时，予以更换或修复；
（4）发现设施有松动，应尽快加以紧固，紧固不了的，予以更换；
（5）对于严重损坏的震颤设施，予以拆除，重新设置。

二、交通标志和标线维修保养

（一）交通标志

交通标志是用图形符号和文字传递特定信息，用以管理交通、保证交通安全、协助车辆顺利通行的设施，通常包括：警告标志、禁令标志、指示标志、指路标志等。

为使交通标志发挥正常作用，应对其认真检查，精心养护，经常保持其位置适当、准确、完整、醒目和美观。

1. 检查

交通标志的检查分为日常检查和定期检查，其内容如下：

（1）交通标志是否被沿线的树木、广告牌等遮挡；

（2）牌面及支柱的变形、损坏、污秽及腐蚀情况；

（3）反光膜的破损、剥落及反光材料的反光性能；

（4）基础及底座的下沉或变位；

（5）缺失情况。

此外，应根据道路条件或交通条件的变化，检查交通标志的设置地点、指示内容及相互位置关系等是否适当。

2. 维修保养

维修保养应在检查工作的基础上，采取适当有效的措施：

（1）标志如污秽或贴有广告、启事等，应尽快将其清洗干净；

（2）反光膜如有脱落或面积较小时，可修剪相应大小的膜片补刷；如反光膜脱落或标志破损严重，指示内容辨别性明显降低时，应重新覆膜或更换新标志；

（3）标志牌变形、支柱弯曲倾斜或松动的尽快加以修复；

（4）破损严重、反光标志性能下降或缺损的应予以更换或补充；

（5）标志设置重复，有碍交通或设置地点和指示内容不适当时，经批准后做必要的变更；

（6）如有树木、广告牌等遮挡标志时，应清除有碍标志显示的部分，或者在规定的范围内变更标志的地点、位置等。

（二）交通标线

交通标线是管制和引导交通的安全设施，包括路面标线、箭头、文字、立面标记、突起路标和路边线轮廓标等。

1. 路面标线的维修保养

（1）标线污秽影响辨认时，应结合日常检查进行清扫或冲洗；

（2）标线磨损严重，影响辨认时，应重新喷刷或加以修复；

（3）重新喷刷油漆时，应注意避免与原标线错位；

（4）路面进行局部修理，使路面标线局部缺损或被覆盖，可用人工方法进行修补或喷刷。

2. 立面标记的维修保养

保持颜色鲜明、醒目，经常清除标记表面污秽，如标记褪色或油漆剥落，及时重新涂刷。

3. 突起路标的维修保养

经常清理突起部位周围的杂物，清除反光玻璃表面的污秽，保持路标的反光性能。对松动的路标及时加以紧固，保持路标的发射角度，对损坏或丢失的路标及时加以修复或更换。

4. 边线轮廓标的维修保养

(1) 反光色块剥落时，应及时补贴；

(2) 清除标注立面污秽和遮挡轮廓标的杂草、树木和物体；

(3) 油漆剥落的，应重新涂刷；

(4) 标注倾斜或松动的应予以扶正，变形、损坏的应尽快加以修复；

(5) 丢失轮廓标的部位应及时补充。

三、服务设施维修保养

(一) 加油站的维修保养

(1) 加油站应经常检查、更换消防设备和器材，严格出入人员防火纪律；

(2) 每天清扫加油车辆通道，清除所有的障碍和杂物，保证车道出入畅通；

(3) 经常检查油料装卸和存储安全规程的执行情况。

(二) 停车场的维修保养

(1) 每天清扫一次场内公共环境卫生(包括公共厕所)；

(2) 停车场路面如有损坏应尽快修复，各种标志、标线如有损坏应及时恢复；

(3) 停车场排水设施应经常清理疏通，保证场内排水畅通，无积水；

(4) 停车场出入口应畅通无阻，如有障碍应及时清除。

(三) 洗车场的维修保养

(1) 洗车场保持排水畅通，无积水污物，环境干净整洁；

(2) 洗车设备应保持完好，使用正常；

(3) 供水正常，压力充足。

(四) 维修站的维修保养

(1) 经常保持维修设备完好，备件齐全；

(2) 保持站内整洁，各种工具应摆放整齐，维修车辆停放有序；

(五) 公共厕所的维修保养

厕所应设专人负责清扫卫生，每天清扫，保持环境整洁卫生。

(六) 公用电话的维修保养

(1) 电话亭内外环境应经常清扫，保持整洁；

(2) 公用电话标志的位置应显而易见，并保持整洁、醒目；

（3）电话机及其线路应经常检查，发现故障及时排除，保证其正常使用。

（七）收费防护设施维修保养

（1）收费岛：采取日常巡查与定期检查相结合的原则，保证收费系统的正常运行。

（2）收费广场照明设施：日常巡查时应检查灯罩、电杆、灯具安装情况，对存在的问题及时解决；定期检查一般一年左右 1 次，应对设备安装、检查孔的排水、配电盘状态、油漆、照明进行全面检测。

（3）收费通信、监控设施的维修保养：由信息管理总中心根据交通运输部和国家有关规定，结合施工单位养护界面划分的范围，制定具体的实施细则，并报上级部门批准后，自行负责维修保养。

第六节　高速公路清障工作

高速公路清障工作的主要内容是：排除、清理由自然灾害、异常气候、交通事故、故障车辆、丢弃或堆积物等所造成的交通障碍及行车不安全因素。

一、清障管理职责

高速公路单位内部各级养护部门为清障工作的管理职能部门；各管理处设立清障队，具体负责清障工作的实施。

（一）高速公路单位的主要管理职责

（1）贯彻执行国家和省有关清障工作管理的法规和办法。

（2）制定清障工作管理制度和各项标准。

（3）负责对清障工作进行指导、监督、检查、考核。

（4）对各级管理骨干进行业务培训，提高管理素质。

（二）单位部门的主要管理职责

（1）贯彻执行国家和单位有关清障工作管理的法规，并结合实际情况制定实施细则。

（2）对管理范围内的清障工作管理和实施情况进行检查、考核，并做好重大清障任务的协调工作。

（3）负责管理范围内的清障工作管理人员的培训与考核。

（4）对管理处的清障管理的安全工作进行检查，确保安全生产。

（三）管理处的主要管理职责

（1）贯彻执行国家和上级机关有关清障工作管理的法规和办法，并制定具体的各类清障工作操作规程。

（2）建立健全清障工作责任制，做好经常性的考核、考评。

（3）及时做好管理范围内的清障协调工作。

（4）经常进行安全生产教育，定期、不定期地进行安全检查，落实各项规章制度，采取有效措施，确保安全生产。

(5) 负责清障队的骨干人员的培训与考核。

(四) 清障队的主要职责

(1) 收集、分析、处理各种信息，随时做好执行任务的各项准备工作。

(2) 制定和落实各种排障与清理处理方案、作业程序和应急措施。

(3) 加强各种机械、设备的保养维修，使之经常处于完好状态，并足量储备各种所需器材。

(4) 清障值班人员 24 小时值班，不得擅离岗位。

(5) 接到清障通知后迅速出动，排除路障，清理现场，保持畅通。

(6) 按规定标准收取清障费。

(7) 负责清障工作中及清障作业现场的自身作业安全。

二、清障工作的实施

清障工作应遵循：

(1) 清障作业人员应佩带(穿着)统一的安全反光标志，清障机械设备应有明显的警示标志。

(2) 清障队接到清障通知后，所需排障、清理人员及机械、设备、材料应立即赶往现场，实施排障与清理。

(3) 交通事故车辆及对高速公路造成损害的车辆，必须经公安交通管理机关、公路管理机构和单位资产安全人员进行现场勘察、取证后方可进行排障、清理，并按指定地点停放车辆及货物。

(4) 清障作业现场应严格按照《公路养护技术规范》(JTG H10—2009) 的规定摆放安全标志。

(5) 当车辆因故障停在行车道或匝道上时，清障人员接到信息后应立即出动，将故障车辆按规定拖至服务区修理厂；特殊情况可牵引至收费站出站口。

(6) 应做好清障原始资料的记录工作，并由有关人员签字确认。

(7) 清障收费根据实际发生的清障工作量按规定标准进行收费，并由管理处财务部门按月全额上缴单位财务账户。

(8) 清障的标准、程序、结果、时限：先清障、后收费，按照实际发生的清障工作量依照收费标准进行收费；接到清障通知后，根据路途远近 10~40 分钟内到达事故现场，及时清障，保障高速公路安全畅通。

三、清障作业规程

(一) 作业前的准备

(1) 汽车部分，按汽车操作规程进行检查与准备。

(2) 检查各部件及连接件是否牢固、可靠，液压系统有无渗漏，液压油是否充足。

(3) 检查各种托具、拖具和锁具是否齐全、有效。

(4) 绞盘、吊机和拖板部分分别按卷扬机、吊车、拖车部分的操作规程进行检查与准备。

（5）检查照明设备及各种警告标志是否齐全、有效。

（6）作业现场应按规定摆放安全标志设施。

（二）行驶与作业中的要求

（1）清障车行驶时，除驾驶室内，其他任何地方严禁载人。

（2）根据交通肇事或发生机械故障车辆的损坏程度及损坏部位的不同，选用合适的托具、拖具及锁具。

（3）使用吊机、绞盘和拖板作业时，分别按吊车、卷扬机和拖车操作规程进行。

（4）作业时，清障车应停靠在平整、坚实的地面上，装有液压支腿的应放下支腿，并采取适当的措施保护路面。

（5）在坡上进行清障作业时，要用楔块将车轮塞牢，防止下滑。

（6）夜间作业要有良好的灯光照明，并设置明显的警告标志，提醒来往车辆注意安全。

（7）清障作业时，只能有 1 人指挥。

（三）作业后的要求

（1）作业后，将各种托具、锁具卸下保存好。

（2）按规定对清障车进行保养。

（四）清障应注意的事项

（1）清障时应在作业现场根据规定摆放有关标志、设施。

（2）清障遇有易燃易爆、有毒物品时，要采取必要的防护措施，确保人身安全。

（3）吊装车辆时，必须切断车辆电源。

（4）清障完毕后，要清扫作业区，将残留物品清出现场，及时撤除有关标志。

（五）自然因素造成障碍的排除与清理

洪水、台风、地震、冰雪等自然灾害发生后，高速公路养护管理部门应迅速组织人力、物力、机械设备，清理现场，排除路障，恢复交通。

（六）清障值班人员应认真执行交接班制度

交接班为每日上午 8 时，要交清车辆、机械及安全设施等，值班人员应认真做好值班记录并签字确认，同时向接班人员做好情况介绍与未完事务交接，确保工作的连续性。

四、内业管理与技术培训

（一）路产赔偿费及清障费专用票据管理制度

（1）清障费专用票据是收取清障费的有效凭证，各单位要明确专人加强管理。

（2）票据统一由单位财务部门核发。

（3）票据使用前，应认真清点，当出现空号、跳号、缺页等错误时，应将整本票据全部停止使用，及时上报。

（4）专用票据发放至清障队，必须由专职人员负责开票收款并写明收费类别，票据报管理处财务科统一保管备查。

（5）收取的清障费应于当天上交管理处财务科，遇有特殊情况，最迟 3 天内交清；管理处财务科按月全额上缴单位财务账户。

(6) 票据如有丢失，应及时登记声明作废，并报管理处和相关部门备案，丢失票据责任人要写出书面检查和经过。

(7) 管理处和相关部门应定期对清障票据的使用情况进行检查。

(二) 清障档案

(1) 清障档案主要记录清障工作内容、工作量、清障费收取等情况。

(2) 应建立清障工作台账，内容包括清障时间、地点、具体内容、工作量、收费标准、收费金额等。

(三) 人员培训

高速公路各级养护管理部门应对排障、清理人员定期进行培训。主要内容为：交通安全与法制教育；各种机械设备的驾驶及各种专业工具的使用；交通控制设施的设置；消防、医疗急救；各种危险品的排除等与其业务相关的技术。

第七节　高速公路绿化与管理

高速公路绿化按照“因地制宜，因路制宜，适地适树，绿美结合，注重效益，栽管并重”的原则实施。具体要求是：(1)以生态效益和社会效益为主，兼顾经济效益。(2)生态绿化和功能绿化相结合。(3)绿化和美化相结合。(4)全面绿化和重点绿化相结合。(5)统一规划，分级实施，充分调动各方面的积极性。

一、公路绿化职权划分

绿化工作实行统一管理，分级负责的管理体制。分别由单位、单位部门、管理处的养护管理部门负责绿化管理工作。

(一) 单位的主要职责

(1) 贯彻执行国家有关国土绿化、生态环境、水土保持的法律、法规，以及上级有关公路绿化的规定和办法，并督促权属单位执行。

(2) 制定高速公路绿化的发展规划，并组织权属单位执行。

(3) 负责制定高速公路绿化管理细则，并依照办法对权属单位进行管理、监督和检查。

(4) 负责对单位部门的绿化专项工程计划进行审批，并对计划的执行情况进行监督和检查。单位部门的绿化工程设计方案应符合单位总体规划并经单位负责人同意，经费计划自行审批。

(5) 组织有关公路绿化的新工艺、新技术、新产品的研究和开发。

(6) 依靠科技进步，加强科研创新，推广先进经验，组织绿化管理人员的业务培训。

(二) 单位部门的主要职责

(1) 贯彻执行国家有关绿化的法律、法规和单位的绿化管理细则，并结合单位部门的实际情况制定实施细则。

（2）依据单位制定的高速公路绿化规划，制定相应的绿化计划，并组织下属单位执行。

（3）依据单位制定的绿化管理细则，对下属单位的绿化工作进行定期或不定期的监督、检查和考核。

（4）加强科研创新，推广先进经验，提高高速公路绿化的质量和水平。

（三）管理处的主要职责

（1）贯彻执行国家和上级有关高速公路绿化的法律、法规和办法，并制定具体措施。

（2）根据单位制定的发展规划，结合单位部门的具体要求和本单位的实际情况，加以组织实施。

（3）依据苗木的生长习性和高速公路的具体特点，编制已有苗木的年度养护计划。

（4）建立健全绿化管养生产责任制，提高绿化的成活率和覆盖率，并进行定期或不定期的检查考核。

（5）加强科研创新，增强机械化作业能力，探索提高高速公路绿化水平的方法和途径。

二、绿化范围及标准

（一）绿化范围

高速公路用地范围内都为绿化范围。可分为一般绿化区域绿化和难绿化区域绿化。

（1）一般绿化区域为经一般的土壤、水源等条件的改善，植物可以正常生长的公路范围内用地，如路侧（土路肩、上、下边坡、路侧空地）、中央分隔带、立交匝道区、构造物及其周围、服务区、管理区、收费站、临时工程（取土坑、弃土堆、临时道路等）、苗圃等。

（2）难绿化区域指风沙危害区、盐碱区、土层瘠薄山地、干旱区和特殊地区等。其中特殊地区绿化是指公路用地范围内，不具备植物正常生长的土地条件，但通过改善环境或经特殊处理可以绿化的区域。

（二）指标要求

（1）绿化率：主体工程完工 2 年后，达到保存率和覆盖率指标的里程占公路总里程的百分比。一般绿化区域的绿化率应达到 100%，难绿化区域应达 70%。

（2）成活率：主体工程完工 1 年后，成活的植物数量与原种植数量的百分比。一般绿化区域达 90%以上为合格，95%以上为优良；难绿化区域达 70%以上为合格，80%以上为优良。

（3）保存率：主体工程完工 2 年后，保存下的正常生长的植物数量与原种植数量的百分比。一般绿化区域达 90%以上为合格，95%以上为优良；难绿化区域达 85%以上为合格，90%以上为优良。

三、绿化设计

（一）总体设计指导思想

（1）坚持“统一规划、总量控制、实事求是、因地制宜、注重功能、兼顾效益、分期实施、积累经验、逐步推广”的指导原则；

（2）公路绿化以满足交通功能要求为主，兼顾景观舒适性、生态适应性以及经济实用性；

（3）在设计手法上应突出简洁、大方，多采用大色块，避免繁杂；

（4）中央分隔带应以防眩和诱导功能为主，注意减少养护工作量；

（5）路侧绿化带应以水土保持、固坡为主。注意与路侧自然景观相协调，适当考虑与绿色通道的协调，并根据路外景观适当采取景观通透和遮挡等设计手法；

（6）在苗木规格和数量的选择上要满足初栽效果与成景效果，综合考虑种植费与养护费，注意降低工程综合造价；

（7）根据植物的生物学特性，考虑绿化功能、公路结构、地区性、种植后的管护等各种条件，决定种植形式和树种。

（二）一般规定

1. 基本要求

按交公路发[2007]358号《公路工程基本建设项目设计文件编制办法》和《公路工程基本建设项目设计文件图表示例》的要求制图，并将交通运输部《公路环境保护设计规范》(JTG B04—2010)和《城市综合交通体系规划标准》(GB/T 51328—2018)等作为设计依据。概算文件包括编制说明、概算汇总表、分项工程概算表等内容，宜以苗木直接费换土费、种植费、养护费及利税等分项列支。

2. 路侧绿化带绿化

土路肩宜种植草皮且以乡土草种为主，特殊路段可适当引进外来草种。在土质或以土质为主的边坡上，应以自然恢复或人工种植的草地等地段被植物或灌木绿化。含砂较多的边坡或石质边坡，应主要以攀缘植物或下垂植物绿化。有条件的可结合土木工程，填充客土种植抗逆性强的草皮、花灌木来改善景观。高填方路段坡脚可种植一些乔灌木，树种选择应注意与绿色通道相协调，低填方路段坡脚可种植花灌木。

3. 中央分隔带绿化

栽植以防眩为主的四季常青的乔灌木，兼顾美化效果。靠近城市进出口、服务区、收费站等地段，应增加花灌木的种植，其他地段并附以地被覆盖，不得裸露；种植形式的变换以10~15km为宜；设计的苗木规格和种植间距及树冠形状应保证防眩效果和初栽效果；考虑养护工作的安全性，在养护困难的重丘段可采用地表硬化，以防眩板满足防眩要求；以常绿树种为主，如蜀桧、桧柏、大叶黄杨等，在重点路段可适当栽植花灌木。

4. 互通立交区的绿化

绿化设计风格：以优化植物配植为主，强调生态绿化；三季有花，四季常青，突出季相效果；立体绿化层次分明，突出层次效果；以丛植为主，注重涵养水源；在创造良好生态群落的前提下，追求景观效果，力求做到生态性与视觉效果．上的有机结合。互通立交的绿化应走绿化、美化与经营开发相结合的道路。根据互通立交的实际情况，确定不同的绿化模式。

（1）靠近主要城市的出入口，应优化绿化设计方案，营造出体现高速公路与当地人文相结合的绿化美化景点。

（2）一些位置偏远，立地条件较好的立交匝道，将绿化、美化与经济林、用材林及苗圃地相结合。尤其是加大苗圃地的建设，选择一些经济增长点高、美化效果好的苗木，利用园林设计手段，合理布局，在绿化美化立交匝道的同时又能生产大量的可供高速公路使用及对外经营的优质苗木，提高经济效益。

(3) 原取土场、拌和场等不适宜绿化的立交匝道，通过开挖整填，形成鱼池、经济林、畜牧养殖相结合的立体生态经济体系。

(4) 设计方案应同时考虑解决水源设施。

5. 管理区、服务区、收费站绿化。

(1) 符合园林绿化要求，符合房屋、道路等建筑整体布局，与周围环境相协调。除采用植物绿化外，还应采用花坛、园路、水池、栏架、长凳等构筑园林小品，实现绿化美化功能。

(2) 管理区、服务区、收费站的绿地面积应达到总面积的30%以上。

(3) 靠近收费站1~2km内的绿化应适当强化，通过提高绿化美化档次，预示收费站位置。

(6) 同样效果、投资相似的条件下，预先考虑生态绿化的防护措施，土木工程防护措施与生态绿化互相协调，为绿化创造有利条件。

(三) 现状调查

进行绿化设计前，需做好以下几方面的调查：

(1) 公路工程技术指标和设计资料的收集。

(2) 社会环境调查。

(3) 绿化工程区域的统计。

(4) 电缆、电线、光缆、水管、气管等现场情况的了解。

(5) 气候因子的调查了解。

(6) 土壤因子的调查了解。

(7) 就近水源情况的调查分析。

(8) 本地区已有公路绿化苗木种类调查。

(9) 苗源调查。

四、绿化施工组织

(一) 绿化施工步骤

在施工前做出详细的施工组织设计，设计内容包括苗木的具体规格、种植时间、进度安排、种植位置、施工工艺等。绿化施工过程中，按以下步骤及标准施工：

(1) 施工现场落实：进行绿化施工前，根据施工设计，对施工路段的位置施工的条件、水源条件、土壤条件等进行具体的落实和了解。

(2) 苗木调拨：施工前应将所需合格苗木落实，并根据施工日期和进度有计划地调拨苗木，并尽量做到随运随栽，减少苗木存放时间。当天栽不完的苗木应假植。

(3) 定点放线：施工前要按图纸要求，用白灰将栽植苗木的位置具体落实到施工路段。

(4) 挖坑及换土：苗木到位前应做好整地、挖坑、换土工作。(1)挖坑。按照定点放线所标定的位置及规格施工，不得损坏原有设施。一般坑口直径应比裸根苗根幅大1/3，比土球直径大30~40cm；穴深比裸根深出20~30cm，比土球高度深出20cm左右。(2)换土。栽植路段的树坑土壤如不适宜苗木生长，必须换土。

(5)移栽苗木的修剪：修剪包括修枝和剪根两个部分，修枝的目的是调整树型、均衡树势，剪根是剪除机械损伤较重的部分。

(6)苗木的栽植：(1)苗木的选用。苗木运到现场后，严格按规格标准进行验收，达不到规格标准、有病虫害、有严重机械损伤的苗木不得选用。(2)栽植。按“三埋、两踩、一提苗”的要求进行。栽植深度一般不超过原植深度3~5cm。

(7)浇水：新植苗木要随植随灌。灌完第一次水之后，视土壤湿度情况灌第二、三遍水。新植苗木应覆盖塑料布草苫等进行保墒。新植常绿树应常向树冠喷水，以减少蒸发。

(8)支架保护：新植苗木用支架、拉绳固定。中央分隔带内新植防眩苗木须拉绳固定。

(二)绿化工程的管理、检查与验收

(1)施工单位的环保管理处作为业主代表对绿化工程实施管理，实行社会监理制的工程由业主代表负责监理人员的聘请及管理工作。

(2)绿化施工的各项工序，要按照施工规定进行检查及验收。

(3)验收应有重点地进行抽样检查，要做到随验收，随记录。绿化施工养护期满，施工单位自检合格(实行社会监理的，须经监理认可)后，填写“绿化施工竣工报告”。在建设单位主持下，施工和管理单位参加，进行工程验收和接管。

(4)验收时，施工单位应提供以下文件资料：①施工设计图竣工图、设计变更等文件图纸。②隐蔽工程质量检查记录，实际完成工程量明细表、施工记录、质量评定表和工程决算。③上级机关批准的有关文件。

五、绿化管护

(一)绿化管护的阶段划分

绿化管护的目的是通过各种管护手段，促进绿化植物的正常生长发育，达到绿化的各种功能。绿化管护划分为两个阶段：

(1)重点管护阶段：指栽植后3~5年，草皮为1年之内。主要工作是绿化检查补植、病、虫、杂草防治、土、肥、水管理、修剪及保护管理等，以保证成活、恢复生长为主。

(2)一般管护阶段：指经重点管护之后，成活生长已经稳定后的长时间管护阶段。主要工作是绿化植物的整形修剪、防治病、虫、杂草危害，土、肥、水管理，更新复壮等。

(二)绿化管护的共同标准

(1)苗木生长健壮，发育良好。

(2)分枝均匀，树冠丰满通风透光，绿篱、树墙和中隔带苗木整齐均匀，上下枝叶茂密。

(3)无明显枯死枝、徒长枝，越冬前秋梢已木质化，无明显病虫害和人为损害。

(4)路肩、边坡、中央分隔带草皮修剪平整，杂草率不超过5%，覆盖率不低于90%。

（三）中央分隔带绿化管护

1. 草皮管护

（1）浇水：重点管护阶段的草皮应浇透“封冻水”和“返青水”，并根据土壤的干旱情况在生长期内浇水。暖季型草在一般管护阶段不再浇水。

（2）施肥：未郁闭或生长较弱的草皮可结合浇水进行施肥，冷性草皮可适当进行叶面喷肥。应注意施肥不能引起草皮徒长。

（3）修剪：修剪是草皮管护的重要环节。1 年中的修剪次数以 3~5 次为宜，尽量使草皮高度保持在 20cm 以下，修剪后的草叶应及时清除。

（4）复壮：通过修剪、打孔、间植、清理枯垫层等方式复壮老化草皮。

2. 防眩苗木管护

（1）浇水：重点管护阶段的苗木除浇透“封冻水”和“返青水”外，应在干旱季节浇水抗旱。浇水后的苗木应通过划锄、覆盖等措施保墒。

（2）施肥：要定期对苗木进行施肥，确保苗木正常生长发育。对弱小苗木应重点施肥，促其与其他苗木长齐。①施肥时间：以休眠期施肥为主，生长期施肥为辅。②施肥方法：尽量结合浇水施肥，即先将肥料施入堰内，然后灌水。另外还有穴状施肥、环状施肥、放射状施肥等方法。③肥料种类：一般使用腐熟的有机肥料，无机肥料可在特殊情况（如苗木出现严重缺肥）下使用。

（3）修剪：防眩苗木的修剪是保持绿化线形美观，提高苗木防眩能力的重要途径。修剪应注意以下事项：①修剪高度应控制在 1.8m 左右。②苗木上平面应修剪平齐，侧面以不超出护栏为准。③对内膛枝杈过于紧密，影响通风、透光，可适量疏剪。④修剪应主要在生长期内进行。⑤修剪后的枝条要及时清理出现场。

（4）补植：对死亡、损伤严重的苗木要及时清理，并通过加大技术措施，尽量做到随缺苗随补植，补植苗木规格应略大于原有苗木。

3. 花灌木的管理

（1）花灌木的施肥、浇水同防眩苗木。

（2）修剪：①修剪以保持其自然姿态，对丛生过密枝条要疏剪，使之通风透光，有利生长发育。②当年新梢上开花的灌木，应于早春萌芽前修剪；当年形成花芽，次年早春开花的灌木，应在开花后适度修剪；在多年生枝开花的灌木，应保护培养老枝。③花灌木的高度不超出防眩植物高度，宽度不应超出护栏。

（四）路肩、边坡绿化养护

1. 路肩草皮管护

同中央分隔带草皮管护。

2. 边坡苗木管护

（1）边坡草皮可粗放管理，一般管护阶段不再进行浇水、施肥等养护管理，可由小修人员不定期剪、割，控制高度。另外可使用选择性除草剂抑制双子叶杂草生长和采用涂抹灭生性除草剂防除恶性杂草（如芦苇、茅草）的生长。

（2）部分栽有紫穗槐等灌木的边坡，应经常进行修剪，防止苗木徒长。

(3) 边沟内定期喷施灭生性除草剂，防止杂草影响排水。

(4) 路堑攀缘植物应加强浇水、施肥等工作，促使植物尽快覆盖路堑。

(五) 互通立交区、管理区、服务区苗木管护

该区域的苗木应加强浇水、施肥、除草、松土、修剪、防治病虫害等管理，措施，保证苗木正常生长，创造优美环境。

(六) 病虫害防治

(1) 掌握病虫害的发生规律，贯彻“预防为主，综合防治”的方针，及时做好病虫害的预测、预报，已经发生的病虫害要及时治理，防止蔓延成灾。

(2) 病虫害的药物防治，要根据不同的树种、病虫害种类和具体环境条件，正确选用农药种类、剂型、浓度和使用方法。

(3) 喷药一般应在无风的晴天进行，喷药人员应做好安全保护。

六、苗圃管理

(一) 苗圃地的选址

(1) 选择土壤条件较好，水源充足，劳动力价格低，非主要城市出入口的立交匝道区，培育绿化苗木。

(2) 管理区、服务区的空闲场地也可作为苗圃地。

(3) 隔离栅至边沟的空闲地可用来培育较大乔木。

(4) 在管理区、服务区附近，通过租用土地或联合经营的方式建植苗圃。

(二) 苗圃地生产

(1) 苗圃作业前要根据生产任务、经济和自然条件，搞好年度作业设计。

内容包括：育苗树种、育苗面积、苗木产量、圃地安排、育苗技术措施、药物肥料消耗定额、劳动定额、苗木成本等。

(2) 苗源：尽量购置2~3年生小苗建植苗圃，也可视公路需要和市场情况购置适合苗木。有条件的单位可自行繁殖苗木。

(3) 苗圃地规划：立交匝道内的苗圃地应将培育苗木与美化环境结合起来；其他苗圃地应视情况划分育苗用地和辅助用地。

(4) 育苗生产：各管理单位应根据苗木繁殖、抚育、管理的具体特点和要求，创造性地开展工作。主要做好如下技术工作：整地、施肥和改善土壤；苗木的遮荫、间苗和移植；苗圃的中耕除草；灌溉和排水；防寒越冬；整形修剪；病虫害防治，苗木的出圃等。

(三) 苗木管理

(1) 以管理处作为苗圃基本管理单位。各管理处应建立详细的苗木档案，进圃、出圃台账，抚育管理措施记录，生产成本记录，病虫害防治记录等内业资料。

(2) 苗木应有专人管理，并有严格的规章制度生产制度、进苗制度、出圃制度。

(四) 出圃管理

(1) 苗木出圃时，如数量较大或出圃位置靠近主线，应上报单位，单位部门对于苗木出圃的具体位置、数量和单价及出苗地的补栽计划，经单位同意后方可施工。

（2）出圃苗用于本单位高速公路绿化区域的建植、补植，管理单位可自行决定，但须做好出圃台账。

（3）苗圃用于对外经营，须报单位部门备案。单位可视情况调拨经营利润。

（4）苗木经营收益只能用于绿化生产，以达到“以绿养绿”的目的。

第八节　雨季防汛和冬季防滑

一、防汛物资管理

（一）防汛物资管理概述

防汛物资由高速公路单位统一配置和调度，各单位部门、管理处和路桥工程处负责管理使用、保管维修。

每年汛期，防汛物资不得用于防汛以外的用途。汛期以外的时间，经单位防汛办公室审批，各有关单位可以积极开展防汛物资对外租赁业务，以提高防汛物资利用率；租赁收入应用于防汛物资的补充与更新；出租的防汛物资应于汛期到来 15 天以前返回防汛物资仓库。

防汛物资的使用与保养，应遵循科学使用、及时保养的原则。具体要求是：

（1）对防汛物资使用人员定期进行培训，提高操作技能；重要物资的使用应由专人负责。

（2）每年汛期前应组织一次防汛演习，提高操作能力和处理突发险情的能力，及时发现防汛工作中存在的问题和不足。

（3）防汛物资应经常保养，使之处于良好的技术状态。每年汛期前 15d 应对所有防汛物资进行一次彻底的检查、维修、保养，做好防汛的准备工作。

（二）防汛物资的仓库保管

（1）仓库保管物资应做到物资保养经常化，材料堆放规格化，仓库料架整洁化，分类挂牌科学化，做到防潮、防腐、防火、防盗。

（2）仓库保管员要明确职责分工，严格执行物资管理制度，对不同类物资分别建账，严格出入库手续，做到账、卡、物相符，账账、账物相符；从材料入库建账到保管、保养、盘点、出账都要有专人负责。

（3）仓库应配备相应的灭火物资，按规定放置并定时换药，确保有效。

（4）对金属材料的保管要求做到：

① 保管场所应有良好的排水系统，尽可能远离有害气体和粉尘，并不得与酸、碱、盐类物资混合存放。

② 对不同的金属材料采用相适宜的存放方式，同时保持一定的间隔距离，防止接触产生腐蚀。码垛时应注意垫高垛底。

③ 库房应保持干燥，空气相对湿度应在临界湿度(60%左右)以下。

④ 露天存放的金属材料应采取上盖下垫，以免遭受雨淋。对保管时间较长的材料，可选择适宜的涂料进行喷涂防腐。

⑤ 经过防腐处理的金属材料在仓储作业中应避免破坏防腐层、防护膜或包装，否则应采取重新清洗、防腐、包装等相应措施。

⑥ 保持金属材料和料场清洁，要清除库区杂草污物。

⑦ 注意金属材料及其制品的保管期限。

（5）对木材的保管要求做到：

①存放木材的场地必须平坦干燥，空旷通风，场内铺以砂土或炉渣，要有良好的排水系统和防火消防物资。

② 木材制品、板材和贵重木材应存放于料棚或封闭式仓库内。

③ 原木和板方材入库时应进行尺码检量和材积计量，根据需要可对木材的缺陷进行材质评定。

④ 为了防止木材腐朽、虫害、干裂和翘曲，应该合理堆垛，适当调节掌握温度与湿度和及时喷洒防腐药剂。

⑤ 木材仓库与其他建筑物应有一定的防火间距（12～30m），可根据木材仓库容量与其他建筑物的耐火等级进行合理选择。

（6）装配式钢桥（贝雷片）的存放：

① 所有构件应分类按规格堆放，下面用木料或石块垫高以防受潮；堆置高度不宜过高，以防下层构件被压弯变形；桁架应单层竖向堆放。

② 钢构件应保持清洁，定期涂抹油脂，防止锈蚀，发现变形和脱漆应及时矫正和补漆。

③ 所有销子、螺栓等零部件应每年开箱检查，加涂黄油防锈。

④ 专用架设工具要注意配套保存和维修保养。

二、雨季防汛

（1）高速公路单位、单位部门、管理处每年雨季成立防汛领导小组，防汛办公室设在各级养护管理部门，组织实施雨季的防汛工作。

（2）根据当地的水文气候条件、沿途水库、大型溢洪道的承受能力，季节特点与高速公路状况，分析掌握路段、桥涵的抗灾害能力，及时收集水、雨情况预报资料；并将危险地段登记备案，做必要的预防措施和应急抢修技术方案。

（3）汛前对所管辖路段进行一次预防水毁的技术检查，内容应符合下列要求：

① 集中排水处的边沟、截水沟、盲沟、泄水槽等排水系统有无淤塞，路拱坡度、路肩横坡是否适应，分散排水处路肩上的堆积物是否阻碍排水。

② 桥梁墩台、涵洞、引道、护坡基础有否冲空或损坏。

③ 桥下有无杂草、树枝、石块等杂物堆积淤塞河道。涵洞、通道有无淤塞。

④ 沿河路段的河床冲刷情况及路基受急流冲击处有无淘空或下沉。

⑤ 陡边坡路段的路基有无松裂、下滑。

（4）汛期实行 24 小时值班制度和汇报制度。

汛期雨天要组织人员对所辖路段进行巡视，检查桥涵、路基及各种构造物。小的毁阻，当场予以排除；发生严重毁坏或路基下沉时，危及行车安全的，应立即在两端设立危险警告标志或指示标志，并及时向上级报告，同时组织进行抢修。

三、冬季防滑

冬季来临前，各级养护管理部门应成立防冻防滑办公室，组织实施当年的防冻、防滑、除雪工作。

冬季除雪，要根据气象资料、沿线条件、降雪量、积雪深度、气温等条件确定除雪计划。高速公路除雪的重点区段是：桥面、弯道、坡路、匝道、收费广场等。

（一）除雪前的准备

(1) 在冬季来临之前，必须对除雪机械设备进行全面的维修保养，以便除雪机械充分发挥作用。

(2) 储备必要的配件、融雪剂、防滑料。

(3) 将路面裂缝、路肩、桥头、桥梁伸缩缝破损处等予以修整。

(4) 广泛收集气象资料，做好降雪预报及降雪前期融雪预防。

(5) 对冬季除雪人员进行除雪方法、机械操作、交通安全等方面的培训。

（二）路面防冻及防滑措施

1. 使用盐及其他融雪剂，使路面上的结冰点降低。

2. 使用砂等防滑材料或与盐掺和使用，增加摩擦系数。

施撒的时间：主要根据气象条件(降雪、风速、气温)、路面温度监测器、巡视信息等来确定施撒时间。一般可以在开始下雪就开始撒布融雪剂(或防滑料)，或者估计路面开始出现冻结前 1~2 小时撒布。

撒布次数：防止路面结冻时，通常撒布 1 次即可；除雪作业时，撒布次数可以和除雪作业频率一致。

第十一章

高速公路安全与文明施工

第一节　路基施工安全

一、路基填筑安全施工要求

（1）进入施工现场的人员应佩戴安全帽和上岗证，现场管理人员和作业人员的安全帽应区分，劳动保护用品穿戴齐全，安全监察人员应佩戴袖标(牌)。

（2）现场各类机械设备应符合“施工组织设计(方案)”要求，质量证明文件齐全、状态良好。现场各类机械设备停放位置应合理规划，分区布置，摆放整齐。设备安全可靠，运转正常，严禁带病作业。施工单位应定期对施工机械(具)设备进行检查维修、保养清洗。路基施工机械应符合下列要求：

① 大型机械施工现场必须严格执行一机一人专职防护，做到“五个一”，即：一机、一人(专职防护)、一本(机械施工日志)、一牌(设备标识牌)、一证(机械操作证)。每台机械都必须悬挂机械标识牌。

② 施工现场安装、拆卸大型施工机械时，必须由具有相应资质的单位承担，施工单位负责人、安全部长、安全(设备)主管工程师到场把关。转场时，应有“专项方案、专项检测、专项见证、专项放行、专项检查”，技术负责人、领工员、安全员、技术员及监理员要现场把关。大型施工机械夜间不得安排转场、移机。大型施工机械作业时现场必须有领工员、安全员、技术员、监理员等有关人员把关。

③ 打桩机应取得准用证，安装后验收合格；应有超高限位装置。

④ 正在使用的机械设备应在醒目位置悬挂机械操作安全规定公示牌(即安全操作规程)。易发生机械伤害的场所、施工现场出入口应设置禁止和警示标志。

⑤ 机械作业人员进入施工现场前，应按设备操作规程进行检查。作业中严格遵守劳动纪律，不得酒后上岗后连续疲劳作业，应严格执行操作规程和相关安全规章制度，并做好设备使用、维护、保养记录。

⑥ 施工现场各类机具设备应定期检查。线缆接头必须绑扎牢固，确保不透水、不漏电；对穿越水、泥浆等位置应架空搭设。

⑦ 挖掘机、装载机、吊车等机械作业范围内如有高压线、管线等，应尽可能避免机械化作业或派专人指挥监控作业。挖掘机、装载机作业时，铲斗内、臂杆、履带和机棚上严

禁载人，其回转范围内不得有人或机械通过。临近高压电缆以及起重机臂杆的回转半径达到施工现场范围以外的，均应按要求设置安全隔离设施。

⑧ 运输车辆防护应符合当地的相关规定。运输车辆不得超速、超载、超限，不得人货混载，驾驶室不得超定员搭乘；自卸式汽车翻斗内严禁载人。

⑨ 使用提升架运送石料时，应有专人指挥和操作，严禁超负荷运行。严禁使用提升架载人。

⑩ 砂桩、碎石桩、粉煤灰碎石桩、预制桩施工桩机作业时，严禁吊装、吊锤、回转、行走动作同时进行；桩机移动时，必须将桩锤落至最低位置；施打过程中，操作人员必须在桩锤安全距离外监视。

⑪ 施工场地狭小，行人和机械作业繁忙地段应设临时交通指挥员。

⑫ 大型施工机械施工现场必须做到“四严禁”，即：严禁使用没有制造资质的企业生产的设备；严禁使用没有经过专业培训的低素质人员进行大型机械操作；严禁施工现场大型机械违章施工作业；严禁大型机械带故障作业。

（3）基底处理应符合下列要求：

① 地下管线不明时，应挖十字沟进行探测，在显著位置标出管线，加以保护。

② 应及时联系相关部门，对管线、电缆、光缆等进行迁移；无法迁移的，应会同设备管理单位采取防护措施保护。

③ 应编制测量控制方案，现场基桩、基线位置正确，埋设良好，并形成记录。

④ 进行爆破作业前，应向所在地有关部门办理批准手续，由具备爆破资质的专业机构实施。爆破作业应根据地形、地质和施工地区环境的具体情况，采取相应的防护措施。爆破作业现场应设安全警戒防护，由专人统一指挥。在清方过程中发现有瞎炮、残药、雷管时，必须及时由爆破人员处理。

⑤ 宜避开雨季作业，加强现场排水，防止已处理的地基被水浸泡。

二、路基填筑安全施工程序

（1）加强各工序间的衔接，各类沟槽基坑开挖后宜尽快封闭，严禁雨水浸泡。

（2）路基上的电缆槽、声屏障基础、预埋管线、综合接地等宜与路基同步施工，不得因其施工而损坏、危及路基的稳固与安全。

（3）滑坡、崩塌、高陡边坡等高风险路基作业应编制专项安全施工方案，安全措施应符合设计要求，经有关单位审批同意后方可施工。施工过程中应设置明显的禁止、警告标志。

（4）路基开挖作业应自上而下进行，严禁掏底开挖，无因开挖不当而造成的堑坡塌滑现象。开挖应与装运作业相互错开进行，严禁双层作业。松动的土、石块应及时清除，弃土下方和滚石危及范围内的道路，应设警示标志。作业时下方严禁通行。

（5）相关工程及附属设施施工时，应防止路基污染，做好成品保护。

三、安全施工标识

（1）施工现场应布置“五牌一图”及各类标识牌、警示牌。

（2）路基施工现场宜采用封闭式管理，现场出入口悬挂“施工重地、闲人免进”的禁止标志。

第二节　路面施工安全

一、安全生产保证体系

（1）项目以单位《管理手册》职业安全健康管理体系标准的要求为指导，认真贯彻工程项目安全方针，确保安全目标的实现。项目经理部建立安全保证体系，以项目经理为责任人的安全生产领导机构，配备专职安全员，全面负责工程的安全工作，并做到安全工作有机构、有组织、有制度、有措施，实行工程施工安全一票否决制。

（2）项目部设立以项目经理为第一责任人，项目总工、项目副经理为安全责任人，项目部各科室负责人和各施工队长、厂站长为组员的安全生产领导小组的安全生产管理组织机构。实行安全目标责任制管理，配备专职安全检查人员，班组设置兼职安全员，全面负责工程施工安全管理工作，形成一个健全的安全保证体系组织机构。

（3）安全生产管理应贯穿于整个施工过程，随时随地进行安全教育、安全检查，树立安全第一的观念，严格按规程操作，确保安全生产目标的实现。

二、安全生产管理措施

（1）项目部成立安全领导小组，使整个施工安全都处于受控状态，安全隐患消除在萌芽之中。

（2）建立施工项目安全施工责任保证体系，有组织、有领导开展安全管理活动，建立各级人员安全生产责任制度，明确各级人员安全责任，抓制度落实，抓责任落实，定期检查，特种作业人员坚持“持证上岗”。

（3）项目部、施工队设置专职安全员，关键部位由安全员现场监督，发现有安全隐患，即可提出整改。安全员有权对违章操作人员行使处罚及下达停工令，并且班组安全员在每天上班前，对班组全体人员做3~5分钟安全教育，特别对机械操作手要安全提醒。在拌和站的高空、皮带机转动部位设置安全防护。

（4）施工地段设置必要的警示牌（灯）和警戒防护设备以警示来往行人及车辆的安全。在大雾、大雨及夜晚配备专人在施工道路口警戒和防护。

（5）现场用电按标准规定要求架设和施用。安全人员与当地气象部门建立工作联系。提供旬、周、日的天气预报，掌握气候变化及降水情况，项目部每日定时通知各施工点天气预报，各施工点必须挂牌提示。

（6）施工现场所用的材料管理要规范化、标准化，有专人管理，必须是正规厂家产品，“三证”齐全方可进场。施工现场各工点要有明显的各种提示牌及警示牌，危险部位设栅栏封闭。

（7）消防管理：建立消防安全小组，专项负责消防工作。易燃、易爆物品，必须隔离存放。生活区与作业区要有安全隔离距离，在生产区禁止施用明火照明及抽烟。现场配备足够的灭火器、防火锹、防火沙，沥青混凝土拌和站应装有警报器。

（8）施工用电管理：架设动力线路，采用较大截面的地下电缆通过，确保安全，架设用电线路要规范化，保证架设高度满足车辆安全通过。电器设备必须安装漏电保护器。设置专业电器工程师，配备强、弱电技术员各一名，严禁无证操作。施工间隙或夜间大型专用设备均要集中，并有保护措施设专人看护。

三、安全生产保证措施

（1）建立健全各级各部门安全生产责任制，责任落实到人。各施工队有明确的安全考核指标和包括奖惩办法在内的保证措施，有安全生产协议书。

（2）所有工作人员必须进行安全技术培训。工人应掌握本工种操作技能，熟悉本工种安全，技术操作规程，进行全面的针对性的交底，接受交底者履行签字手续。特种作业人员必须经培训考试合格持证上岗，操作证必须按期复审不得超期使用。

（3）建立定期安全检查制度。有时间、有要求，明确重点部位、危险岗位。安全检查有记录，对查出的隐患应及时整改，做到定人、定时间、定措施。班组在班前须进行上岗交底、上岗检查、上岗记录的“三上岗”和每周一次“一讲评”的安全活动。对班组的安全活动，要有考核措施。在主要施工部位、作业点、危险区、主要通道口都要挂有安全宣传标语或交通安全警告牌。

四、森林、草原防火

（1）项目部必须严格执行国家、地方有关森林、草原防火的法律、法规、规章制度的规定，认真落实有关消防安全管理工作。大力开展群防群治工作，按照“谁主管、谁负责、谁在岗、谁负责”的原则将防火安全工作落实到每一个员工。确实做到防火安全、人人有责，杜绝火灾发生。

（2）项目部必须组建义务消防队，负责施工标段的防火安全工作，落实防火措施。必须建立完善的消防管理规章制度，层层落实防火责任制，开展经常性的消防法规和防火安全教育，制订防火应急预案，实时进行防火演练，不断提高施工管理人员的消防意识和能力。

（3）项目部必须配备常规器材，实行责任制管理，定期进行消防安全检查，及时整改火灾隐患，非特殊施工需要，禁止野外施用明火，杜绝火灾的发生。

（4）项目部与下属的各施工班组必须签订防火安全责任书，明确落实防火安全责任人，若发生火灾事故，必须追究当事人的责任。

（5）项目部将认真执行防火安全各项规定，服从指挥，确保防火、灭火工作效果。

第三节　桥梁施工安全

一、桥梁基础施工安全要求

（1）遵守水上作业操作规程，戴安全帽、穿救生衣、系安全带、穿防滑鞋。

（2）桩基作业区域应平整，必须采取安全防护措施，并设立警示标志，非工作人员未经批准不得入内。在钻机安装时，机架应垫平，保持稳定，不得产生位移或沉陷，钻机顶端应用缆风绳对称张拉，地锚应牢固。钻机需设工程标识牌，标明所施工桥名、墩台及桩位编号、护筒顶高程、设计桩长及桩底高程等，施工中要做好详细钻孔记录，保持好样渣。

（3）禁止随地排放泥浆和钻渣，应外运到指定弃土场，水上桩基应配备专用的泥浆船和泥浆输送管泵，用来造浆循环及运送废弃泥浆。所有制浆池、储浆池和沉淀池周围应设立安全防护设施和安全指令标志，制浆材料的堆放地应有防水、防雨和防风措施，弃渣泥浆应及时外运，废弃后应回填处理，防止人员落入池内。

（4）沉淀池禁止设在正线路基上，其开挖深度不得超过 2m，以便晾晒处理。循环池位置选择应在征地线以内，且不得影响施工便道。桩基施工完毕后，施工现场的循环池和沉淀池应清淤回填，分层碾压。

（5）对起吊设备应经常进行安全检查，对破损部件应及时更换，确保安全。旋转钻机进钻时，高压胶管下不得站人。钻孔施工设备停放地点应平整、务实，并避开高压线。

（6）在有通航要求的水域施工时，应按要求做好通航导航标志。

二、挖孔灌注桩施工要求

（1）桩孔内应有足够的照明、通风、排气设施，同时备有逃生安全爬梯，随桩孔深放长至作业面，不得用人工拉绳运送作业人员或踩护壁凸缘上下桩孔。尺寸在 50cm 以上的孔口必须设置钢筋防护网，规格间距不得大于 20cm。

（2）孔位处应按要求设置标志牌，在孔边安设警铃，使井下工人可预报险情进行施救。护圈高度应高于地表高度 20cm 以上，防止碎石掉落伤人。孔口四周必须搭设防护围栏，围栏应采用钢筋牢固焊制。停止作业时，应派人值班，孔口加盖，并设围栏和警告标志牌，夜间要有照明，防止人员掉入孔中。

（3）挖孔桩周边 60cm 范围内应进行环形硬化，以便于渣土清理及后续钢筋笼、混凝土灌注工作的开展，在桩间系梁安装施工前，应将硬化区域凿除。挖出的土石方应用车集中运送，孔口不得堆集土渣、机具及杂物，严禁随意乱倒土石方。孔口四周应挖排水沟，及时排出地表水，搭好孔口雨篷。

（4）爆破开挖时必须设置警报系统，做好爆破前预告、爆破警告、解除爆破工作。紧靠居民区爆破时，孔口应加盖钢板，上堆砂袋，以防飞石伤人。

（5）向周边居民做好安全宣传工作，非工作人员施工期间不得进入工地。减少施工中的噪声、粉尘和振动，做到不扰民。

（6）出渣应使用安全不漏洒的吊桶，吊钩钢丝绳应经常检查，以防断裂。

（7）作业人员必须正确佩戴安全防护用品。孔内应设半圆形防护板，并随挖掘深度逐层下移。

（8）挖孔时，应经常检查孔内有害气体浓度，当氧气和其他有害气体超过允许值或孔深超过 10m、腐殖土层较厚时，应加强通风。

三、桥梁下部结构施工安全

1. 脚手架搭设的有关要求

（1）桥梁墩柱、盖梁施工的脚手架的搭设方案，需经过监理工程师的批准，安装脚手架的单，位资质应符合要求，安装脚手架的人员应经过专业培训。

(2) 脚手架的杆件直径、型钢规格及材质应符合要求，应采用直径 φ48mm 钢管脚手架。脚手架基础应坚固平实，设有方木垫板。每隔 5m 应设置 45°斜向剪刀撑，底部纵横连接，脚手板铺满，并用铁丝固定，无探头板。脚手架高度在 7m 以上，架体与结构物拉结。

(3) 脚手架搭设应考虑人员上下的扶梯，扶梯设有护栏，扶梯的爬升角度应不超过 45°。每个桥墩浇筑混凝土前，顶部应设置不小于 $3m^2$ 的作业平台，下铺不小于 5cm 厚的木板或竹夹板。作业平台应满足承载力要求，并搭设牢固。平台上应设防护栏杆及步梯。墩台高度超过 2m 时，应张挂安全网。

(4) 脚手架荷载不得超过规定，施工荷载应堆放均匀，有积雪或杂物时应及时清理。

(5) 脚手架施工处所应设置禁止、警告、指令标志。

2. 施工现场使用的模板、脚手架等周转材料应堆放整齐，以保持施工现场整洁文明。墩柱施工完成后，对于系梁、盖梁及承台四周的建筑垃圾应及时清理，运至弃土场。

3. 进入施工现场作业人员必须戴安全帽，高处作业人员必须系安全带，穿防滑鞋，且作业人员所用的扳手、锤头等工具必须用绳子挂在工具袋内，防止坠落伤人。

4. 模板的吊装需有专人指挥，吊装作业时，闲杂人员应撤离现场。

5. 拆除模板时，应划分作业区，悬挂警示标志，并按规定的拆除程序进行。拆除区域应设置警戒线，由专人监护，留有未拆除的悬空模板及模板工程应经过验收手续。严防因时间控制不当或野蛮操作造成结构物缺棱掉角。

6. 桥梁墩柱、盖梁在施工过程中，应设置临时标志牌，标志牌大小为 0.3m×0.5m，白底黑字，应包括墩台编号、墩高、结构类型、混凝土强度等级、施工班组等内容。

7. 高墩施工安全文明要求：

(1) 每个墩应设置封闭作业区，派专人对作业区的人员进行安全监督，作业区内应设置安全警示标志。

(2) 吊装作业时，要有专人指挥，驾驶员要执证上岗，要制定统一的指挥方式。

(3) 每个高墩应使用专用的配电箱，平台上的振动器、电机等应有相应的接地装置，作业面应配置灭火器材。

(4) 应验证高墩模板结构设计与施工专项方案说明中的荷载、计算方法、节点构造是否符合实际情况，并有安装拆除方案。

(5) 应定期对塔吊和吊装补助工具进行检查、维护。应重点检查的项目有：塔吊附着臂的牢固程度、自动报警装置、制动装置、起吊钢丝绳、吊装补助钢绳、卸扣、钢绳卡、吊篮等。

(6) 应定期对电梯和步行梯进行检查维护。电梯重点检查的项目有：电梯预埋件和支架的稳固性、电梯的紧急制动装置、电梯的定点制动装置等。步行梯重点检查项目有：支架的稳定性、梯子上下端的牢固性、栏杆的牢固性。

(7) 开工前，应对所有作业人员进行安全常识培训和安全操作技能培训，重点进行高空安全常识、吊装技能和吊装安全的培训。

(8) 特殊工种必须执证上岗，对专职安全员、班组长、从事特种作业的架子工、起重工、混凝土工、电工、木工、电梯司机、塔吊司机等，必须严格按照《特种作业人员安全技术培训考核管理规定》进行安全教育、考核，经过培训，考试合格，获取操作证者才能执证上岗。对从事高处作业人员应定期进行身体检查。

(9) 现场应悬挂设备安全使用操作规程，大型起吊设备应通过当地技术监督局标定检测。设备使用前，应进行安装、调试，并对各项技术性能指标进行验收，保存好验收记录。

(10) 提升平台时，爬梯必须与下段大模板临时固接，以减少悬臂长度。平台提升应分段同步提升，每 30cm 设置一道检查标记。提升前，应对平台配重进行调整。

(11) 爬架提升前由专人检查所有锚固是否完全解除，提升过程中随时观察上升路径是否有障碍物，必要时可以采取分片对称提升。收坡在提升结束后进行。爬架就位后，必须立即锚固，并有专人检查，确认完全锚固后，方可进行下一道工序。

(12) 高处作业所用梯子不得缺挡和垫高，同一架梯子不得两人同时上下，在通道或平台处使用的梯子应设置围栏。工作平台上的脚手板，在寒冷季节要钉设防滑条，防止工作人员滑倒坠落。

(13) 运送人员和物件的各种升降机、吊笼，应有可靠的安全装置，严禁人员乘坐运送物件的吊篮。

(14) 遇 6 级或 6 级以上的大风等恶劣天气时，应停止露天高处作业。在霜冻或雨雪天气进行露天高处作业时，应采取防滑措施。

(15) 工作平台吊架与墩壁中间设安全网，并应及时结实扎牢，以防人员或大块重物掉落。

四、桥梁上部施工安全

(1) 预制施工现场应封闭管理，与工程建设无关的人员严禁入内。

(2) 现场应配备简易爬梯，使施工人员上下方便，便于预制梁施工、检查。

(3) 应严格按照规定期限拆卸模板，不得野蛮拆卸模板。

(4) 张拉平台及施工架应搭设牢固。在油泵运转不正常的情况下，应立即停止，进行检查。在有压力的情况下，不得随意拧动油泵或千斤顶各部位螺栓。

(5) 油管和千斤顶油嘴连接时应擦拭干净，防止砂砾堵管，新油管应检查有无裂纹、接头是否牢靠，高压油管接头应加防护套，以防喷油伤人。

(6) 千斤顶带压工作时，正面不能站人，不得拆卸液压系统中任何部件。压浆泵使用应严格按操作规程进行。压浆工作人员应穿雨鞋、戴防护眼镜。

(7) 每次压浆停用时，应及时清洗泵及管道，防止下次使用堵管。

(8) 已张拉完而尚未压浆的梁，不得剧烈振动，防止预应力钢筋断裂而酿成重大事故。

(9) 梁的存放：(1) T 梁应用木条支撑到位，斜衬应设于翼板根部，不得撑于翼板外缘，或使用特制的钢架支撑，防止倾覆。梁片堆放高度应不超过 2 层。(2) 预制小箱梁及空心板梁堆放，必须采用四点支撑堆放，支撑垫块顶面应位于同一平面内，误差不得大于 2mm，支撑中心顺桥向距梁端 30cm 左右，横向距腹板外缘 20cm，支撑垫块平面尺寸为 30cm×30cm，板梁堆放不得超过 3 层。

(10) 梁的编号：(1) 预制完成后，应在各片梁上标注梁的编号，在各片梁腹板侧面的大、小里程端部的一个侧面均应进行标注。应标注桥名、编号、制作日期及施工单位和监理单位名称。(2) 编号标识宽度为 90cm，高度为 48cm，中文字体为印刷黑体，规格为 5cm ×8cm，采用红色油漆标注于梁片里程增长方向端外侧。

五、预制梁安装施工要求

(1) 提、运、架梁应设专人统一指挥，现场设专职安全员对运架梁进行安全巡视，信号应准确清楚，密切关注各部位的安全状况，发现异常时应立即停止作业。架梁现场应有明显标志，与该工作无关的人员严禁入内。

（2）使用钢轨轨道的，钢轨的两端应设置限位装置，并经常检查限位装置的完好性。

（3）在滑轮运转不正常的情况下，应立即停止作业并进行检查。对钢丝绳应每天进行检查。

（4）作为架梁时工作人员行走的"天桥"，应设置严格、规范的防护栏杆，确保施工安全。

（5）加强起重吊装设备检修，对所有起重、运输工具设备，使用前应进行全面的检修，特别是重型吊装机械，必须经过荷重试吊合格后，方可正式使用，并在统一指挥下进行作业。架梁机在使用中，应定期进行检查确认，严禁超范围使用和带病作业。

（6）在铺设移跨轨道时，横向坡度应水平，纵向坡度不得超过3%。枕木距离应能确保安全。

（7）运梁作业应设专人清理轨道，场地应平整；严格按照安全操作规程操作运梁机械，做到四点同步，行驶平稳。

（8）运梁车通道应满足运架梁荷载的要求。运梁应严格按照3~5km/h的速度行驶，做好防碰撞措施。运梁车驮运架桥机在高压输电线路下运行时或架桥机在高压输电线路下架桥作业时，高压输电线路距架桥机的最小安全距离应满足要求。

（9）预制梁架设期间，运梁通道上应停止其他施工作业，禁止其他车辆上道。运梁通道上应设置运梁车运行标线、标志、警示牌。

（10）桥上进行铺架作业时，桥下严禁车辆、船舶及行人通过，并设有相应的安全禁止标志，派专人值班巡视。

（11）夜间、5级及5级以上大风、暴雨时，禁止架梁作业。夜间作业照明应使用安全电压。

六、支架式现浇安全要求

（1）现浇支架施工为高处、双层作业，必须有完善的安全防护措施。

（2）安全防护栏杆、脚手板、爬升梯和安全网等，应经过专门设计，各种安全防护材料要经过检验合格后方可使用。防护设施完成后，须经安全领导小组验收合格后，方可投入使用。

（3）施工现场应布置有序、整洁，避免施工废物、噪声污染周围环境。在已浇筑完的梁顶部不得堆放施工垃圾。

（4）箱体内杂物、垃圾应清理干净，不得有积水，设好通气孔。

七、悬臂式现浇安全要求

（1）应根据设计图纸设置安全且便于使用的施工通道及工作平台。以斜托架作施工平台时，平台边缘应设安全防护设施。墩身两侧托架平台之间搭设的人行道必须连接牢固。操作人员必须按规定佩戴安全防护用品，配备救生设施。

（2）桥面栏杆应随悬浇段同步延伸设置，设置钢架预应力张拉平台。

（3）对0号块托架、挂篮和现浇段支架的设计、施工方案应有技术部门和质监部门的检算和验收，按要求做好预载试验，各安全系数应满足规范和设计要求。

（4）钢管架的搭接应严格按照有关安全操作规程操作。使用机具设备（如千斤顶、滑车、手拉葫芦、钢丝绳等）应进行检查，不符合规定的不得使用。

（5）挂篮拆除拼装和前移应按有关要求，保持对称同步进行。挂篮两侧前移要对称平衡进行，大风、雷雨天气不得移动挂篮；挂篮移动到位后要检查前后锚点、吊带、零号块临时锚固是否到位；挂篮移动中应设观察哨进行监护，并设限位装置。严格控制荷载，防止过大的冲击和振动。

(6) 平桁式挂篮配重，宜用混凝土预制或钢件，不宜用水箱压重，以防水箱损坏泄漏，导致挂篮失衡倾覆。

(7) 滑移斜拉式挂篮安装时或主梁行走到位后，应先安装好后锚固和水平限位装置，方可安装斜拉带悬挂底模平台，严防挂篮倾覆、坍塌。底模和侧模沿滑梁行走前，需将斜拉带和后吊带拆除，用倒链起降和悬吊底模平台，同时，必须在倒链的位置加保险绳。

(8) 挂篮行走时，要缓慢进行，速度应控制在0.1(m/min)以内。挂篮后部各设一组溜绳，以保安全。滑道要铺设平整、顺直、不得偏移，并随时注意观察，发现问题应及时处理。

(9) 起重工作要严格按照相关安全规范进行操作。

(10) 在底模前移前，必须详细检查挂篮位置，后端压重及后吊杆安装情况是否符合要求。应先将上横梁上吊带与底模下横梁连接好，确认安全后，方可前移。

(11) 浇筑合龙段混凝土时，随浇筑进程，加载逐步撤出应自上而下进行。撤出重压时，应注意防止砸伤。

(12) 张拉工作时，千斤顶外不许站人。压浆时，应佩戴防护镜，出浆时应进行收集，不得让浆液直接排到桥面。

(13) 做好桥面排水工作，确保桥面不积水，排水孔下端应低于混凝土底面1cm以上使排水不污染梁体表面。

(14) 箱室内的模板及建筑垃圾必须清理。

(15) 加强天气预报信息收集工作，遇台风来袭应按规定做好防护工作。

八、桥面铺装安全施工要求

(1) 还未设置防撞护栏的在桥梁边缘应设置防护栏、安全网，桥头设安全责任、警示标识牌，施工人员进场必须戴安全帽，在桥梁边缘作业人员必须配备安全带。

(2) 桥面钢筋多且面广，应设专职电工每天对用电设备、线路进行全面检查。

(3) 桥头应设置栅栏，非施工人员和外来车辆不得入内，避免压坏已铺好的安全网。

(4) 混凝土未达到强度前，车辆不得通过。

九、护栏施工安全要求

(1) 桥梁边缘应设置栏杆，挂安全网，施工人员进场必须戴安全帽，在桥梁边缘作业的人员，必须系安全带。

(2) 桥头应设栅栏，非施工人员严禁入内。

(3) 合理布置施工场地，在左右幅中间应布设引水管道。材料应分类集中堆放，做到场地整齐。施工废料应单独集中堆放，并及时处理。

(4) 做好临时排水孔，让桥面污水直接排于桥下，避免污染桥面。

十、伸缩缝施工安全要求

(1) 桥面伸缩缝施工时，应封闭，并分左、右幅施工，并做好安全警示标志，注意来往施工和过往车辆的安全。

(2) 所有伸缩缝材料应放置在封闭区域内，并加强防撞措施。

(3) 为防止施工污染桥面，从伸缩缝槽口两端沿桥纵向应铺设足够长度的彩条布。伸缩缝完成后，应对污染、损坏的桥面系、盖梁、台帽、桥下进行彻底清理和维修。

(4) 对已施工完毕的伸缩缝要派专人看护，在伸缩缝装置两侧混凝土强度满足设计要求的条件下，且不小于7d后，方可开放交通。若因条件限制，则必须在缝上设临时行车的钢栈桥。

十一、搭板和锥坡施工安全文明要求

(1) 离搭板施工前后20m应设路障，严禁外来车辆进入，人员进场必须戴安全帽，在坡面上施工需穿防滑鞋，严禁穿拖鞋进入工地。

(2) 浆砌片石施工时，严禁在坡顶抛扔片石。

第四节　隧道施工安全

一、安全施工要求

(1) 施工前的准备工作：(1)对于长大隧道和地质复杂的隧道，如不良地质隧道、高瓦斯隧道、水底(海底)隧道等，施工单位应组织专家编制、论证、审查专项施工方案，并附安全验算结果，经施工单位技术负责人、监理工程师审查同意签字后实施，由专职安全生产管理人员进行现场监督。(2)施工单位应成立监控量测小组，制订施工全过程监控量测计划，并配备合格的人员及设备。对于长大隧道和地质复杂的隧道，应配备专业人员实施监控量测。

(2) 作业人员进入施工现场必须有工班长带领。现场管理人员和作业人员的安全帽应区分。

(3) 隧道施工应进行危险源辨识和安全风险评估，制订有针对性的专项施工方案，并编制应急救援预案，配备报警、救援、逃生等设施和充足的应急救援物资。施工前应组织人员对预案进行演练。

(4) 炸药库的设置：(1)炸药库应远离人群集中之地而设，并经公安部门批准，办理相关手续，距离洞口不小于500m。(2)根据施工进度计划安排及月循环进尺核定炸药库库容量。(3)雷管库和炸药库必须分开建造，两者距离不得小于30m，库房四周进行全封闭。

(5) 隧道施工应制订超前地质预报实施细则，配备超前地质预报设备，按有关规定和设计要求认真实施超前地质预报，以预报成果指导施工。

(6) 洞内不得存放汽油、煤油等物品。工程采用钻爆法施工时，炸药、雷管等易燃易爆物品应随用随进，不得隔夜存放。

(7) 施工供风、供水、供电：

(1) 施工供风：①压风站应在洞口旁边选址修建，并宜靠近变电站，应有防水、降温、保温和防雷击设施。②压风站供风能力须满足隧道正常施工需要，供风管路布置应尽量避免压力损失，保证工作面使用风压不小于0.5MPa；并配备一定数量的内燃压风机满足隧道前期施工需要。③供风管道前端至开挖面距离应不大于20m。

(2) 施工临时供水：①寻找水源，按施工需要的供水压力(水压不小于0.3MPa)合理选址修建高位水池，安装上、下水管路。②供水水池位置不宜设在隧道的顶部，供水管路铺

设宜避开交通繁忙地区和地质不良地段，管路铺设不宜采用高架的形式。③对于修建高位水池困难的隧道，宜采用变频高压供水装置满足施工需要。④管道前端至开挖面的距离一般不超过20m。

（3）施工临时供电：①施工单位向业主申请用电应包括以下内容：临时用电负荷的计算；临时用电线路的平面布置图；临时用电的安全使用方案；临时用电的安全组织机构。②变电站宜设在洞口附近，并应靠近负荷集中地点和设在电源来线一侧。③供电、照明线路布置应符合有关规范要求，根据施工需要计算变压器容量、台数。当隧道附近有高压线路通过时，应和当地电力部门协商确定高压电路的接通的位置。④对于段隧道应采用高压至洞口，再低压进洞；长、特长隧道施工应考虑高中压进洞，以满足施工需要。⑤隧道照明，在成洞地段和不作业地段采用220V电压，瓦斯地段不得超过110V，作业地段一般不大于36V，动力设备采用三相380V。漏水地段应采用防水灯头和灯罩。在有瓦斯的隧道内，供电照明及其他电气设备必须是防爆性设施。⑥动力线、照明线安全可靠，不侵限、不漏电。施工临时用电应符合相关要求。

（8）现场机械设备应符合下列要求：

① 各类进洞车辆应处于完好状态，制动有效，严禁人料混装。车辆行驶中严禁超车，在洞口、平交道口及施工狭窄地段应设置缓行标志，必要时应设专人指挥交通。

② 车辆在装卸隧道碎渣时应制动停稳，在洞内倒车与转向时，应开灯鸣号或有专人指挥。

③ 隧道内施工设备应靠边停放，远离爆破点；停放点处岩石完整性好、无渗水；支护或衬砌作业地段停放设备处应灯光明亮。停放点前后应架设红色警示灯，显示限界。

④ 现场机械设备其他要求。

（9）洞口施工应符合下列要求：

① 施工准备阶段应完成临时施工便道、供电线路、供水管路的铺设。

② 洞口场地开挖完成后，应安装和修建隧道供风、供水、供电、混凝土生产、钢构件加工等设备与设施；砌筑洞顶截、排水沟，进行洞顶地表加固。

③ 洞口的排水系统宜在施工期的雨季之前完成。

④ 隧道的排水应与路基排水系统合理连接，不得冲刷路基坡面、桥涵锥体护坡、农田房舍。

⑤ 隧道起拱线以上的端墙施工时应设安全网，防止人员、工具和材料坠落。

⑥ 进洞坡道顶与隧道口之间需有一定的安全距离，保证车辆进出安全，最小安全距离不得小于5m。

⑦ 洞门工程完工后，及时对洞口进行绿化。

（10）洞内施工应符合下列要求：

① 洞身作业面及时做好铺底、排水，确保洞内干燥无积水。

② 洞内运输道路平顺、整洁，排水设施良好，并有人定期维修。各种机械车辆、人员能顺利到达作业面。

③“三管二线”安全可靠，布局合理，顺直成线，做到“四不”，场地平整。

④ 隧道内的台架、工作平台应搭设牢固，留足施工净空。平台上满铺底板，周边应设置栏杆。跳板、梯子应安装牢固并防滑，人、料不得超过承载能力，作业时应设明显的限

界及缓行、警示、承载等标志，并宜派专人防护。

⑤ 现场各类通风管路应敷设平顺，接头严密，无扭曲、褶皱、漏风，并有专人负责检查、养护，破损时及时修复。

⑥ 隧道施工应采取综合防尘防毒措施，定期检查粉尘及有害气体浓度，并应保证隧道作业，环境空气中含有的有害气体、瓦斯、粉尘等的浓度不超标。

(11) 辅助坑道施工应满足下列要求：

① 斜井、竖井及隧道其他辅助坑道入口的选择应考虑防洪要求。

② 斜井、竖井及隧道施工主要设备(主通风机、竖井提升人员的绞车等)，应设置两路电源供电。

③ 井口、井下及卷扬机房间应有联络信号，提升、下放与停留应有明确的色灯或音响等信号规定。

(12) 安全管理：

① 隧道开工前，项目部应组织事故隐患排查、整治，危险源辨识和确认工作，确定危险源的位置、规模、性质和监控处置措施及处置方案。项目部技术人员应向施工作业人员进行技术和安全交底，详细说明隧道质量和安全的有关技术要求和重大危险源，技术和安全交底台账必须签字确认。

② 按规定上报监理单位，审查施工单位的质量安全保证体系，审查隧道施工组织设计中安全技术措施或者专项施工方案是否符合工程建设强制性标准并监督检查实施情况；对危险性较大的分部分项工程，还应当审查施工单位是否单独编制专项安全施工方案，并按规定组织专家进行论证、审查。

③ 监理单位监督检查施工单位的安全生产费用使用情况，监督施工单位是否用于购买和更新合格的安全防护用具和设施，落实安全施工措施，改善安全生产条件。

④ 高压气、水钢管应尽可能靠近掌子面；软弱围岩地段应配备可手动拆卸的逃生钢管，钢管壁厚必须不小于 10mm，管径必须大于 600mm，每节管长 150~200mm；钻孔台车应常备卸管头的扳手和应急照明工具。

⑤ 制订应急预案，备好应急抢险物资，组织应急演练。每个建立合同段必须设置 1 处抢险物资储备点，费用由相关施工单位承担

⑥ 在隧道所有作业台架上安装防护彩灯，二次衬砌上宜挂灯箱，确保车辆通行安全；在台架底部配置消防器材，便于火灾事故的处理。

⑦ 爆破作业及火药物品的管理，必须遵守现行《爆破安全规程》(GB 6722—2011)的有关规定。对有瓦斯逸出的隧道，应根据工点的地质情况、瓦斯逸出程度和设备条件，制订适宜的施工方案。

⑧ 运输车辆不得人料混装。洞内运输车辆必须限速行驶(<15km/h)。洞内倒车与转向，必须开灯、鸣笛；洞口、平交道口和狭窄的施工场地，应设置“缓行”标志，必要时宜安排人员指挥交通。

二、隧道工程安全标识牌

(1) 承包人应在施工过程中保证施工场地规范、整洁，应在显著位置悬挂标牌标语。

① 工程简介牌：对工程的主要结构、地质情况、施工方案、分阶段的工期计划等作简

要介绍。

② 安全质量保证牌：明确对该项工程的安全质量保证措施。

③ 施工场地布置牌：采用电脑绘制，对施工现场的布置采用图示方式表达，注明位置、面积、功能。

④ 创优规划标识牌：主要明确该工程的创优目标及创优措施。

⑤ 安全生产操作规程牌：主要明确施工各工序的安全生产操作规程。

⑥ 进洞人员动态告示牌：作业人员必须人手一张卡片，进洞放牌，出洞翻牌。

⑦ 现场各种防火、防高空坠落、安全帽等安全标识牌按照国家有关规定统一制作，悬挂于工地醒目位置。

(2) 隧道口应设置值班室，设立人员进洞登记制度，并由专人负责，长大隧道宜配置电子安全监控系统。应在洞口醒目位置设置禁止、指令标志。

(3) 成品保护：(1)已完工衬砌段落应及时挂牌标明里程桩号，标志牌按 20cm×10cm 制作，白底红字。同时加强对成品的保护。(2)对二次衬砌施工环接缝进行处理，采用弧度尺画线，切割机切缝，缝深约 2cm，不整齐处进行局部修凿或经砂轮机打磨后，用高强度等级水泥砂浆修饰，使施工缝圆顺整齐。(3)监控量测各预埋测点设置专用标识牌，标明测点的名称、部位、编号、埋设日期等；要加强教育、提高所有进洞人员保护意识，对测点进行妥善保护，不得任意撤换和遭到破坏。

第五节 文明施工措施

一、文明施工总体要求

(1) 项目部严格按照“公路建设文明工地标准”做好“文明施工”工作，项目经理部和各类厂、站要有明显标识、简介，工程概况及明确责任人，标明施工进度，施工平面图标牌等质量宣传栏。

(2) 施工现场的材料堆放位置合理整齐，收发领用手续完备。

(3) 做好各作业队之间的合作，确保工地安全，防火、防盗、防打架，处理好当地居民的关系，取得支持和理解，配合当地有关部门做好综合治理工作。

(4) 对施工所用的机械按五项要求进行管理，确保施工机械的使用和正常操作。

(5) 注意施工工地和住宿的卫生，保持施工驻地及现场清洁，必须搭设工地临时厕所，尤其夏季防止蚂蚁、蚊虫和食物中毒。

(6) 大力开展劳动竞赛，保质保量保工期，及时进行总结评比，表彰先进集体个人，办好板报，争创文明施工单位。

二、文明施工保证体系

(1) 项目部建立文明施工组织管理机构。成立以项目经理为组长、生产经理为副组长、生产、技术、质量、安全、消防、保卫、材料、行政卫生和各施工队等管理人员为成员的文明施工管理体系。项目经理对文明施工管理全权负责，各分管副职和科室负责人、施工队(作业班组)长，分别对各自管辖范围内的文明施工工作负责。

(2) 文明施工由施工现场管理、事故次序管理、事故安全管理、施工卫生管理、环境和文物保护管理、事故交通队管理、成品保护管理等七个分项组成。文明施工的目标是达到“五化”，即“现场管理标准化、工程质量优良化、安全操作规范化、施工现场整洁化、员工行为文明化”。搞好文明施工工作，提高企业综合管理水平，适应激烈的市场竞争，是体现企业良好风貌的重要保证。

三、文明施工组织机构及制度

(1) 建立健全组织管理机构。施工现场成立以项目负责人为组长，生产、技术、质量、安全、消防、保卫、材料、行政卫生等管理人员为成员的文明施工管理组织。

(2) 健全管理制度，包括：施工质量控制制度，施工安全管理制度，岗位责任制、文明施工现场管理制度，及各项专业管理制度等，并健全资料管理。

(3) 主要规章制度和总平面图、施工进度图等各类图标，以及各类公告牌、标志牌均应张挂上墙，要求内容齐全、式样标注规范、位置醒目。

(4) 积极推广应用新技术、新工艺、新设备和现代化隔离方法，提高机械化作业程度。提高质量、功效，全包施工人员健康。

四、文明施工管理措施

(1) 对施工现场各生产、办公和生活场所，要经常整理、清扫，保持清洁、卫生、整齐。职工食堂必须干净、卫生。工作人员必须有健康证，穿戴工作服，餐具严格消毒。对员工不断进行有效教育培训工作，提高员工素质，实现文明施工。

(2) 合理布置现场：将工地施工期间所需要的物资在空间上合理布置，实现人与物、物与物之间最佳结合，使施工现场秩序化、标准化、规范化，体现文明施工水平，是实现文明施工的一项重要措施。

(3) 目视管理：目视管理贯穿现场管理的各个领域之中。主要内容如下：

① 项目管理制度、操作规程、工作标准、施工现场管理实施细则等用黑板、挂板或张贴在墙上公布，展示清楚。

② 布置以简洁清晰、标准化的视觉显示信息，落实布置设计，实现合理布置。

③ 施工现场的管理岗位责任人采用标牌显示，以更好地落实岗位责任制，激发岗位人员的责任心，并有利于群众监督。

④ 施工现场张贴安全生产和人员安全的各种安全标志等，实现标准化管理。

(4) 项目部必须做好文物保护工作，施工现场若发现文物，必须停止施工，及时报各有关单位处理。对已有的文物古迹，要注意保护。项目部要大力宣传文物保护法规，加强教育，严惩破坏文物行为。

(5) 对于现场液态、固态等各类废弃物要按照规定进行处理，不得排放于生活用水水源附近，禁止擅自掩埋或焚烧。

(6) 施工现场应配备洒水设施，对施工道路或路基本体进行灭尘，不得出现天晴“扬灰”、下雨“水泥”现象。

结 语

伴随着近年来经济的空前发展和社会各项改革的不断深化，建筑业已成为国民经济的支柱产业和重要的经济增长点。该行业的快速发展对整个社会经济起到了良好的推动作用，尤其是房地产业和公路桥梁等各项基础设施建设的深入开展和逐步完善，也进一步促使整个国民经济逐步走上了良性发展的道路。

中国高速公路建设经过多年迅猛发展，取得了令人瞩目的成就，为国民经济持续健康发展和人民生活水平的提高做出了重要贡献。随着经济的飞速发展、和谐社会的全面构建，人们已经不仅仅满足于高速公路的快速和安全，同时对高速公路的舒适、美观、经济、环保、可持续发展等诸多方面提出了更高的要求，以人为本、保护环境、节约资源已经成为当代高速公路的发展战略。

参 考 文 献

[1] 白史且，胥晓刚．高速公路绿化工程技术[M]．北京：中国农业出版社，2005.
[2] 程胜高．高速公路环境评价与发展[M]．北京：中国环境科学出版社，2002.
[3] 单炜，罗光裕，范永德．高速公路绿化工程[M]．哈尔滨：东北林业大学出版社，2005.
[4] 段广云．高速公路交通安全管理实务[M]．北京：人民交通出版社，2006.
[5] 付宏渊．高速公路路基沉降预测及施工控制[M]．北京：人民交通出版社，2007.
[6] 高建立．高速公路沥青路面养护关键技术与工程实例[M]．北京：人民交通出版社，2006.
[7] 高速公路丛书编委会．高速公路立交工程[M]．北京：人民交通出版社，2001.
[8] 龚先兵，周壮志．高速公路项目管理手册[M]．长沙：湖南科学技术出版社，2005.
[9] 何川，佘健．高速公路隧道维修与加固[M]．北京：人民教育出版社，2006.
[10] 洪开荣．山区高速公路隧道施工关键技术[M]．北京：人民交通出版社，2011.
[11] 贾元华，董平如．高速公路建设与管理[M]．北京：北京交通大学出版社，2002.
[12] 姜华平．高速公路交通安全管理[M]．北京：人民交通出版社，2005.
[13] 李道辅．高速公路路面设计与施工[M]．北京：人民交通出版社，2001.
[14] 李红专．高速公路路基路面施工工艺[M]．北京：人民交通出版社，2004.
[15] 李伟，王凤池．高速公路规划与设计[M]．北京：机械工业出版社，2012.
[16] 廖正环，郭小宏，刘燕．高速公路机械化施工与组织管理[M]．北京：人民交通出版社，2001.
[17] 卢毅，杨显昌．高速公路营运管理成本控制[M]．北京：中国科学技术出版社，2003.
[18] 钱国超．高速公路创新设计[M]．北京：人民交通出版社，2008.
[19] 孙大跃，江代有．高速公路网络工程技术[M]．北京：人民交通出版社，2001.
[20] 汪双杰，张留俊，刘松玉．高速公路不良地基处理理论与方法[M]．北京：人民交通出版社，2004.
[21] 王成新 方青青 姚士谋．高速公路与城市发展论[M]．济南：山东大学出版社，2007.
[22] 王文武，李迁生．高速公路安全管理[M]．北京：人民交通出版社，2001.
[23] 王玉顺，朱敏清．高速公路沥青路面预防性养护技术与应用[M]．北京：中国建材工业出版社，2008.
[24] 郗恩崇．高速公路概论[M]．北京：人民交通出版社，2005.
[25] 郗恩崇．高速公路管理学[M]．北京：人民交通出版社，2001.
[26] 张留俊，王福胜，刘建都．高速公路软土地基处理技术[M]．北京：人民交通出版社，2002.
[27] 张铁．高速公路养护机械[M]．北京：石油大学出版社，2003.
[28] 赵一飞，杨少伟．高速公路设计[M]．北京：人民交通出版社，2006.
[29] 周国光编．高速公路经营管理[M]．北京：人民交通出版社，2005.
[30] 周余明．高速公路养护管理[M]．北京：人民交通出版社，2001.